我国高等职业教育专业认证体系构建研究

黄晶晶 ◎ 著

西南交通大学出版社
·成 都·

图书在版编目（CIP）数据

我国高等职业教育专业认证体系构建研究 / 黄晶晶著. -- 成都：西南交通大学出版社，2024.5
ISBN 978-7-5643-9840-8

Ⅰ.①我… Ⅱ.①黄… Ⅲ.①高等职业教育 – 专业教育 – 认证 – 研究 – 中国 Ⅳ.①G718.5

中国国家版本馆 CIP 数据核字（2024）第 107339 号

Woguo Gaodeng Zhiye Jiaoyu Zhuanye Renzheng Tixi Goujian Yanjiu
我国高等职业教育专业认证体系构建研究

黄晶晶　著

责任编辑	杨　倩
封面设计	墨创文化
出版发行	西南交通大学出版社 （四川省成都市金牛区二环路北一段 111 号 西南交通大学创新大厦 21 楼）
营销部电话	028-87600564　028-87600533
邮政编码	610031
网　　址	http://www.xnjdcbs.com
印　　刷	郫县犀浦印刷厂
成品尺寸	170 mm × 230 mm
印　　张	19.25
字　　数	300 千
版　　次	2024 年 5 月第 1 版
印　　次	2024 年 5 月第 1 次
书　　号	ISBN 978-7-5643-9840-8
定　　价	75.00 元

图书如有印装质量问题　本社负责退换
版权所有　盗版必究　举报电话：028-87600562

前言 / PREFACE

高质量发展是"十四五"乃至更长时期我国经济社会发展的主题[①]，加快高等职业教育的高质量发展是新时代赋予高等职业教育的责任与愿景。推动高等职业教育高质量发展的基础在于实现专业教育的高质量发展，而专业教育质量则是推进高等职业教育高质量发展的关键引擎。

专业认证是依据科学的认证标准和规范的认证程序对院校所开设专业的教育质量水平进行科学判断，并敦促专业不断进行持续改进的专业性活动。它有助于确保专业教育质量水平符合预先设定的质量标准要求，为专业建设与发展提供标准化评价与指导。教育部等九部门印发的《职业教育提质培优行动计划（2020—2023年）》明确提出，要"探索高等职业教育专业认证"，并将其纳入重点任务项目。为进一步提高我国高等职业教育的专业教育质量，推进高等职业教育的高质量发展，我国亟须推动高等职业教育专业认证研究与实践工作，构建属于高等职业教育自己的专业认证体系。这也是提升高等职业教育的国际竞争力、助推现代职业教育的高质量发展所需要的。

截至 2022 年，学术界对于专业认证的研究主要围绕专业认证

---

① 中共中央宣传部. 习近平新时代中国特色社会主义思想学习纲要（2023 年版）[M]. 北京：学习出版社，2023：143.

的基本范畴、价值与内涵的探讨，构成要素研究以及实践性探索研究等方面展开。专业认证在我国本科工程教育、师范类教育中的研究与实践较为深入，形成了较为丰富的研究积淀。但我国高等职业教育领域的专业认证研究尚处于起步发展阶段，高等职业教育领域专业认证现有研究不足、关注度不高，研究整体上都略显薄弱，缺乏对高等职业教育专业认证体系构建的深入研究与设计，这也为本书留下了一定的学术发展空间。

实际上我国提出构建高等职业教育专业认证体系的政策支持最早是在 2006 年，但直至 2020 年《职业教育提质培优行动计划（2020—2023 年）》再次提出探索高职专业认证，其间间隔了 14 年时间。这 14 年间，学术界与高职院校都曾开展过相应的研究与实践探索，但并未形成完整且体系化的研究，高等职业教育专业认证实际上在这 14 年时间里处于缺失状态。

由于高等职业教育专业认证及其体系构建问题与我国高等职业教育高质量发展、专业教育质量与人才培养质量提升有着密切联系，从某种意义来说，体系的构建问题是高等职业教育教学质量保障的内在与外在相结合的运行机理问题。为此，本书从理论与现实出发，遵循问题导向，沿袭是什么、为什么、怎么办的思路，沿着学理探究、缺失原因探究与分析到体系构建设想、体系架构设计、运行机制与保障条件设计的逻辑思路逐步展开研究。本书认为，进行高等职业教育专业认证体系的构建研究，不仅应回答为什么要构建高等职业教育专业认证体系的问题，还应对专业认证及专业认证体系核心概念界定、相关概念辨析、构成要素分析等进行深入的学理探究，对高等职业教育专业认证长期处于缺失状态的深层原因进行深入探究，弄清楚高等职业教育专业认证及专业认证体系的基本内容，明确高等职业教育专业认证体系缺失的原因以及抑制其发展的相关因素。本书还认为，对高等职业教育专业认证及其体系构建进行深入研究，关键是要构建起适合我国高等职业教育高质量发展且符合我国高等职业教育发展实际的专业认证体系，以及保证体系的落地和良好的运行机制与保障条件。

在对专业认证体系构建进行理论与实践研究的过程中，笔者得到了武汉大学教育科学研究院、国家职业教育指导咨询委员会、湖北省教育厅、湖北省教育科学研究院、武汉职业技术学院等多所高职院校、行业协会、专业学会、教育研究机构以及校企合作企业的众多专家、学者、老师及相关负责人的鼎力帮助。在研究过程中，笔者也坚持将理论与实践相结合、坚持独立思考与交流沟通，尽可能地接近真理，但也保留了笔者对相关问题的自我见解。

在开展研究的过程中，笔者参考了许多优秀学者的研究成果，书中也尽可能地注明了相关出处，在此向所引文献的各位学者表达深深的谢意，如果仍有疏漏，也请相关同仁予以谅解。

对我国高等职业教育专业认证体系的构建进行研究，既是我国高等职业教育高质量发展的内生需求，又是高等职业教育标准化建设的切实所需，还是高等职业教育国际化发展的题中应有之义。需要说明的是，本书主要聚焦并深入探索了2022年之前的阶段性成果，积累了较为丰富的数据与分析，奠定了一定的研究基础。然而，这只是一个开始，对这一课题的研究和探索仍然需要得到持续的关注，学术界应不断优化研究方法，丰富研究成果。因此，本书的出版只是相关研究新的开始，期待着读者能够提出宝贵的批评与建议，以利于后续研究的深入开展。

黄晶晶

2023年12月于武汉

目录 / CONTENTS

第一章 绪 论 ·· 001
    第一节 我国高等职业教育专业认证的研究缘起 ················ 002
    第二节 我国高等职业教育专业认证的研究意义 ················ 007
    第三节 基于专业认证的国内外研究纵览 ·························· 011

第二章 专业认证与高等职业教育专业认证体系 ················ 051
    第一节 专业认证的概念界定 ·· 052
    第二节 专业认证的相关概念辨析 ···································· 058
    第三节 专业认证的影响因素分析 ···································· 064
    第四节 专业认证体系及其构成要素 ································ 070
    第五节 高等职业教育专业认证体系 ································ 079

第三章 高等职业教育专业认证研究的理论依据 ················ 086
    第一节 利益相关者理论 ·· 087
    第二节 质量链理论 ·· 097

第四章 我国高等职业教育专业认证现状与反思 ················ 106
    第一节 我国高等职业教育专业认证现状 ························ 107
    第二节 专业认证现状的调研分析 ···································· 108
    第三节 调研数据的分析与处理 ·· 114

第四节　我国高等职业教育专业认证缺失的外部原因分析 …… 129
第五节　我国高等职业教育专业认证缺失的内部原因分析 …… 138

第五章　我国高等职业教育专业认证体系的构建设想 …… 159
第一节　我国高等职业教育专业认证体系构建依据 …… 160
第二节　我国高等职业教育专业认证体系构建目标 …… 172
第三节　我国高等职业教育专业认证体系构建原则 …… 175
第四节　我国高等职业教育专业认证体系构建方式 …… 178

第六章　我国高等职业教育专业认证体系的架构解析 …… 188
第一节　认证目标定位：科学评价与改进 …… 190
第二节　认证主体解析：界定与职能定位 …… 192
第三节　认证标准设计：结构与指标要素 …… 206
第四节　认证程序构想：流程与过程要素 …… 225
第五节　体系认证要素间的互动关系 …… 240
第六节　我国高等职业教育专业认证体系特征的揭示 …… 243

第七章　我国高等职业教育专业认证体系的运行机制及保障条件思考 …… 247
第一节　我国高等职业教育专业认证体系的运行机制探索 …… 248
第二节　我国高等职业教育专业认证体系的保障条件构想 …… 255

第八章　总结与展望 …… 266
第一节　研究总结 …… 267
第二节　研究展望 …… 270

附录　我国高等职业教育专业认证缺失原因的调研分析访谈提纲 …… 272

参考文献 …… 276

第一章 绪 论

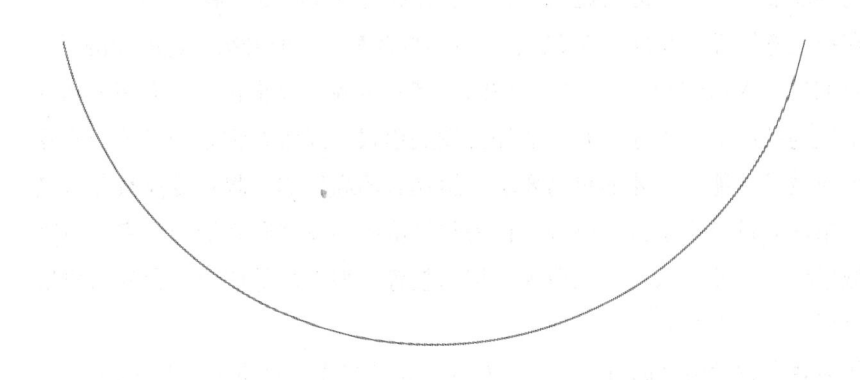

第一节 我国高等职业教育专业认证的研究缘起

伴随着经济社会的高速发展，我国高等职业教育在多年的发展历程中以培养适应社会生产、建设、服务、管理一线的高素质技术技能型人才为己任，走出了一条极具中国特色的发展道路。虽有过曲折与坎坷，但历经蹒跚学步、规模扩张、内涵建设、改革创新的发展历程，高等职业教育不断彰显其类型教育特色，社会吸引力与影响力持续提升，对区域产业升级及国家经济社会发展的支撑作用日益增强。2019年，国务院印发的《国家职业教育改革实施方案》明确提出，要"推进高等职业教育的高质量发展"。随后启动实施的"中国特色高水平高等职业学校和专业建设计划"，要求建设一批"引领改革、支撑发展、中国特色、世界水平的高等职业学校和骨干专业（群）"[1]，为引领和助推新时代我国高等职业教育的高质量发展奠定了坚实基础。这也标志着我国高等职业教育全面迈入提质培优、增值赋能的高质量发展新阶段。

在新经济与新技术的蓬勃发展、经济结构调整与产业升级加速的冲击下，我国长期以"人口红利"为主要支撑的经济发展模式逐步转变为强调劳动者专业素质与技能的"人才红利"的经济发展模式。经济新常态触发了产业界对高素质技术技能型人才的更高要求，给现有的高等职业教育专业教育质量及人才培养质量带来了极大挑战。作为与经济社会发展联系最为紧密、与服务区域经济及产业需求的联系最为直接的教育类型，高等职业教育的高质量发展得到了前所未有的关注。

作为教育教学活动的基础单位，专业是高等职业教育质量提升的着力点，更是高等职业教育高质量发展的关键所在。我国高等职业教育虽在多年的发展与积淀中走出了一条具有鲜明高职特色的专业化发展道路，但在制度建设、环境与资源建设、专业质量标准、科学质量评价等方面仍然缺乏一套成熟且系统化的建设范式，现有的教育质量保障体系也缺乏对专业教育质量的切实

---

[1] 国务院关于印发国家职业教育改革实施方案的通知[EB/OL].（2019-01-24）[2024-03-31]. https://www.gov.cn/gongbao/content/2019/content_5368517.htm.

关照。由于缺乏国际专业认证与互认的平台与资源，我国高等职业教育专业教育质量的国际竞争力和认可度并不高。

2006年，《教育部关于全面提高高等职业教育教学质量的若干意见》就曾明确提出要在高等职业教育领域"逐步构建专业认证体系"[①]。专业认证作为一项对专业教育质量水平进行科学评价并敦促专业持续性改进的专业性活动，其目的在于促进专业教育质量的提升，推动专业教育持续改进，使专业人才培养质量和人才规格适应产业界的普遍发展需求，提高人才质量水平及竞争力。但在该意见颁布的近14年时间内，我国高等职业教育领域对专业认证的认识和推进严重不足，尚未开展与高等职业教育专业认证相关的实质性的实践探索。2020年，在《职业教育提质培优行动计划（2020—2023年）》中，教育部又再次明确提出"探索高职专业认证，推进专科高职学校高质量发展"[②]。为何在14年之后，国家又再次提出探索高等职业教育专业认证，背后的原因令人深思。

为此，基于高等职业教育高质量发展视角重新审视专业认证对高等职业教育的真正意义，深入研究2006—2020年我国高等职业教育专业认证缺失背后的根源，重新诠释高等职业教育专业认证及其对高职专业教育质量的实际意义，并在理论与实践研究的基础上构建具有中国特色的高等职业教育专业认证体系，理应提上高等职业教育理论和实践研究的日程。

一、高等职业教育高质量发展的内生需求

党的十九大报告明确指出，我国经济已由高速增长阶段转向高质量发展阶段[③]，经济的高质量发展切实要求高等职业教育实现高质量发展，全面适应

---

① 教育部关于全面提高高等职业教育教学质量的若干意见[EB/OL].（2006-11-16）[2024-03-31]. http://www.moe.gov.cn/srcsite/A07/s7055/200611/t20061116_79649.html.
② 教育部等九部门关于印发《职业教育提质培优行动计划（2020—2023年）》的通知[EB/OL].（2020-09-16）[2024-03-18]. http://www.moe.gov.cn/srcsite/A07/zcs_zhgg/202009/t20200929_492299.html.
③ 习近平. 决胜全面建成小康社会 夺取新时代中国特色社会主义伟大胜利——在中国共产党第十九次全国代表大会上的报告[N]. 人民日报，2017-10-28（1）.

产业升级与经济结构调整的发展需求，为国家经济的高质量发展提供更加适应经济社会发展需求的高素质技术技能型人才支撑。

基于高等职业教育高质量发展所构建的新型质量观，其核心因素是全面提升人才培养质量水平。而人才培养质量的载体是高职院校开设的各类型专业。专业作为人才培养的基础，肩负着高等职业教育教学管理、人才培养、院校发展的重任，既是对接经济社会发展与区域产业升级需求的重要纽带，又是实行校企深度融合的重要平台。高等职业教育的专业教育质量既是高等职业教育高质量发展的核心动力，又是关键因素。

高职专业教育要实现高质量发展，就需要主动适应当下经济结构优化与经济发展质量变革需求对人才质量的提升需求，提升人才培养的价值认可度。在教育质量提升方式和手段逐渐成为高等职业教育研究焦点的今天，专业认证既是科学评价专业教育质量水平的重要方式，又是强化专业教育质量保障、提升专业教育发展水平的重要途径。高等职业教育专业认证能够在科学评价专业质量水平、促进专业持续改进的同时，更新专业建设理念，健全专业建设标准，完善专业建设机制，提高专业建设与发展的社会参与度。它还有助于推动专业教育质量管理体系的建立，推动专业建设过程的规范化、科学化，达成专业教育质量的国际实质等效。高等职业教育的专业教育要想促进质量的全面提升，在专业质量评价中主动寻求多元化发展，就需要加快构建我国高等职业教育自己的专业认证体系，这既是完善高等职业教育质量保障体系的重要内容，又是高等职业教育高质量发展的内生需求。

二、高等职业教育标准化建设的切实所需

质量的关键在于标准，高质量发展的实质在于高标准发展。专业教育质量是高等职业教育质量形成的重要组成部分，高等职业教育的高质量发展迫切要求专业教育的高标准发展。为此，标准化建设是当下高职教育高质量发展的重要任务之一。

从应然层面上来看，具有中国特色的现代职业教育标准体系应当是包括院校设置及建设标准、专业目录、专业教学标准、教师发展标准、课程标准

等逻辑关联的各类标准的系统性合集。2019年教育部组织完成首批347项高等职业学校专业教学标准的修（制）订工作[1]。2021年，教育部印发了涵盖中等职业教育、高等职业教育专科、高等职业教育本科不同层次专业的最新版的专业目录，颁布了以公共英语与信息技术课程为代表的公共基础课程标准。加之现有的各类标准，我国目前已基本形成了高等职业教育标准体系。但标准体系建设中涉及高等职业教育专业教育质量的标准设计仍然存在生成速度明显滞后于实践需求、标准建设迟滞导致专业建设实践与标准之间互动关系未能有效形成等问题。

构建高等职业教育专业认证体系，体系中所包含的专业认证标准对专业建设发展规划、专业建设实施、人才培养、课程、师资、教学条件等做出的明确标准界定，有助于高等职业教育专业建设的规范化、标准化与制度化，也有助于充实现有的高等职业教育标准体系。

专业认证体系中的认证标准设计能够从横向上将专业教育中关于人才培养目标、课程体系设计、教学实施、质量保障、评价反馈等内容系统衔接，实现高等职业教育专业建设发展的一体化科学布局、从纵向上有效构建起学历教育与职业资格相统一的衡量标准体系，凸显高等职业教育的类型教育特征，实现两套证书体系之间的有效融通。

构建高等职业教育专业认证体系还能够集聚多元利益主体广泛参与认证标准的制定与开发，有助于真正搭建区域产业的需求侧与高等职业教育人才的供给侧的衔接机制，实现产教深度融合，有效打通标准从文本制定到实践转化的现实通道。

三、高等职业教育国际化发展的应有之义

随着经济全球化进程的加速，"一带一路"倡议的持续推进以及全面开放新格局的形成，国际化发展成为我国高等职业教育的重要战略选择。国际人

---

[1] 教育部关于发布《高等职业学校种子生产与经营专业教学标准》等347项高等职业学校专业教学标准的公告[EB/OL].（2019-08-01）[2022-04-17]. http://www.moe.gov.cn/jyb_xxgk/s5743/s5744/A07/201907/t20190731_393170.html.

才交流的日益频繁以及对高素质技术技能型人才需求的日益增长为我国高等职业教育提供了巨大的发展机遇和广阔的发展空间。

高等职业教育新型国际化发展战略不再是简单的"走出去"与"引进来"，而是要求打造具备国际竞争力与话语权的高等职业教育的质量品牌，促进国际影响力的再提升。2019 年，《教育部　财政部关于实施中国特色高水平高职学校和专业建设计划的意见》明确提出，要"一批高职学校和专业群达到国际先进水平，引领职业教育实现现代化，为促进经济社会发展和提高国家竞争力提供优质人才资源支撑"[①]。

专业教育质量水平是建设国际先进水平高职院校的基石，而国际先进水平高职院校一定要有一批高质量、高水平的专业，这是我国高等职业教育在国际化竞争中提升优势的关键。我国高职院校要融入世界职业教育的话语体系，就必须提升现有专业教育质量水平，构建高等职业教育国际化人才培养标准，打造国际互认的高质量、高水平专业品牌。专业认证作为已在国际范围内有着良好实践基础的教育质量评价与保障方式，是目前实现专业教育国际互认的重要基础。基于国际化发展视角的高等职业教育专业认证体系的构建，能够通过科学的专业认证标准设计实现国际实质等效，保证教育质量达到国际基本水平，为我国高等职业教育国际化搭建一条崭新的发展路径。这既是我国高职教育国际化发展的迫切要求，也是推动高职院校高质量发展的有效途径。

构建高等职业教育专业认证体系，一方面，有助于学习和引进国际先进、成熟的认证核心理念、标准和国际范式进行本土化改造，建立与国际接轨的专业认证标准指标体系，实现专业认证的"共生共长"；另一方面，有助于开展与国际专业认证组织机构之间的交流与合作，为积极加入国际教育认证体系、加快国际同层次专业教育的沟通与共识、促进我国高等职业教育的国际互认、提升高等职业教育在全球的竞争力和人才的国际竞争力奠定基础。高等职业教育专业认证体系的构建还有助于开发国际通用的专业教育质量标准

---

① 教育部　财政部关于实施中国特色高水平高职学校和专业建设计划的意见[EB/OL].（2019-04-01）[2022-04-17]. http://www.moe.gov.cn/srcsite/A07/moe_737/s3876_qt/201904/t20190402_376471.html.

体系，提升我国高等职业教育在世界职业教育领域的话语权，助其成为国际职业教育规则的参与者与制定者。

第二节　我国高等职业教育专业认证的研究意义

我国高等职业教育专业认证体系构建的动力既来源于当前我国高等职业教育高质量发展对专业教育质量提升的深层次需求，又来源于专业教育质量提升、持续改进的自我要求，还来源于高等职业教育国际化发展的积极推动。专业认证体系构建也不是简单、静止的理论研究，而是以全面提升高职专业教育质量水平为目的，多元利益主体广泛参与的一个联动共生、循环互动的过程。虽然目前关于高等职业教育专业认证及认证体系构建的学术研究成果不多，但高等职业教育专业认证体系的构建却是必要与可行的。

本书希望通过对我国高等职业教育专业认证及认证体系的内涵剖析与特殊性分析入手，在探寻我国高等职业教育专业认证缺失的根源、合理借鉴世界发展成熟的专业认证体系运行样本的基础上归纳总结并构建适合我国当下高等职业教育发展实际的专业认证体系。基于上述选题缘由，开展高等职业教育专业认证体系构建的研究无疑具有一定的理论意义与现实意义。

一、对丰富和发展我国高等职业教育质量保障体系有理论意义

当高等职业教育将高质量发展作为新发展的着力点时，质量就成为高等职业教育发展的核心和关键。我国高职院校大多建立了以院校治理与政府、社会、产业界监督管理并举的外部质量评估与内部质量保证相结合的高等职业教育质量保障体系，虽取得了一定的成就，但与大众满意的高等职业教育之间还存在一定的差距。我国高等职业教育质量保障体系仍然存在诸如保障主体权力不均、内部质量保证与外部质量评估之间发展不协调等问题。而将专业自评与第三方评价相结合，强调多元利益主体广泛参与，实施周期性评价和认证，集质量评价、质量改进和质量管理于一体的专业认证，无疑能够较好地平衡多元利益主体之间的差异化利益诉求，有效衔接外部质量评价与

内部质量保证。这种教育质量保障方式是当下有效保证高等职业教育专业质量的科学选择。

对于高等职业教育专业认证体系构建的研究也并非仅是针对专业认证的个案研究。这一研究应该是从专业认证角度对高等职业教育质量保障体系进行新的理论探索。作为对高等职业教育专业认证的系统化研究，高等职业教育专业认证体系构建不仅涉及整个认证体系的顶层设计，而且包括专业认证体系的构建目标、构建方式、构建原则、构成要素、运行机制与保障条件等一系列内容，能够较为系统地阐释高等职业教育专业认证体系是什么、怎么构建、建成后如何运行等基本问题。体系的构建对于我国高等职业教育质量保障体系理论的丰富与完善、相关质量保障政策制定都有十分重要的意义，应当能为立足当下高等职业教育高质量发展的战略目标而进行的高等职业教育质量保障体系的改革与完善提供助力。

二、对推进我国高等职业教育专业认证体系构建有参考价值

我国高等职业教育领域虽有学者对高等职业教育专业认证进行了相应的研究与分析，但成熟的系统化的理论思考与阐释研究不多。虽然我国已有本科工程教育与师范类教育专业认证体系的成功实践，但高等职业教育领域的专业认证及其体系构建研究仍处于探索阶段，相应的研究也较为滞后。开展我国高等职业教育专业认证体系构建研究，有利于突破传统高等职业教育在研究中所采用的简单移植等"路径依赖"，将研究重点和视野聚焦在高等职业教育自身的类型特征和高等职业教育这一具体场域下，对专业认证的相关问题从理论层面予以深度剖析与研究，这对于推进体系构建的理论思考无疑具有参考意义。

针对高等职业教育专业认证体系构建的研究同时还是一项针对现实需求的理论探索。这既是高等职业教育在全面进入高质量发展阶段后对以提升专业教育质量为核心的专业认证的内涵、功能与价值的丰富，也是专业认证理论研究在高等职业教育领域的新拓展。本书希望通过对高等职业教育专业认证及认证体系的内涵剖析，深入探讨高等职业教育专业认证体系构建的理论

诉求，全面深化对专业认证的理论研究，探索基于高等职业教育专业认证体系构建的现实对策，从而推进高等职业教育专业认证的相关理论研究。针对高等职业教育专业认证体系构建的研究不仅是基于教育学理论视角下的研究，而且涉及管理学、社会学等诸多范畴，对多领域研究成果的梳理和整合，能够为推进我国高等职业教育专业认证体系构建提供参考。

三、为我国高等职业教育质量保障提供新的路径选择

专业教育质量是院校办学质量的根本体现，高等职业教育要实现高质量发展，就必须要实现高职专业的高质量发展。当下外部教育质量评价和内部质量保证协调配合的高等职业教育质量保障体系并未给予高职专业教育质量以实际关照，导致针对具体专业的教育质量保障一直处于滞后发展的状态。我国高职专业教育仍然存在着社会认可度不高、专业建设特点不鲜明，专业区域发展不均衡等问题。

专业认证能够通过对专业教育质量水平的科学评价来不断提升专业教育质量水平，并敦促专业教育的持续改进，以催生高职院校及专业形成自我诊断、自我改进的质量文化氛围。为此，高等职业教育专业认证体系应当成为我国高等职业教育质量保障体系的重要组成部分。

构建高等职业教育专业认证体系，第一，有助于不断优化与完善针对专业教育的质量评价与保障体系，推进高等职业教育外部质量评价与内部质量保证的同频共振。第二，通过专业认证，内力与外力共同驱动高职专业"持续改进"意识的进一步形成，建立基于持续改进基础上的专业自我评估与改进发展机制。第三，有助于加快建设由产业界、教育督导部门、教育行政部门、研究机构、第三方评价机构等广泛参与的高等职业教育质量认证与监测体系，有助于提升高等职业教育现有质量保障体系的实施效能，并为质量保障体系的不断优化与完善提供新的路径选择。

四、为我国高等职业教育专业认证体系构建提供实践方案

截至目前，我国高等职业教育领域尚未开展全国范围内针对某一专业系

统化的专业认证，也不曾构建出有自身特色的高等职业教育专业认证体系。学术研究领域中的高等职业教育专业认证也未曾得到积极关注，在很长时间里都不是高等职业教育领域的学术研究热点。但本科工程教育、师范类教育专业认证的运行对于专业教育质量提升的良好实践效果，让高等职业教育领域开始认识到专业认证这一专业教育质量保障方式的积极效果，高等职业教育专业认证体系的构建应当提上日程。

随着国家对高等职业教育专业认证体系构建的政策支持、高等职业教育专业认证学术关注度的提升，我国高职领域已经或正在主动地探索构建专业认证体系的实践方案。有部分高职专业开始尝试探索符合专业建设实际情况的专业认证建设范式，将先进的专业认证理念引入专业建设与课程教学实践，进行本土化改造和实践。部分高职院校选择参与缔结应用研究高职院校联盟的方式来深入研究国际专业认证范式，助推专业认证标准的拟定。学术界也在多年学术研究积淀的基础上积极探讨体系构建的可行性与理论支撑。

现有的实践与探索虽积累了较为丰富的研究成果，但多为个案研究，所总结出来的专业认证建设范式的适应性、通用性以及认证标准指标的科学性，构建方案的可行性仍有待商榷和深入的理论与实践论证。目前的学术研究与探索实践中虽有针对专业认证体系的零星要素设计，但在实践中尚未构建一套完整且系统化的针对高等职业教育的专业认证体系的构建设想及实施方案。本书希望从现有的研究成果入手，通过深入分析与系统化比较，尝试运用多种研究方法和技术来构建我国高等职业教育专业认证体系，以期为我国高等职业教育专业认证体系的构建提供较为成熟的实践方案与参考。

五、有助于推进高等职业教育的国际化进程

我国高等职业教育的国际化经历了由被动到主动，由"引进来"到"走出去"，走向质量提升、树立品牌的逻辑发展过程。国际化发展是当下高等职业教育迈入高质量发展阶段，实施全面提升教育质量、打造世界品牌、持续提升国际影响力与竞争力的战略导向。随着越来越多的院校和专业开始走出国门，参与国际竞争与合作，我国高等职业教育在国际职业教育发展中的地位得到逐步提升。

正如我国本科工程教育专业认证实现国际实质等效，专业教育质量与人才培养质量得到国际认可一样，我国的高等职业教育专业认证也同样肩负着推动高职专业教育质量实现国际互认这一重任。这既代表着我国高等职业教育专业认证结论的有效性与权威性，又意味着我国高等职业教育质量得到国际权威认证标准的认可，能够提升我国高等职业教育的国际竞争力与国际影响力，是高等职业教育追赶并建设世界一流高职教育的着力点。

但目前我国高等职业教育领域关于专业认证的体系建构尚未开展，体系设计的空白暂未填补，极大制约着高职院校国际化目标的实现。因而构建具有国际性、通用性、科学性的高等职业教育专业认证体系，是当下高等职业教育积极参与国际竞争与合作，融入国际化发展所迫切需要的。

构建高等职业教育专业认证体系，能促使并引导高职院校主动参与专业认证，不断向国际化标准看齐，依据国际认证标准持续改进，主动走出国门参与国际竞争，在不断提升专业教育质量和人才培养质量的同时向世界提供高职专业教育高质量发展的中国样本。构建高等职业教育专业认证体系还有助于高素质技术技能型人才的学历互认与全球化流动，为高等职业教育的国际化人才培养拓宽了新的发展空间。为此，高职院校要积极参与国际化竞争，加快国际化发展步伐。构建与国际接轨的高等职业教育专业认证体系并落地实施，不失为现有条件下一种有效的路径选择。

第三节　基于专业认证的国内外研究纵览

进行文献研究是为了更进一步了解国内外针对专业认证的研究进展、研究趋势和研究盲点，以期为本书的突破与创新提供一定的基础和参考依据。笔者将检索方式设定为"高级检索"，检索关键词设定为"专业认证"，匹配设置设定为"精确"，设定年限是2000年到2020年（截至2020年7月1日），在中国知网、万方和维普中进行检索，整理文献共计1996篇。2000—2020年，以"专业认证"为关键词的研究文献数量如图1-1所示，专业认证的相关研究一直呈增长趋势。

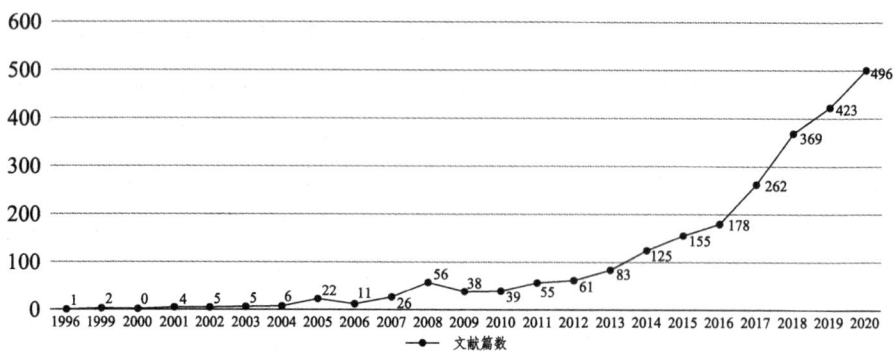

图1-1 "专业认证"关键词文献数量分布图（CNKI）

因为"专业认证"是从国外引进的概念，所以国内该领域的文献研究时间相对较短。2008年之前，我国学者对专业认证的研究较少，关注度较低。相关研究在2008年有一个短暂小高峰，这主要源于2008年我国高等工程教育专业认证中关于专业认证标准、认证实施的现场考察要求、全国试点院校等一系列相关的文件与方案的确立。2008年年底，我国完成了高等工程教育10个专业领域的41个专业点的专业认证现场考察，与之相关的研究成果逐渐丰富起来。

需要说明的是，早期对于"专业认证"这一词的翻译与解释因翻译者习惯用语和使用词频的差异，学术界对专业认证的理解和研究多伴随着专业评估、专业评价、专业认可和专业鉴定等相似概念而展开。实际上，早期研究中的专业评估、专业评价与目前学术界普遍达成共识的专业认证在很多方面具有相同含义，这一说法在部分文献中也得到了相应的支持[①]。概念上的混杂不清，导致学术研究的相对分散，这可能也是早期学术界对于专业认证研究关注度不高的一个直接原因。

对"专业认证"的学术关注从2011年开始呈直线上升趋势。这应当源于2011年教育部出台的《教育部关于普通高等学校本科教学评估工作的意见》，从政策上明确提出建立"五位一体"的本科教学评估制度，即自我评估、院校评估、专业认证与评估、状态数据常态监测、国际评估。相关政策文件正

---

① 卢晶. 专业认证制度的治理模式研究[D]. 天津大学，2009：34.

式明确了专业认证是高等教育质量保障的重要手段之一，对于完善专业教学质量标准、规范专业准入质量等有着积极作用。至此，专业认证正式开始进入学术关注视野。

通过绘制指数趋势线图（见图1-2），由指数R平方值（R^2=0.960 6）和趋势线公式（$y=3.229\ 9e^{0.2596x}$）[①]可以得出预测：未来几年，专业认证的研究将保持较好的发展势头。在当下提倡高质量发展，注重教学质量建设的大背景下，专业认证的研究或将是未来学术界持续关注的热点问题之一，未来研究将呈现出不断增长、逐渐丰富的发展态势。

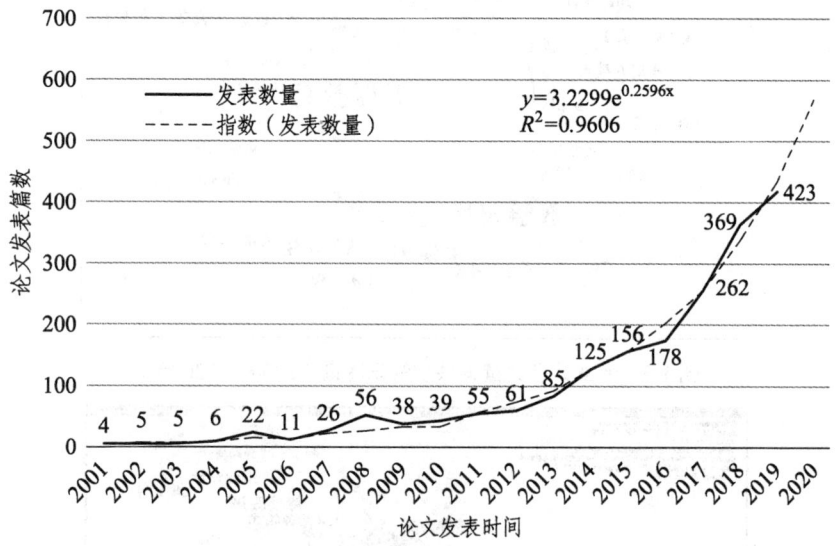

图1-2 专业认证相关研究文献数量变化趋势图（2000—2020年）

为探寻专业认证研究领域的研究演进历程，进一步明确现有研究中的重点及热点领域，本书采用在聚类可视化上有突出优势的CiteSpace（V.5.0.R1）软件进行分析。笔者将检索到的共计1996篇文献以refword格式导出转换后，导入CiteSpace，将Timespan（时间间隔）设定为2000—2020，Node Types（节点类型）分别定义为keyword和timezone，Time Slicing（时间切片）设定为每

---

① 注：一般R平方值越接近1说明趋势线拟合程度越高，趋势线越可靠。图中R平方值为0.960 6，说明趋势线拟合程度较高。

2年为一个时间切片，在阈值选择Selection Criteria中设置topN=50，软件生成出"专业认证领域的关键词共现知识图谱（2000—2020年）"（见图1-3）和"专业认证关键词时区演进视图（2000—2020年）"（见图1-4），通过关键词共现分析，可以反映出2000—2020年专业认证研究领域中的研究热点及其变迁。

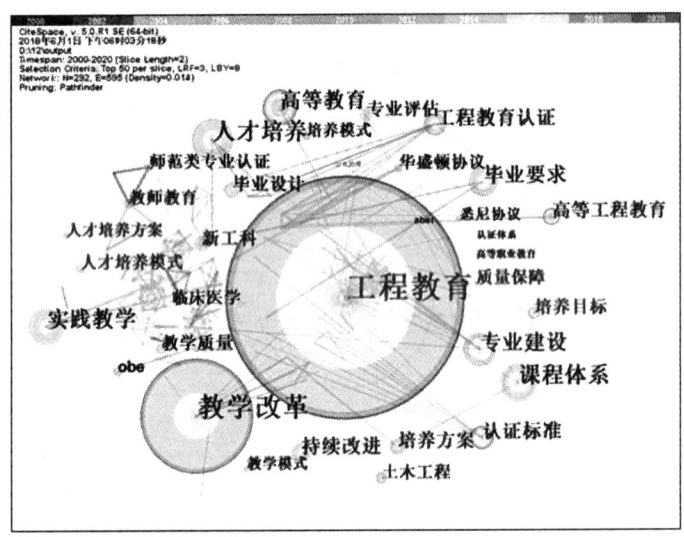

图1-3 专业认证关键词共现知识图谱（2000—2020年）

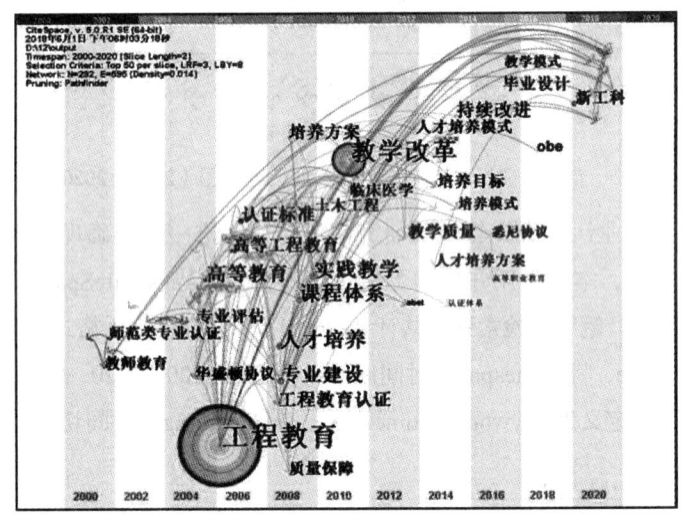

图1-4 专业认证关键词时区演进视图（2000—2020年）

除去指向性关键词"专业认证"后,专业认证关键词共现知识图谱(见图1-3)出现频次排名靠前的关键词主要是工程教育、教学改革、人才培养、课程体系、实践教学、专业建设、高等教育、毕业要求、认证标准等。而透过专业认证关键词时区演进视图(见图1-4)可以看出,我国专业认证领域研究早期主要集中在教师教育、师范类专业认证方面,但相关研究不多。2002—2004年,开始出现工程教育、华盛顿协议、认证标准、专业评估等关键词,并随着时间推移持续延伸,相继出现了诸如质量保障、人才培养、专业建设、教学改革、课程体系、教学质量等关键词,专业认证领域的研究内容逐渐丰富起来,并为该领域未来研究发展奠定了一定基础。随着研究的逐渐深入,从2014年开始,认证体系渐渐进入了研究视野,引发了学者对于专业认证系统化、体系化的思考。2016年,我国成为《华盛顿协议》正式成员,引发了职教界,特别是高职院校对与之相关的《悉尼协议》的极大关注,在这一年,"悉尼协议""高等职业教育"等关键词开始进入专业认证研究领域。

笔者选取了中介中心性(centrality)排名前25的关键词,制作了专业认证研究领域2000—2020年这一研究阶段专业认证研究的关键词频次图(见图1-5)。

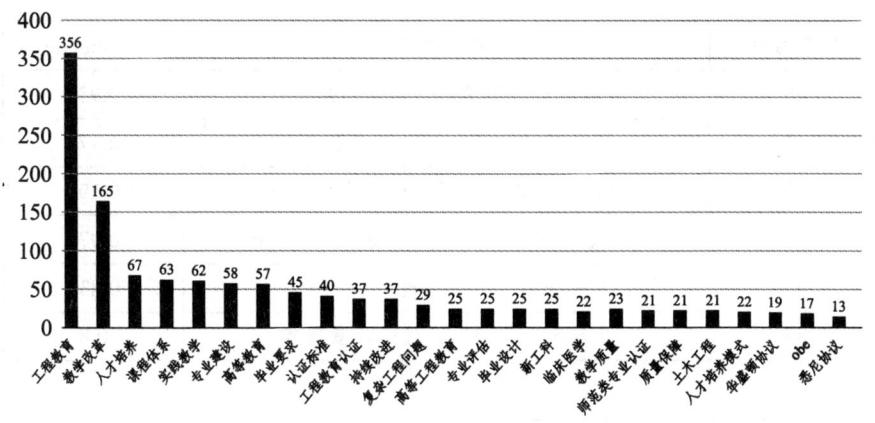

图1-5 专业认证研究领域关键词频次图(2000—2020年)

笔者再次通过LLR(LOG-LIKELIHOOD RATIO)聚类算法,对上述专业认证研究领域的关键词进行聚类分析,并选取其中排名前9位且具有代表性的聚类组合，得出专业认证研究领域关键词聚类分析图（见图1-6）①。

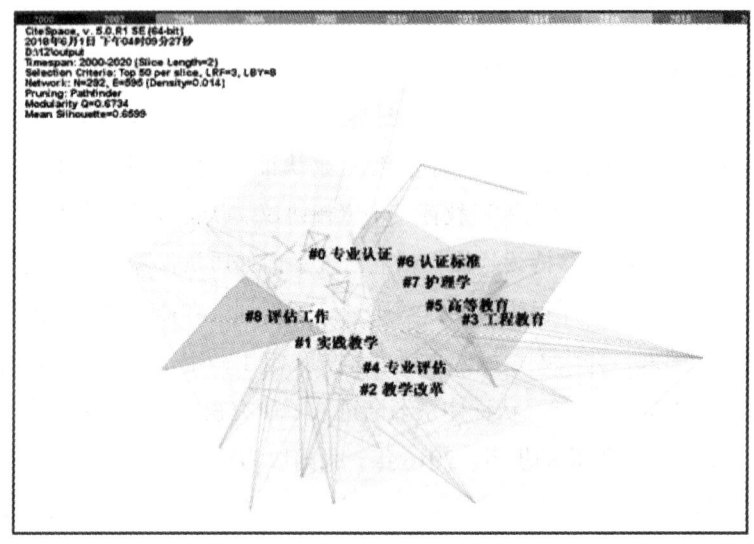

图1-6 专业认证研究领域关键词聚类分析图

笔者选出聚类值排名靠前的前9位且S值＞0.75的9个聚类，并依据聚类之间的相关性有效分组，形成表1-1中的关键词聚类组合。

表1-1 专业认证研究关键词聚类

聚类名称	聚类内容	Silhouette
#0	专业认证、新工科、质量保障体系	0.932
#1	实践教学、毕业要求、成果导向	0.772
#2	教学改革、工程教育认证、华盛顿协议	0.791
#3	工程教育、注册工程师制度、高等工程教育研究	0.979
#4	专业评估、地方高校、人才培养	0.836
#5	高等教育、公共治理、质量保障	0.8

---

① 通常S值≥0.5时，一般认为聚类合理，当S值≥0.7时，认为该聚类令人信服。在本次聚类中，聚类指标Modularity Q（Q值）=0.673 4，图谱中的聚类平均轮廓值（mean silhouette）S值=0.659 9，且研究中所选取分析的聚类S值排名靠前，表明网络聚类效果较优，可以认为该聚类结果令人信服。

续表

聚类名称	聚类内容	Silhouette
#6	认证标准、认证制度、自评报告	0.958
#7	护理学、人才培养模式、教师教育	0.841
#8	评估工作、以评促建、提高教学质量	0.949

结合 LLR 算法关键词聚类及其相关性组合，可以看出专业认证领域的研究多围绕专业认证与质量保障、专业认证与教育质量、专业认证与人才培养等主题展开，且在高等工程教育与师范类专业教育领域的研究较为集中。在排名前 9 的聚类组合中，笔者并没有发现与高等职业教育相关的关键词聚类。

综合上述文献可视化分析，可以发现，实际上在 2008 年以前，专业认证一直未能进入我国学术研究的核心视野。早期的研究常常围绕着专业评估、专业评价等相关概念展开。但随着相关概念的厘清与研究的深入，加之高等教育领域医学教育、工程教育、师范类教育专业认证工作的持续开展，专业认证渐渐受到学术关注，研究呈直线上升趋势，并将在一段时间内继续成为研究热点。

我国专业认证领域研究的对象主要集中在高等教育领域的工程教育、医学、师范类专业认证方面，尤以工程教育方面的研究居多。只有少数的文献涉及了高等职业教育领域的专业认证问题研究且研究并不深入。自 2010 年起，专业认证领域近 10 年的研究热点开始聚焦于专业认证与质量保障的研究和专业认证在教育质量提升方面的实践探索研究，目标最终指向专业教育质量的全面提升。此外，对于专业认证的研究目前还停留在对专业认证某一特定构成要素诸如认证标准、认证机构、认证程序等进行探讨，孤立性研究多，缺乏整体性思考和系统化设计，专业认证体系等系统化、体系化的较为成熟的研究还有待形成。

因此，根据研究的主题，结合上述专业认证领域的研究概述与研究热点，本书将从专业认证要素的基础性研究、高等教育专业认证研究、高等职业教育专业认证研究三个部分进行研究文献回顾与分析。

基于上述所确定的研究专题，为进一步明确相关专题所对应的国外研究现状与进展，笔者以检索方式"title=accreditation"or"programmatic accreditation"or"professional accreditation"or"program accreditation"or"programme accreditation"or"specialized accreditation"①在 web of science（SCIE，SSCI，A&HCI，CPCI）核心合集、Wiley Online Library 电子期刊和电子图书、Elsevier Science Direct 数据库、SpringLink、Taylor& Francis 期刊数据库与 PreQuest 学位论文数据库中进行相关检索，检索出与之相关的文献共 397 篇。经过筛选，最终保留了与本书主题相关的英文文献 132 篇。

一、专业认证要素的基础性研究

专业认证起源于美国的医学教育专业，最早可追溯到成立于 1904 年的医学教育和医院委员会（Council of Medical Education and Hospitals）开发与实施的医学院等级评价系统。1910 年，弗莱克斯纳报告（*Medical Education in the United States and Canada：A Report to the Carnegie Foundation for the Advancement of Teaching*）② 所发出的有力诘问，引发了社会大众对专业教育质量与专业发展的普遍关注，促使了专业认证的起步。弗莱克斯纳报告提出要通过认证来规范现有的医学专业教育，以有效保障医学院的人才培养质量，也大大刺激了美国其他诸如工程、法律、教育等专业性与职业性较强的专业教育开始积极效仿医学专业，推行专业认证工作。就此，专业认证开始正式进入了学术研究的视野。

（一）专业认证目的与价值研究

初入教育领域，专业认证就与教育质量之间存在着天然的联系，承担着评估专业教育质量，对专业教育质量进行保障与提高的职能。埃尔伍德·B.厄尔

---

① 注：英语母语国家在院校所开设的"专业"一词上，与我国教育存在不一样的理解，其中专业教学计划与我国专业一词意义相仿。同时，英文词汇存在英式英语与美式英语之间的差异，为保证文献查找的精确性，笔者在检索时做了相应处理，扩大了检索关键词范围。
② DUFFY T P. The Flexner report—100 years later[J]. The Yale journal of biology and medicine, 2011, 84(3): 269.

利和琼·G.克雷格（1971）最早在其介绍专业认证的专著中将专业认证定义为"学生在通过教学计划的课程学习后，由专业或监管机构进行评估和验证，并以此作为学生注册受监管职业准备的一种专业性评价过程"[1]。马塔拉索·J.D（1977）认为专业认证是指由专业机构对开设专业所进行的认证，允许该专业毕业生被录取以从事相关的专业实践和（或）接受该专业机构的成员资格[2]。哈维·L（2004）则认为专业认证是依据某些特定类别如专业目标、课程内容、资源、人员配置文件中的预定标准对专业进行评估，以得出关于该专业是否符合相关规定所设定的最低标准的结论，从而确保特定课程的毕业生具有专业资格和称职能力[3]。美国高等教育认证委员会（Council for Higher Education Accreditation，CHEA）主席朱迪思·S（2015）在《美国的认证与认可》（Accreditation and recognition in the United States）一书中提出，"专业认证是由学院自愿发起的一种质量保证方法，是专业的认证机构利用自查和同行评议对改进过程的外在观察而判断专业是否在特定领域已达到或超过既定教育质量标准，并协助院校和专业进一步提高教育质量，是高等教育质量保障与质量提高的重要手段"[4]。

专业认证虽为外来概念，引入我国学术界较晚，但国内学者对专业认证的本质认识与国外研究较为一致。我国学者夏天阳（1997）认为专业认证是由专业性认证机构对专业性教育学院及专业性教育计划实施的专门性认证，由专门职业协会会同该专业领域的教育工作者一起进行，为其人才进入专门职业界工作的预备教育提供质量保障[5]。学者董秀华（2004）认为专业认证是确认高等教育所开设的专门职业性教学计划符合预先制定的合格标准的评估过程，是为进入专门职业界工作的预备教育提供的质量评估和保证活动。同

---

[1] ELWOOD B E, JOAN G C. Professional accreditation: many ways to lose: no way to win [J]. Bio Science, 1971, 21(8): 376-378.
[2] MATARAZZO J D. Higher education, professional accreditation, and licensure [J]. American Psychologist, 1977, 32(10): 856.
[3] HARVEY L. The power of accreditation: views of academics[J]. Journal of Higher Education Policy and Management, 2004, 26(2): 207-223.
[4] EATON J S. Accreditation and recognition in the United States[C]//Ponencia presentada en el OECD/Norway Forum on trade in educational services: managing the internationalisation of post-secondary education, Trondheim, Norway. 2003: 3-4.
[5] 夏天阳.各国高等教育评估[M].上海：上海科学技术出版社，1997：23-24.

济大学的毕家驹教授（2009）认为，"专业认证犹如一次全面的健康检查，最主要的目的是保证专业最基本的标准和提高教育质量，促使专业在建设性的气氛中反思过去、探索改进"[①]。李茂国（2005）认为专业认证既是过程也是结论。作为过程，它对专业的教育质量进行评估并促使专业不断提高教育质量；作为结论，它向公众提供专业教育质量的权威判断并引导促进高校学科专业的教学改革、建设与管理[②]。

梳理文献还可以发现，专业认证的出现是伴随着专业教育不断发展，社会及专业自身对专业教育质量进行审视、评价与提升的一种需求化产物。其产生并不发生在专业教育建立或发展初期阶段，而是发生在专业教育发展到中期或提升阶段，是对专业教育质量提升要求的一种回应与现实观照。

大卫·D. 迪尔，威廉·F. 马西和彼得·R. 威廉姆斯（1996）在总结回顾专业认证的发展史中曾提出，"专业认证通常反映出一个正在成熟的专业领域，在这个阶段，一个专业通常会建立共同的价值观和标准，然后通过自我监管来自我调节"[③]。英格瓦森·L 等（2006）分析澳大利亚教师专业认证形成及发展过程时也提出，"专业认证一般出现在专业教育发展逐渐走向成熟的专业中。对于这些专业而言，在完成专业初期建设与发展之后，无论是社会外部环境与专业自身都迫切需要对专业发展现状进行改善与提升。无疑，专业认证是一种较为通用的途径"[④]。实际上，世界各国发展较为成熟的专业认证的发展并不是同步进行的，都是与本国相应专业的发展阶段紧密关联的。回顾美、澳、英、德等国专业认证的发展历史，上述观点可以一再得到印证。

我国学术界针对专业认证的研究开始于 20 世纪 80 年代中期，专业认证研究是伴随着对我国高等教育评估研究的开展逐步发展起来的。为了解和介

---

① 毕家驹. 关于中国工程专业认证的所见所思[J]. 高教发展与评估, 2009（3）: 10-18.
② 李茂国, 张彦通, 张志英. 工程教育专业认证：注册工程师认证制度的基础[J]. 高等工程教育研究, 2005（4）: 15-19.
③ DILL V, DAVID D, MASSY WILLIAM F. Accreditation & academic quality assurance: can we get there from here? [J]. Change, 1996, 28: 16-25.
④ INGVARSON L, ELLIOTT A, KLEINHENZ E, et al. Teacher education accreditation: a review of national and international trends and practices[J]. Teacher Education, 2006: 1-7.

绍国外高等教育在专业评估上的实际经验，国家在 20 世纪 80 年代举办了相关的国际高等教育评估研讨会，并组团赴美国、加拿大、德国等国进行高等教育评估实地考察，出版了高等教育评估的系列丛书。由刘盛纲（1987）主编的《高等学校工科类专业的评估——美国、加拿大高等教育评估译文集（第三分册）——高等学校工科类专业的评估》就系统介绍了美国和加拿大高等工程教育专业认证制度及其实施状况，并详细介绍了工科类专业认证的指导方针、具体实施细则、认证标准、认证实施过程中自评环节提纲的编写等内容。这本书被认为是我国最早的系统介绍外国高校专业认证制度及其实施状况的书籍，在我国专业认证研究领域有着里程碑式的意义。夏天阳（1997）主编的《各国高等教育评估》，郑富芝、范文耀（2002）主编的《高等教育发展政策国别报告》等著作，对美国高等教育认证制度，特别是其中的工程教育专业认证做了较为明确的阐述，这也为后续我国推进工程类专业认证做了一定的铺垫。

正因为我国学术界早期对专业认证研究的关注是伴随着对专业评估、专业评价等相似概念的认识与了解开始的，因此早期专门针对专业认证的相关文献并不多见，存在部分研究相互混杂等情况，时常可以在关于专业评估、专业评价的相关文献中找寻到专业认证研究的相关资料。深入研究文献，可以发现我国专业认证的发展虽因专业评估而开始，但更深层次的原因在于当时高等教育在历经多年发展之后开始由初期的规模化发展向质量提升阶段迈进，同时伴随着社会经济的不断发展，我国对人才培养质量与专业教育质量提出了更高的要求，急需寻找一种能够科学评判当时专业教育质量水平与人才培养水平的有效办法以帮助专业教育质量的改进与提升。

综上所述，专业认证实际上并非自专业教育建立之初就出现，多数国家的专业认证都是在专业教育发展由规模扩张走向质量化发展的进程中开始出现的，并受到外部国家特定时期社会经济、教育发展与历史环境等的多重影响。

随着研究的不断深入，专业认证逐渐从专业评估、专业评价等相似研究中剥离出来，形成了自己独立的研究领域。学术界针对专业认证的研究开始由对专业认证目的与价值的研究转向对专业认证构成要素的深入分析研究。

(二)专业认证标准研究

专业认证标准是开展专业认证活动的基础和核心,是专业教育的质量规范,也是专业认证实施的根本依据。对于专业认证标准在专业认证中的核心作用,有研究者提出,"专业认证标准本身是用来检验和衡量专业教学质量水平的标尺"[1]。郑秀英等(2011)认为认证标准的主要作用在于评价与保证专业质量,是衡量专业建设水平能否达到相应的质量标准的依据[2]。王昕红(2011)认为专业组织的意识形态、知识追求、市场控制和社会声誉,是借助认证标准来体现和推动的[3]。也有学者提出认证标准在专业认证中的根本作用就在于"专业认证标准是专业认证的核心,是指导专业发展的准绳,对保障专业质量至关重要"[4]"专业认证标准既是专业认证思想和理念的体现,又是专业认证制度实施的根本"[5]。

国内外学术界对于专业标准的研究主要围绕着专业认证标准指标设计、认证标准究竟是否是专业质量的最低标准、专业认证标准与职业标准的兼容性问题以及专业认证标准的国际等效性问题展开。

专业标准指标设计一直是专业认证中的重点研究内容。目前国际上较为成熟的专业认证标准在内容设计上大多由通用标准(General Criteria)与专业补充标准(Program Criteria)两大部分构成。通用标准指向参与认证的专业应达到的基本要求,而专业补充标准则是在通用标准的基础上针对不同专业群组的特殊性提出的具体要求,并能与职业准入标准衔接与对应[6]。贝斯特菲尔德-萨克尔·M(2004)在研究美国ABET专业认证标准时就指出ABET通用

---

[1] LUBINESCU E S, RATCLIFF J L, GAFFNEY M A. Two continuums collide: Accreditation and assessment[J]. New directions for higher education, 2001, 2001 (113): 5-21.

[2] 郑秀英,王海滨,姜广峰. 以专业认证标准为指导,深化高等工程教育改革[J]. 高等工程教育研究,2011(5):51-53,77.

[3] 王昕红. 美国工程教育专业认证研究[M]. 西安:西安交通大学出版社,2011:21.

[4] 刘晖,孟卫青,汤晓蒙. 欧洲高等教育质量保证25年(1990—2015):政策、研究与实践[J]. 教育研究,2016,37(07):135-148.

[5] 赵婷婷. 工程教育专业认证标准的特点[J]. 大学(研究与评价),2008(01):83-85.

[6] KOEHN E E. Engineering perceptions of ABET accreditation criteria[J]. Journal of Professional Issues in Engineering Education and Practice, 1997, 123(2): 66-70.

标准的设计所包含的学生、教学目标、成果、课程、师资等八个指标维度明确定义了工程教育及相关领域预先设定的教育目标及教育产出的总体要求，重新定义了工程专业教育的知识边界。而专业补充标准的设计则依据不同学科发展特点，尊重专业个性发展的同时给予了各专业自身特色以极大的尊重。[1]贝尔纳迪尼·M（2006）认为德国 ASIIN 专业认证标准在内容构成上对专业教学过程较为重视，多强调专业教学的过程性要素。其中通用标准要围绕课程及课程教学、教学资源、考试、师资等展开。而在专业补充标准设计中则通过工程知识、工程分析、工程设计、调研与评估、工程实践与可迁移能力等六个指标维度展开设计，与职业资格标准要素有效的兼容[2]。欧洲工程教育认证网络（ENAEE）的认证标准框架设计时则采用认证结果要求（Programme Outcomes for Accreditation）的方式来设计具体的认证标准，主要涵盖了包括"知识与理解""工程分析""工程设计"等六个学习领域的认证标准指标[3]。蒋宗礼（2008）在解读我国工程教育专业认证指标体系时指出，认证标准划分为"通用标准"和"专业补充标准"，主要由专业目标、质量评价、课程体系、师资队伍、支持条件、学生发展、管理制度等 7 项指标 18 个方面的内涵组成。其中，"通用标准"给出各个工程教育本科专业的基本要求，而"专业补充标准"则从专业目标、课程体系、师资队伍、支持条件 4 个方面给出不同专业的特殊要求，通常以专业目标、课程体系两方面的补充为主[4]。

专业认证标准研究领域的另外一个研究关注点就是认证标准是否是专业质量的最低标准。学术界多数学者认为专业认证标准应当是专业质量的基础标准，而非最高要求。莱尼克·A（2006）认为，专业认证为专业的建设和发展提供了一个最低的、可比较的标准参照，为新专业的设立提供了明确的依

---

[1] BESTERFIELD-SACRE M, SHUMAN L J, WOLFE H, et al. Defining the outcomes: a framework for EC-2000[J]. IEEE Transactions on education, 2000, 43(2): 100-110.

[2] BERNARDINI M, RUFFILLI F. Evaluation and accreditation in Germany: the case study of the Technische Universität Berlin[M]//Assessing quality in European Higher Education Institutions. Physica-Verlag HD, 2006: 93-104.

[3] AUGUSTI G. EUR-ACE: An accreditation system of engineering education in a Pan-European context[J]. Proceedings of the First IFEES Global Engineering Education Summit, 2007.69-74.

[4] 蒋宗礼. 工程教育专业认证指标解读[J]. 计算机教育，2008（13）：10-13.

据①。陈敏（2013）认为，医学教育专业认证是一种按照预先设定的标准和规范，由专门的认证机构对院校或项目进行正式的、公开的认同，以确保医学专业所培养的专业人才符合医学领域的最低市场准入标准②。李志义（2017）认为，专业认证模式设定的是一个"最低标准"，判断的是与这个"最低标准"相比，"差不差"和"差多少"，关注的是差者③。赵婷婷（2007）认为，专业认证的核心特点在于其准入性质，因此专业认证强调的是达到某种最低的质量标准④。

但也有学者对此提出了不同意见。芭芭拉（2010）认为，"在最低标准"的设计原则下，"通过认证"本身并不是一项竞争性选拔行为。认证体系中的最低标准显然不能满足高等教育的创新发展与特色发展⑤。王兆义（2019）认为，对于我国那些亟待实现转型和特色发展的地方院校来说，"最低标准"并不能提供所需要的解决方案⑥。罗莎等（2020）提出，如果将认证标准设定为"最低标准"，那么对高质量的专业而言专业认证会显得没有任何意义，专业教育质量的入口端控制不应该由专业认证来完成⑦。

虽然多数学者认为，首先，专业认证标准应当是专业质量的基础标准，但是基础质量标准对于已有一定规模且质量水平较高的专业而言，专业认证的意义在哪儿？其次，最低标准设计上是否存在整体拉低或者片面拉高专业的质量水平的可能性，这样是否会限制专业认证的应用范围，目前学术界针

---

① OLEINIK A. The more things change, the more they stay the same: institutional transfers sen through the lens of reforms in Russia[J]. Journal of Economic Isues, 2006, 40(4): 919-940.
② 陈敏. 美国医学教育专业认证制度研究综述[J]. 辽宁医学院学报，2013，（2）：30-32.
③ 李志义. 对我国工程教育专业认证十年的回顾与反思之二：我们应该防止和摒弃什么[J]. 中国大学教学，2017（1）：8-14.
④ 赵婷婷. 高等工程教育专业认证标准的特点[J]. 大学研究与评价，2008（1）：83-85.
⑤ BARBARA M K. The German system of acreditation[M]. Public Policy for Academic Quality. Dordrecht: Springer Netherlands, 2010: 227-248.
⑥ 王兆义，徐理勤. 制度移植背景下国际工程教育专业认证的效用分析——基于 Z 校参加德国 ACQUIN 专业认证的实践[J]. 高等工程教育研究，2019（5）：61-67.
⑦ ROSA M J, CARDOSO S, VIDEIRA P. Is accreditation 'on the right track'? The views of Portuguese academics[J]. Tertiary Education and Management, 2020, 26(2): 185-197.

对该争议尚未有一个较为明确的答案。

认证标准与职业标准的兼容性问题也是学术界研究专业认证标准的一个关注点。多数研究从专业认证的核心概念出发，认为专业认证是为毕业生进入职业岗位提供相应的质量保障，是毕业生进入准职业岗位的教育门槛，为此认证标准应当与职业标准进行有效兼容。

韩晓燕等（2008）认为，获得经专业认证的学位通常是工程技术人员获得执业资格的基础性条件，将专业认证与工程师获取专业资格直接挂钩确定了高等工程教育的边界条件，明确了高等工程教育的培养目标首先是培养应用型的工程技术人员[1]。迈克尔·K. J. Milligan（2015）认为，ABET认证标准全方面描述了各类专业毕业生所应具备的能力、素质和培养目标的达成，并在毕业条件上具体指向了专业对应的职业资格的实质等效[2]。孙春玲（2014）提出，应当将职业资格标准与专业认证标准有效准融入，有机实现专业认证与职业资格证书的双联动[3]。多米尼克·梅（2017）认为，专业认证标准与职业资格上的有效兼容既能够提升专业认证的社会经济效益，同时也能较好地构建工程教育与企业界的联系机制，将专业教育与职业资格证书的获取有效联结[4]。梅雪（2019）认为，师范类专业认证所实行的三级监测认证能够通过阶梯式的认证标准设计有效地与教师资格证有机衔接[5]。戴先中（2022）认为，认证标准是质量标准与质量管理标准的结合，我国工程教育专业认证标准制订与实施中质量标准弱、质量管理标准强的特征明显，建议在标准修订时和认证实践中，强化认证的质量标准要求，同时适度降低质量管理标准要求[6]。

---

[1] 韩晓燕，张彦通. 工程教育专业认证制度及其对工程教育的影响[J]. 大学（研究与评价），2008（1）：86-89.

[2] MILLIGAN MICHAEL K J. Outcome-Based accreditation and ABET[C]. Proceedings of the International Conference on Transformations in Engineering Education, 2015: 25-28.

[3] 孙春玲，钱明明，吴绍艳. 基于专业认证与双证书联动的应用型本科专业人才培养机制研究[J]. 高教探索，2014（3）：91-95.

[4] MAY D. What should they learn? a short comparison between different areas of competence and accreditation boards' criteria for engineering education[J]. Engineering education 4.0, 2017: 911-921.

[5] 梅雪，曹如军. 高校师范专业认证省思[J]. 高教探索，2019（12）：36-41.

[6] 戴先中. 对工程教育专业认证标准的再认识[J]. 中国大学教学，2022（11）：4-11.

此外，学术界在研究专业认证的国际化问题时，都不约而同地将重点放到了认证标准的国际化问题上。因为要实现专业认证的国际化，必须要实现认证结果的互认，而认证结果互认的关键在于认证标准的国际实质等效问题。俄罗斯学者阿列克谢·M 等（2017）就提出专业认证的国际化应关注认证标准的国际化，并以 REEA（Russia engineering education accreditation）标准与国际专业认证标准对接为例，分析了毕业生在通过符合国际专业认证标准的专业教育的学习之后可以获得注册国际工程技术的注册资格的相关案例。[1]弗里茨·A（2010）认为，德国 ASIIN 专业认证标准能够做到与 FASG、ESG 等标准较为有效的兼顾，让通过 ASIIN 认证专业的毕业生既可以获得欧盟的"欧洲工程师"头衔，其学历也可以得到欧盟国家的互认[2]。侯永琪（2011）认为，专业认证标准与国际专业认证的融合与互认是增强国际影响力的有效途径，因而确保专业认证标准的统一性十分必要。[3]韩晓燕等（2005）认为，在制定认证标准时要采用国际通行的做法，注重分析和研究当前认证标准与国际相互承认的条件[4]。汤霓（2018）提出，应当与国际标准接轨，学习国际认证经验结合我国国情开发出适合我国高等职业教育专业认证标准和内容[5]。通过文献梳理可以发现，学术界对于专业认证标准实现国际实质等效总体持支持态度，认为这是专业认证走向国际化的必经程序。但是也有部分学者提出，如果专业认证标准强调国际实质等效，那么专业认证的本土化应当如何凸显。学科与专业在国际上从趋同到趋异再到重新趋同，一直是高等教育学科与专业的发展轨迹。但面对同质化和特色化问题，应当如何取舍和平衡，学术界尚未形成更为深入的研究成果。

---

[1] MARGUN A, ARTEM KREMLEV A, BAZYLEV D, et al. Impact of international accreditation for education in the Russian Federation[M]. Smart Education and e-Learning. 2017: 450-458.
[2] FRITZ A. Das Akkredierticrungs system an deutschenUniversitäten[M]. Marburg, Tectum Verlag, 2010: 115.
[3] HOU Y C. Quality assurance at a distance: international accreditation in Taiwan higher education[J]. Higher Education, 2011, 61: 179-191.
[4] 韩晓燕，张彦通. 试论我国高等工程教育专业认证制度的构建[J]. 高等工程教育研究，2005（1）：41-43.
[5] 汤霓. 高等职业教育专业认证：国际经验与发展逻辑[J]. 中国职业技术教育，2018（21）：33-38.

（三）专业认证主体研究

学术界多对专业认证主体进行狭义化研究，认为专业认证主体就是在专业认证实施过程中依据专业认证标准，遵守专业认证程序，独立实施专业认证并有权力做出认证结果的专业认证机构。

纵观专业认证的发展历史，一个权威、公正的认证机构，科学系统的认证标准和严谨规范的认证过程控制是专业认证实现持续发展的重要保障。专业认证机构在保证专业认证结果公正、科学上所发挥的积极作用是不容忽视的。世界上发展成熟的专业认证在认证机构的设置上也多主张由非政府性质的、独立的第三方专业认证机构来承担具体认证实施的相关职能。学术界对于由专业认证机构来担任专业认证的认证主体也都抱持认可与支持态度。相关研究大都认同只有专业认证机构的中立性才能有效增强机构的权威性、提高专业认证的公信力。埃尔·哈瓦斯（1998）认为，美国高等教育专业认证中的认证主体主要由第三方认证机构组成。它们既是高校的代言人，站在支持教育自主的立场与政府抗衡，影响政府的政策和决定。又是国家引导教育的"指挥棒"，使教育的发展在不违背其自身规律的前提下为社会各方面和科技的发展服务[1]。奥纳卡·I（2001）认为独立的专业认证机构是保障专业认证有效实施，认证结果得到认可的基础[2]。斯特凡妮·施瓦茨（2004）认为，如果采用第三方中介形式的专业认证机构，其身份上的独立性和自治性使得在认证标准制定、认证过程实施和认证结果决策时均能不受政府部门等外界的干扰，而利益上的超然性使得其认证行为更加客观公允[3]。周晓静（2020）认为，专业认证机构应当独立于政府、高校以及其他利益相关方，自主开展工作，其组织实施工作及认证结论才会更具有权威性和公正性[4]。徐祖胜等

---

[1] KHAWAS E, ELAINE. Accreditation's Role in quality assurance in the United States[J]. Higher Education Management. Vol.10, 1998: 43-56.

[2] OHNAKA I. Introduction of an accreditation system in Japan[J]. European journal of engineering education, 2001, 26(3): 247-253.

[3] SCHWARZ S, WESTERHEIJDEN D F. Accreditation in the framework of evaluation activities: a comparative study in the European higher education area [M]. Springer Dordrecht Press, 2004: 112.

[4] 周晓静，何菁菁. 我国师范类专业认证：从理念到实践[J]. 江苏高教，2020（2）：72-77.

（2021）认为认证主体在专业认证过程中常考量自己和认证对象的特定圈子关系，这在一定程度上侵蚀着认证活动的"独立性"，使认证主体在认证管理和专家评判的过程中，出于关系的维护或者碍于关系的情面，难以做到完全的公正，专业认证的"独立性"往往难以保证[1]。

有部分学者提出，在将认证主体定位为独立的专业认证方机构的基础上，应有多元利益主体的广泛参与。这样既有助于提升认证结果的专业性与权威性，也有助于架设教育与产业界之间的桥梁，使得专业教育与经济社会需求更为紧密。李茂国等（2005）认为，由政府、产业学会和产业界人士三者结合的认证机构既有助于克服认证的行政化倾向，又能有效增强认证机构的权威性，提高评估认证的公信度[2]。李枔机（2007）认为，鼓励和扶持中介性质的专业认证机构是完善我国高等教育专业认证体系的首要任务[3]。卢晶（2015）提出，应当构建由认证专家委员会授权建立以行业组织、国外认证机构等参与的多元化认证服务机构[4]。徐小洲等（2016）认为，认证机构应当有工程界、产业界、行业组织的积极参与，更有效的体现专业认证的"导向性"要求，尤其是行业的需求[5]。

学术界在界定专业认证主体性质时，大多界定为独立于政府、非营利性的第三方的专业认证机构。为此，认证机构与政府之间的关系问题无论是在学术研究还是实践中都受到关注。多数研究都同时提及要维护和保障专业认证机构的权威性、公正性与独立性，就需要有健全的政策与法律法规等的保障和监管，而这需要处理好与政府之间的关系问题。米勒·杰瑞（2001）认

---

[1] 徐祖胜，杨兆山. 我国高校师范类专业认证的实践反思[J]. 教师教育研究，2021，33（6）：72-77.

[2] 李茂国，张志英，张彦通. 积极推进专业评估与认证，引导工程教育协调发展[J]. 高等工程教育研究，2005（5）：10-14.

[3] 李枔机，沙淑清. 关于构建我国高等教育专业认证体系的几点思考[J]. 中国高教研究，2007（9）：38-40.

[4] 卢晶. 我国专业认证制度实施中的现实困境与路径选择[J]. 黑龙江高教研究，2015（11）：17-19.

[5] 徐小洲，辛越优. 制度与方法：加拿大工程教育质量评估分析[J]. 高等工程教育研究，2016（1）：126-131.

为，认证机构与政府、高校的关系可以简化为一种"交换关系"，在这种"你来我往"的关系中，各方都期望从其他两方获取利益或资源[1]。李杼机（2008）则认为，政府应从"身兼运动员和裁决员"的角色中退出来，将主要精力放在加强对高等教育评估与认证工作的统筹规划和宏观管理上，大力扶持社会中介专业认证机构的建立和发展，自觉维护认证机构的独立性和权威性[2]。布里廷汉姆·B（2008）认为政府与认证机构之间存在一种并不稳定的利益博弈关系，两者既有合作也有冲突，双方都应当恪守自己的权力边界，才能将博弈变为合作。[3] 波米·M（2005）则认为，专业认证机构只有具有相对的"独立性"才能处于一种"中立"的立场，其评价才能客观公正、科学合理，而政府仅仅要做的就是监管与保障[4]。对于我国当下专业认证发展的现状而言，在强调"管办评"分离的大背景下，独立第三方认证机构的发展及壮大是当下专业认证良性发展的趋势。为此，认证主体与政府之间如何厘清各自的权力边界，在保持专业认证机构第三方独立性、权威性的同时，政府给予相应的保障支持和严格监管都是学术界需要进一步去深入研究的问题。

除此之外，认证主体的职能定位问题也是专业认证主体研究的重点。我国有学者提出"工程教育专业认证机构是撬动中国高等工程教育的支点"[5]这一观点。韩晓燕等（2005）认为，权威性的认证机构不仅要对组织工作加以全面的协调和管理，负责监督认证标准和认证程序的制订，还应当代表我国工程界参与国际的交流[6]。王建成（2007）认为，专业认证机构在专业认证中扮

---

[1] JERRY M. Organizational structure of accreditation: relationship to Uses of Accreditation[J]. New direction for higher education. 2001: 5-21.
[2] 李杼机. 关于构建我国高等教育专业认证体系的思考[D]. 中国地质大学（北京），2008：47.
[3] BRITTINGHAM B. An uneasy partnership: accreditation and the federal government [J]. Change: The Magazine of Higher Learning, 2008, 40(5): 32-39.
[4] POMEY M P, FRANCOIS P, CONTANDRIOPOULOS A P, et al. Paradoxes of French accreditation [J]. BMJ Quality & Safety, 2005, 14(1): 51-55.
[5] 李茂国，张彦通，张志英. 工程教育专业认证机构：撬动中国高等工程教育的支点[J]. 高等工程教育研究，2006（1）：7-11.
[6] 韩晓燕，张彦通. 试论我国高等工程教育专业认证制度的构建[J]. 高等工程教育研究，2005（1）：41-43.

演着规范标准与推进器、代理人和缓冲阀、守门人与信息员等角色[1]。哈维·李（2009）研究，认为英国医学专业认证机构——英国通用医学委员会（The General Medical Council，GMC）通过制定认证标准对医生在工作实践上进行严格规范，并通过践行标准将医学专业的持续发展同医学教育的认证和质量保证紧密联系[2]。李汉邦等（2009）认为，认证组织不能单纯定位为监督机构和职能机构，而应当把为工程技术人员服务、为社会服务作为认证机构的一个基本功能，以加强高等院校、用人单位和实业界之间的密切联系[3]。王孙禺等（2014）认为，认证机构的主要作用在于负责制定和发布认证标准、实施认证过程、选择和培训认证工作人员[4]。李亚东（2019）认为，专业认证中的各利益相关群体在构建认证体系和实施认证活动中进行着博弈和均衡，而认证机构是这些利益相关群体的"代理"[5]。可见学者们大多认为认证机构在其功能定位上不应当仅仅聚焦于专业认证机构的基本功能，如专业认证的实施、认证标准、认证程序的制定与完善、专业认证机构及其工作人员的日常管理等，还应当在监督、管理、协调、服务、培训、科研等方面有所扩展。

（四）专业认证程序的研究

专业认证的程序问题涉及专业认证具体实施的步骤与流程问题。严格的认证程序能够确保专业认证结果的科学性与权威性，因此认证程序的研究与探讨应当是专业认证研究中不可或缺的组成部分。

---

[1] 王建成. 美国教育认证制度的实施机制与功能价值分析[J]. 比较教育研究，2007（5）：43-47.
[2] LEE H. The accreditation and quality processes of the general medical council in the UK[M]. Public Policy for Academic Quality. 2009: 249-274.
[3] 李汉邦，韩晓燕，庄灵. 台湾高等工程教育专业认证的现状及启示[J]. 国家教育行政学院学报，2009（6）：58-61，53.
[4] 王孙禺，赵自强，雷环. 中国工程教育认证制度的构建与完善——国际实质等效的认证制度建设十年回望[J]. 高等工程教育研究，2014（5）：23-34.
[5] 李亚东，朱伟文. 从"跟随"到"领跑"：高等教育专业认证发展道路探析——基于德国认证体系及ASIIN专业认证的因素分析与启示[J]. 比较教育研究，2019，41（5）：50-57.

学术界一般将程序问题的研究划分为程序背后所蕴含的程序价值研究与程序技术研究。目前针对专业认证程序价值的研究和探索较为鲜见。相关研究主要针对的是专业认证程序的技术方面，且独立研究较为缺乏，一般都是在针对专业认证实施过程的介绍中附带对认证程序的介绍性或者解释性说明。目前认证程序研究尚未成为专业认证研究中的一个重要研究关注点。

首先，专业认证程序的具体操作实施步骤是专业认证程序技术研究中被提及最多的问题。美国ABET工程教育专业认证委员会前主席普拉多·J（2004）将ABET的专业认证程序主要归纳为提出申请、准备情况审查、自学报告（self-study）、现场观摩、正当程序响应期和认可决定六大环节[1]。在他看来，认真研读ABET对于专业认证的资格要求（提出申请）和专业自评报告的撰写是程序中最为重要的两个部分。芭芭拉·凯姆（2009）在其著作《德国的认证体系》(*The German System of Accreditation*)中将德国专业认证程序归纳为以下五个步骤：发送认证申请、提请建立审核小组、任命同行评议员、同行评审与现场访问调研、做出认证结论。同时提出任命同行评议员这一环节尤为重要，需要审慎考虑参与同行评议的成员构成。[2]英国职前教师教育（initial teacher training）专业认证在程序上与上述美德两国的认证程序略有不同。主动提交认证申请的专业必须要经过英国教育标准局（Office for Standards in Education, Children's Services and Skills, OFSTED）的等级评定，只有获得良好及以上等级才有资格继续进行专业认证[3]。加拿大教师专业认证在基本认证程序上也包括组织认证小组、提交认证材料、认证审查（材料审核和实地考察）、做出认证决定四个主要步骤[4]。我国学者张文雪（2007）详细介绍了《全国工程教育专业认证试点办法》中所规定的专业认证基本程序，其中包括：

---

[1] PRADOS J W. Can ABET really make a difference?[J]. International Journal of Engineering Education, 2004, 20(3): 315-317.
[2] BARBARA M K. The German system of accreditation[M]. Public Policy for Academic Quality. 2009: 227-248.
[3] REYNOLDS M. Standards and professional practice: the TTA and initial teacher training[J]. British Journal of Educational Studies, 1999, 47(3): 247-260.
[4] INGVARSON L, ELLIOTT A, KLEINHENZ E, et al. Teacher education accreditation: a review of national and international trends and practices[J]. Teacher Education, 2006: 17.

申请认证、学校自评、审阅《自评报告》、现场考查、审议和做出认证结论、认证状态保持六个阶段①。曹玉珠（2019）比较分析了我国工程教育与师范类教育专业认证在认证程序上的异同，认为我国工程教育专业认证与师范类教育专业认证在认证流程步骤上大同小异，师范类专业认证只在自评报告审核处理与认证结论审核处理上有些许差异②。

  对比分析目前世界上发展较为成熟的专业认证的相关程序步骤，可以发现认证程序实施步骤的设计大多趋向一致，其基本程序大多包括院校（专业）申请、专业自评、审核与考察、认证结论几大模块。而在专业认证程序启动之前都强调了专业认证是申请专业自发、自愿进行的一项活动，这也是专业认证程序有别于其他质量保障方式的最大的特点。同时，各国专业认证在程序设计上都带有鲜明的制度化和规范化的特色，在各专业认证的官方网站上都可以找到相应的认证程序手册或操作指南等文件，为认证申请专业提供了专业化、透明化的行动与工作指南。

  其次，专业认证程序中的自评环节也得到了学术界的部分关注。多数研究都认为自评报告在专业认证程序中起到了十分重要的作用，认为"自评报告是申请认证学校对照认证标准对认证专业办学状况、办学质量的自我检查，是专家开展评价工作的主要判断依据"③"自评报告有效地将专业认证中的自我评估与外部评价有机结合，实现了专业内在自我评估与外在认证标准评估的逻辑关联"④。学者李柠机（2007）就提出，具备申请基本条件的学校首先要进入自评阶段，对专业办学情况和办学质量进行自我检查，撰写并提交自评报告。而认证考察专家组现场考查的主要目的是核实学校自评报告的真实

---

① 张文雪，刘俊霞，彭晶. 工程教育专业认证制度的构建及其对高等工程教育的潜在影响[J]. 清华大学教育研究，2007（06）：60-64，79.
② 曹玉珠，谢鸿全. 工程教育与师范教育专业认证体系比较研究[J]. 上海教育评估研究，2019，8（2）：11-15.
③ 王玲，盛敏. 深化认证标准理解，提升自评工作质量[J]. 高等工程教育研究，2014：5.
④ ULKER N, BAKIOGLU A. An international research on the influence of accreditation on academic quality[J]. Studies in Higher Education, 2019, 44(9): 1507-1518.

性和准确性，并了解自评报告未能反映的有关情况[①]。

不同的专业认证程序对于自评报告的称谓有所不同，如自学报告、认证提案、自查报告等。但其功能都指向了专业对标认证标准的自我审查，其目的在于"申请专业对照认证标准了解自身优劣以及在市场中的竞争地位，再次明确认证过程可能需要的证据及材料，尽可能减少由于程序问题导致认证失败的可能"[②]。同时，自评报告的内容是后续现场考察环节中的主要观测点，是后续做出认证结论的重要支撑依据。为此，自评报告撰写的真实性尤为重要，自评报告的内容应当实事求是，不能弄虚作假。比如 ABET 专业认证在其官网上对自评报告的格式，内容都提出了具体要求，且在报告首页就要求如实提供自评内容的承诺文句。

最后，认证程序设计中对于参与认证评议的成员构成问题也是学术界研究的关注点。多数专业认证在程序设计上都强调通过多元利益主体的广泛参与来体现认证过程的公正性与独立性。其中同行评议是英国、美国专业认证程序中采用较多的一种方式。日本 JABEE 认证则坚持相关专业技术领域的学术团体在认证评议小组中的核心地位。[③]德国专业认证则延续德国教育与产业界的紧密联系，要求在评审小组的成员构成中必须要有职业领域的代表参与[④]。其中，德国 ASIIN 认证就要求技术委员会在现场访问环节严格按照大学及应用科技大学、专业协会、行业协会及组织的来源筛选评审专家团队，并明确要求必须有学生的参与[⑤]。欧洲工程教育专业认证网络则严格规定评审小组成员人数应至少由 3 人组成。人员结构上严格要求 1 名成员必须是该专业学习的在校学生，至少 1 名应为该领域的研究者或学者，还有至少 1 名必须

---

① 李杼机，沙淑清. 关于构建我国高等教育专业认证体系的几点思考[J]. 中国高教研究，2007（9）：38-40.
② 李明丽. 英国职前教师教育专业认证研究[D]. 东北师范大学，2018：98.
③ KIMURA T. Accreditation for engineering education: Washington Accord and JABEE [C]//JSEE Annual Conference International Session Proceedings 2012 JSEE Annual Conference. Japanese Society for Engineering Education, 2012: 8-13.
④ ERICHSEN H U. Quality assurance and accreditation in Germany[C]//Accreditation models in higher education–experiences and perspectives, ENQA Workshop Reports. 2004(3): 42-46.
⑤ KEHM B M. The German system of accreditation[J]. Public Policy for Academic Quality Research Program, 2006: 1-18.

来自行业实践的工程专业人员，且成员的履历与信息需要对外公布。①

回溯文献，可以明显发现针对专业认证程序的相关研究多夹杂在对专业认证具体实施过程的介绍与解释之中，专门针对专业认证程序或深入研究专业认证程序的研究较少。学术界在针对专业认证程序的研究中明显只注重专业认证程序的技术性问题，对程序技术背后所蕴含的程序价值乃至程序正义问题较少提及。这一问题可能是专业认证构成要素研究中较为薄弱的部分，值得后续相关研究进一步深入探索。

二、高等教育专业认证研究

随着我国学术界对专业认证概念的厘清和研究的逐渐深入，研究关注慢慢过渡到对专业认证的实践探索与研究上，且研究多集中在高等教育领域，特别是在本科工程教育专业认证、师范类专业认证的研究方面有着丰富的成果。在研究内容方面，专业认证与专业教育质量保障、专业建设实践、职业资格衔接和专业认证体系构建方面的实践性研究一直是我国高等教育研究专业认证的热点。

（一）专业认证与专业教育质量保障

专业认证的发展实践表明专业认证是提升专业教育质量的一种有效的方法与手段，"是具有自我改进、自我完善能力的质量保障体系的重要组成部分"②。这一观点在我国高等工程教育专业认证与师范类教育专业认证的实践中也同样得到了印证。

廖明宏等（2008）认为专业认证和本科教学水平评估两者都是高等工程教育质量保障的重要途径③。王贵成（2010）认为，通过参加工程教育专业认

---

① AUGUSTI G, BORRI C, GUBERTI E. EUR-ACE and ENAEE: A Proposal and a Tool for a European System for Accreditation of Engineering Education[C]// International conference on engineering education—ICEE. 2007: 223.

② 刘晖，李嘉慧. 中国高等教育质量保障体系的完型[J]. 教育研究，2019，40（11）：100-110.

③ 廖明宏，童志祥. 以专业认证促进教育质量的提高[J]. 计算机教育，2008（13）：14-16.

证，以认证标准为准则，建立循环、可持续发展的质量提升策略，能够较为有效地提升高等工程教育质量①。阎世梁（2013）则认为，通过对照专业认证标准，从明确人才培养目标、优化课程体系、建设师资队伍、积极拓展社会资源、加强产学研合作和完善教学管理体制等方面入手，加强学校自身教育质量保障机制的完善②。赵予新（2014）认为，工程教育专业认证能够反映工程教育发展过程中教育制度等各方面存在的不足，针对高等工程教育仍存在的不足以及需要加以改进的地方提出进一步发展的方案和对策，是指导高等工程教育发展较为有效的质量保障方式③。胡德鑫（2019）认为，工程教育专业认证制度作为一种较为成熟、完备的工程教育质量保障手段，其具备非常强的可复制性、可操作性的特点，这使得专业认证制度成为深受各国欢迎的提升工程教育质量的途径与方法。王勇（2019）则认为，应充分发挥专业认证在我国高等教育评估和教师教育保障体系中的地位和作用，着力引导师范院校最终形成自我管理、自我约束和自我评估的内部质量保障体系，更好地促进师范类专业持续健康发展④。刘莉莉等（2019）认为，师范类专业认证是师范教育转型的历史必然，师范类专业认证制度是建立健全教师教育质量保障体系，全面深化高校教师教育改革的重要举措⑤。

在梳理和分析高等工程教育专业认证与师范类教育专业认证的探索实践时，可以发现，将专业认证引入专业教育质量保障的实践探索研究，主要遵循以下路径：引入以"学生为中心""持续改进"与"成果导向"的认证基本理念，对标专业认证标准与要求，强化专业认证机制建设。研究多以人才培

---

① 王贵成，蔡锦超，夏玉颜. 我国高等工程教育的现状、问题及对策研究——基于国际高等工程教育专业认证的视角[J]. 内蒙古师范大学学报（教育科学版），2010，23（3）：4-7.
② 阎世梁，张华，肖晓萍，等. 高等工程教育中的机器人教育探索与实践[J]. 实验室研究与探索，2013，32（8）：149-152，196.
③ 赵予新. 高等工程教育质量保障研究[M]. 北京：社会科学文献出版社，2014：69.
④ 王勇. 专业认证背景下师范院校内部质量保障体系构建研究[J]. 中国高等教育，2019（7）：39-40.
⑤ 刘莉莉，陆超. 高校师范类专业认证的历史必然与制度优化[J]. 教师教育研究，2019，31（5）：40-45.

养模式、课程体系建设、专业建设范式、师资队伍建设、课程教学改革等方面的实践研究为主。

李志义（2016）认为，我国专业认证十年取得的最大成就，莫过于将先进认证理念引入了我国工程教育，有力地推动了我国工程教育专业教学改革，逐步实现了从课程导向向产出导向转变、从以教师为中心向以学生为中心转变、从质量监控向持续改进转变[①]。刘宝等（2016）认为，应该以国际工程教育专业认证为基本准则，坚持专业特色，以提高学生综合能力的培养质量为核心，优化建立特色明显、主线清晰的专业课程体系，建设具有专业特色和符合工程教育专业认证标准的特色专业[②]。王金旭等（2017）分析了基于成果导向的教学模式在提高人才培养质量、实现教学观念的转变、促进学生个性化发展、促进就业和教师专业能力的提升等方面的积极意义[③]。唐新姿等（2017）认为，应当基于专业认证理念，从宏观制定课程规划入手，对照认证标准制定毕业能力要求矩阵，并将其进行分解为具体的课程标准，遵循由点到线、由线到面的教学原则，从教学模式、教学内容与教材建设、学生现状、教学方法和评价手段、师资队伍建设等关键点着手来推进专业课程的教学改革[④]。施晓秋（2018）认为，遵循专业认证的OBE（Outcome Based Education）理念设计出课程教学主要环节与质量持续改进机制是对院校与专业原有课程教学的重大修正，是院校与专业借以提高课程教学质量，提升人才质量的重要途径[⑤]。叶树江等（2018）认为，应当把专业认证作为人才培养模式改革的动力和专业内涵建设的载体，探索构建校企合作的人才培养模式，深入行业

---

① 李志义. 对我国工程教育专业认证十年的回顾与反思之一：我们应该坚持和强化什么[J]. 中国大学教学，2016（11）：10-16.
② 刘宝，任涛，李贞刚. 面向工程教育专业认证的自动化国家特色专业改革与建设[J]. 高等工程教育研究，2016（6）：48-52.
③ 王金旭，朱正伟，李茂国. 成果导向：从认证理念到教学模式[J]. 中国大学教学，2017（6）：77-82.
④ 唐新姿，彭锐涛. 基于专业认证导向的机械类双语课程建设研究[J]. 当代教育理论与实践，2017，9（1）：52-55.
⑤ 施晓秋. 遵循专业认证OBE理念的课程教学设计与实施[J]. 高等工程教育研究，2018（5）：154-160.

企业了解人才的需求与标准，构建并不断完善人才培养的新模式[①]。成晓北等（2019）认为，对标工程教育专业认证标准，从培养计划、毕业标准、课程和实践教学环节建设、教学大纲和教学方法等方面进行专业改革的探索，能够较好地实现人才培养的创新发展，对进一步提高专业建设质量有积极的推动作用[②]。周国泉等（2023）遵循工程教育专业认证的核心理念，结合大学物理专业课程特色，对教学内容、教学模式及评价体系进行了有益探索，构建了"三性四度"的课程体系，创建了突出工程思维能力的多元化教学模式，建立了面向过程的多维度评价体系[③]。白艳红（2019）将 OBE 理念融入课程教学设计，以学生所取得的学习成果为目标，构建科学的课程目标形成性评价方法。通过对学生学习过程表现的评价结果用于教学方法的改进，人才培养质量提升取得了实效[④]。何庆（2019）提出了应以专业认证为契机，通过保证教学连续与稳定、开展教师能力提升工程、强化教师对学生的指导等举措对现有的高校教师队伍的建设与管理进行改革与创新[⑤]。孙桓五等（2017）认为，工程教育专业认证标准明确、可操作性强、符合国际工程教育发展的趋势，覆盖了专业建设的主要内容。可以考虑从以专业认证为抓手推进专业建设、以成果为导向修订和优化培养方案、以持续改进为目标完善教学质量监控体系三个方面来加强高校工科专业的建设实践探索[⑥]。楼玲玲（2018）提出基于工程教育专业认证理念的教材编写与出版同样是推动工程教育进一步改革发展的需要，在教材编写时应当强调"以成果为导向"的教材顶层设计、以"学

---

① 叶树江，侯宇新. 以专业认证为抓手　建设高质量工程教育人才培养体系[J]. 中国高等教育，2018（Z2）：21-22.

② 成晓北，王晓墨，罗小兵. 工程教育认证背景下能源动力类专业改革的探索[J]. 高等工程教育研究，2019（S1）：11-13.

③ 周国泉，徐一清，樊艳，等. 面向工程教育专业认证的"三性四度"大学物理实验教学探索与实践[J]. 实验技术与管理，2023，40（11）：225-231.

④ 白艳红. 工程教育专业认证背景下课程目标的形成性评价研究与实践[J]. 中国高教研究，2019（12）：60-64.

⑤ 何庆，洪燕云，刘凯磊. 专业认证背景下地方院校机械类师资队伍建设研究[J]. 江苏理工学院学报，2019，25（6）：97-101.

⑥ 孙桓五，张琤. 基于工程教育专业认证理念的地方高校工科专业建设实践[J]. 中国大学教学，2017（11）：39-42，53.

生为中心"的教材编写模式和以"数字交互为特色"的教材编写形式[①]。胡德鑫等（2022）提出，应坚持理念先行，打造国际水准与中国特色兼容的专业认证制度；优化标准设计，推进以本硕贯通为核心的弹性认证标准；加强主体协同，建构多元利益主体深度参与融合的保障机制，完善体制机制，推进专业认证与注册工程师制度的深度衔接才是未来我国工程教育专业认证制度整体革新的有效路径[②]。

专业认证是构建高等教育评估与质量保障新体系的重要组成部分。随着高等教育工程类与师范类专业认证工作的全面开展，越来越多的专业开始慢慢接受这一以改进为主题的专业质量保障新方式，并将其运用到诸如课程教学改革、专业建设、人才培养模式改革等方面，所形成的研究成果与良好实践也在不断丰富着专业认证的实践探索研究。而这也证明专业认证这一专业教育质量保障方式应当成为我国教育质量保障体系的重要组成部分。但如何更好地融入专业教育之中，将其植根于我国实际国情，助力专业教育质量的不断提升，仍然是一个需要持续研究的课题。

（二）专业认证与职业资格证书

学术界在研究专业认证与职业资格之间的关系问题时，常常以认证标准研究为切入点，强调认证标准的设计应当与职业标准与职业资格要求有效融合。在专业认证标准研究的文献回溯中，笔者曾探讨过这一问题。但在梳理文献时，笔者发现在高等教育专业认证研究中，专业认证是否实现专业教育与职业资格证书之间的有效衔接也是高等教育专业认证实践研究中重点关注的内容。

分析文献，可以发现我国多数学者都较为认同专业认证能够作为一种有效的衔接机制将专业教育与职业资格认证有效关联，有助于明确人才培养目标和提升人才培养规格。韩晓燕等（2008）认为，获得经专业认证的学位通

---

① 楼玲玲. 基于工程教育专业认证理念的新型教材策划出版实践[J]. 科技与出版，2018（10）：88-91.
② 胡德鑫，纪璇. 中国工程教育专业认证制度四十年回眸：演变、特征与革新路径[J]. 国家教育行政学院学报，2022，（12）：72-78，95.

常是工程技术人员获得执业资格基础性条件，将专业认证与工程师获取专业资格直接挂钩确定了高等工程教育的边界条件，明确了高等工程教育的培养目标首先是培养应用型的工程技术人员[①]。辛峰等（2016）认为，专业认证能够让通过认证的高校毕业生更容易满足职业工程师对教育背景和实践经验的要求，这为其成为职业工程师提供了保障[②]。

部分学者从衔接机制较为完善的国家的成熟经验借鉴入手尝试分析这一衔接机制的运行机理问题。王瑞朋等（2015）分析认为，美国工程教育专业认证制度与工程师注册制度有效衔接的原因在于将工程专业学位作为注册工程师的重要条件，将认证机构与工程师注册局密切关联，利用工程师注册程序将认证制度与注册制度有效衔接，认证标准与注册考试标准内容对应，实现了工程教育与工程实践有效衔接[③]。郑娟等（2017）认为，英国工程教育专业认证和工程师职业资格具有统一的管理机构和相对一致的评价标准。通过规定工程师职业资格注册所需的教育基础，让专业与职业资格之间形成对应关系；注册流程和职业发展路径也进一步强化了专业认证与职业资格之间的有效衔接[④]。鲍晨等（2020）在总结国外高等教育与职业资格衔接的成功经验时提出，教育部门与行业部门（协会）在制度上做好衔接和顶层设计是关键，与行业部门的积极协作是保障，而将专业认证与人才培养方案、职业资格考试有机结合则是衔接的关键[⑤]。

在此基础上，有学者结合我国专业发展实际和国情入手提出相应的实践

[①] 韩晓燕，张彦通. 工程教育专业认证制度及其对工程教育的影响[J]. 大学（研究与评价），2008（1）：86-89.

[②] 辛峰，徐心茹. 英国化学工程师协会IChemE专业认证与特许工程师CEng资格的现状及启示[J]. 化工高等教育，2016，33（4）：15-18.

[③] 王瑞朋，王孙禹，李锋亮. 论美国工程教育专业认证制度与工程师注册制度的衔接[J]. 清华大学教育研究，2015（2）：34-40.

[④] 郑娟，王孙禹. 英国工程教育专业认证与工程师职业资格衔接机制研究[J]. 中国大学教学，2017（2）：88-96.

[⑤] 鲍晨，丁雪华，申向东，等. 工程硕士教育培养与注册工程师职业资格认证衔接的探讨——以建筑与土木工程领域为例[J]. 内蒙古农业大学学报（社会科学版），2020，22（2）：32-35.

探索建议。王玲（2008）认为，工程教育专业认证与工程师注册制度作为工程师制度改革相辅相成的两个方面，应具有相互承接的关系，工程教育学位的获得应该成为工程技术人员取得资格的学术资质。教育界和工程界应合作开展研究，共同制定衔接的认证制度，从体制上保障工程师从接受工程教育到入职从业再到职业发展的整个职业生涯的顺畅发展[①]。刘婷（2015）指出，我国目前硕士层次工程教育专业认证基于工程硕士课程与职业资格知识模块的"等效"形成了"证书免修"和"考试科目豁免"机制，认证结果直接指向职业资格获取，较好地体现了我国工程硕士教育专业认证"基于职业导向"这一核心特征[②]。郑文等（2018）认为，师范类专业认证一端连接高校，一端连接教师劳动力市场，通过三级监测认证实施办法巧妙地通过专业认证与教师资格证之间的直接关联，将作为培养师资机构的高校与教师劳动力市场连接起来，"形成了市场需求—学校办学—专业认证—教师资格证书—就业市场的良性循环"[③]。

由于我国长期没有形成基于教育与职业对应关系的国家资格框架体系，因而学历教育与职业资格之间的衔接机制尚未有效构建。但通过专业认证实现学历教育与职业资格之间的对应关系是专业人才培养的一种规范化路径。这不仅体现了教育与职业的对应与衔接，同时也是实现专业教育与职业资格互认的重要基础。学术界也关注到了这一问题的重要性，对专业认证在学历教育和职业资格证书之间的双向衔接的标准研究、借鉴分析研究和衔接机制研究都给予关注，但如何更为有效地从操作层面、政策层面来构建这一衔接机制还有待更为深入的分析和探讨。

---

① 王玲，雷环.《华盛顿协议》签约成员的工程教育认证特点及其对我国的启示[J]. 清华大学教育研究，2008（5）：88-92.

② 刘婷，高虹，王应密，等. 我国工程硕士教育实施专业认证的问题与对策[J]. 学位与研究生教育，2015（8）：57-61.

③ 郑文，王玉."新师范"背景下广东高校师范类专业认证：关系与策略[J]. 华南师范大学学报（社会科学版），2018（6）：66-70.

（三）专业认证体系构建研究

学术界在专业认证本体认识研究、核心内容研究、应用实践探索研究成果的不断积淀下，研究重心开始转向系统梳理与成果整合，进一步趋向于专业认证系统化、体系化的要素集合的实践研究。2007年年初，教育部、财政部在《关于实施高等学校本科教学质量与教学改革工程的意见》中提出，"积极探索专业评估制度改革，重点推进工程技术、医学等领域的专业认证试点工作，逐步建立适应职业制度需要的专业认证体系"[①]，开始将专业认证体系的建构提上日程。

但梳理文献可以发现，对于专业认证体系构建的整体性研究的文献数量较少，其中多数文献都围绕着体系构建的意义展开讨论。如毕家驹教授（2009）认为，专业认证体系的建立为专业教育与行业建立了沟通的固定渠道，从而不断提高专业人才对行业的适应性和前瞻性[②]。张雪迎（2007）认为，构建完整的工程教育专业认证体系，对于明晰工程教育专业人才培养目标，建立高校和产业界合作培养人才的机制，构建产业界参与高校人才培养质量监控的外部评价体系等，无疑具有极大的促进作用[③]。

而关于专业认证体系如何构建这一学术热点，学者们多将其分解到具体的体系构成要素的研究之中，整体性阐述体系构建的文献较为鲜见。洪晓波（2014）提出，构建适应地方产业需求的专业课程体系，创建专兼结合的工程教育师资队伍、完善教学质量保障体系是构建地方工科院校工程教育专业认证体系的主要措施。[④]甘宜涛等（2017）在对比与我国工程教育专业认证发展历程相似的印度高等工程教育专业认证体系后，提出我国工程教育专业认

---

① 教育部，财政部. 关于实施高等学校本科教学质量与教学改革工程的意见[EB/OL].（2007-01-22）[2022-04-01]. http://www.moe.gov.cn/s78/A08/moe_734/201001/t20100129_20038.html.
② 毕家驹. 关于中国工程专业认证的所见所思[J]. 高教发展与评估. 2009（3）：10-18.
③ 张文雪. 工程教育专业认证制度的构建及其对高等工程教育的潜在影响[J]. 清华大学教育研究. 2007（6）：63-69.
④ 洪晓波. 地方工科院校工程教育专业认证的对策研究[J]. 教育评论，2014（10）：12-14.

体系应在建立独立的认证机构、完善认证标准并实现国际互认、加强认证后的监督保障质量方面进一步完善与加强[①]。

同时,部分学者指出了我国高等工程教育专业认证体系所存在的相应问题,如支希哲等(2015)认为,当前的高等工程教育专业认证体系存在着认证组织松散,缺乏独立性和权威性;认证标准体系过于理想化,部分指标可操作性不强;专业认证与工程师注册的衔接不够等问题。应加强对专业认证工作的监管,建设具有独立性与权威性的认证组织,构建多样、灵活且与国际接轨的认证标准,并加强与工程师注册制度的衔接[②]。何倩等(2019)提出,我国目前工程教育专业认证体系仍然存在认证主体官办色彩浓厚、行业主体作用发挥不够、认证标准在类型和层次上过于单一、职业资格注册制度与认证体系脱节等问题[③]。也有学者明确指出,我国工程教育专业认证体系存在问题与挑战的根本原因就在于体系的建构与运行未能结合本国国情,并提出未来治理路径应当集中在制度、组织和技术方面[④]。

我国高等教育师范类专业认证体系的构建晚于高等教育工程专业认证体系,2014年开始试点,2019年才正式开始推广实施。学术界对于师范类专业认证体系构建的相应文献也屈指可数,多数文献研究都沿袭着高等教育工程类专业认证研究的路径,由构成要素研究到实践探索研究,尚未形成较为系统化、体系化的研究成果。由于师范类专业认证真正铺开实行时间短暂,体系的构建及运行效果尚未得到一个较为科学的分析和阐释。

但需要明确的是,以工程教育专业认证、师范类专业认证为代表的专业认证体系的形成与良好运行,将为后续以高等职业教育专业认证体系的构建及发展提供丰富的经验借鉴。

[①] 甘宜涛,雷庆. 印度高等工程教育专业认证:实践与借鉴[J]. 高教探索,2017(3):45-49.

[②] 支希哲,韩阿伟. 高等工程教育专业认证的问题及对策[J]. 中国高校科技,2015(4):44-47.

[③] 何倩,刘智英. 工程技术类专业认证体系的比较研究[J]. 高等工程教育研究,2019(5):54-60.

[④] 胡德鑫,郭哲. 新工业革命背景下发达国家工程教育专业认证的制度建构与运行机制[J]. 高教探索,2019(11):46-51,63.

三、高等职业教育专业认证研究

高等职业教育领域一度不是专业认证研究所关注的重点领域。在中国知网，以"高等职业教育"和"高职教育"为主题，以"专业认证"为关键词，截至 2020 年 4 月，笔者检索到的相关文献仅有 58 篇，其中核心期刊只有 11 篇，且主要发表在职业教育类的核心期刊上，如《职教论坛》（3 篇）、《中国职业技术教育》（3 篇）、《职业技术教育》（2 篇）。而专门研究高等职业教育领域专业认证的硕士论文仅有 3 篇，博士论文暂时空白。由此可见，高等职业教育领域专业认证的相关研究一直未受到学术界的重视，高等职业教育也未对专业认证这一研究领域予以足够的关注。

回溯高等职业教育领域专业认证的相关文献，首先可以得出一个基本判断：高等职业教育专业认证的相关研究刚开始起步，尚未成为高等职业教育领域研究的关注热点。

有研究指出，目前我们已初步形成富有中国特色的"以重点政策为引领，教学评估、学科评估、专业认证互为支撑"的高等教育质量保障模式①。事实上，从整个文献回溯与分析看来，笔者认为，专业认证在我国整个高等教育评估和高等教育质量保障体系中的地位和作用仍没有完全凸显，仍处在不断改进和完善的阶段，而高等职业教育领域的专业认证则刚刚开始。

（一）高等职业教育专业认证的探索性研究

高等职业教育最早引入"专业认证"这一概念可以追溯到当时部分职业院校曾参与过的 ISO9001 认证②。但由于该认证体系针对的只是院校的办学过程，因而并未在全国范围内广泛开展。2006 年，《教育部关于全面提高高等职业教育教学质量的若干意见》明确提出，要逐步构建专业认证体系，高等职业教育领域的专业认证得到了政策上的首肯，但其后相应的研究与探索工作却

---

① 刘晖，李嘉慧. 中国高等教育质量保障体系的完型[J]. 教育研究，2019，40（11）：100-110.
② 徐国庆. 构建中国特色的职业教育专业认证体系[J]. 教育发展研究，2018，38(7)：21-27，39.

一直未曾在高等职业教育领域正式开展。2006年该文件颁布后，涉及高等职业教育专业认证研究的文献几乎没有，职教界也并未将专业认证纳入研究视野。

2013年，教育部哲学社会科学研究重大课题攻关项目子课题——"中国现代职业教育质量保障体系研究"①系统构建了"一平台、二支柱和一基础"的现代职业教育评估制度的整体框架。其中的"两个支柱"即要求做好"院校评估"和"专业认证与评估"。该研究虽明确将专业认证定位为高职教育质量保障的方式和手段。但只设计了"专业合格认证"这一模式，并限定了专业合格认证对象必须是新批设置的专业。该研究中所设计的认证内容仅仅针对专业基本办学条件的检查与评审，在认证结果适用上只强调与专业招生资格相挂钩。而这与专业认证本身的理念与发展定位实际上还是存在一定的差距。

但职教界部分学者还是关注到了专业认证在专业教育质量保障中的积极作用。学者王珑（2013）提出，要实现高等职业教育内涵式发展，满足专业人才培养质量评估的新要求，就需要开展专业认证，并将制度落到实处②。王中（2014）分析指出，我国职业教育评估制度的主要症结在于认证评估和分等评估并没有得到应有的重视③。陈晓萌（2014）认为，引入专业认证，有利于改善专业建设质量保障，保障专业建设所需要的院校环境与资源，能够作为解决专业建设内部问题的有力抓手④。郭丽君等（2023）提出，高职专业认证作为保障和提高高等职业教育质量的重要举措，在宏观、中观、微观层面内含一定的逻辑并形成嵌套。高职专业认证既具有正向价值，也存在一定的现实隐忧。⑤

职教界在不断完善高等职业教育质量保障体系的研究中也逐渐意识到，专业认证作为一种针对专业质量评价与保障的有效手段，是对现有质量保障

---

① 李志宏，李岩，陈东冬，等. 现代职业教育评估制度的系统构建——教育部哲学社会科学重大课题攻关项目成果综述[J]. 评价与管理，2018，16（1）：19-21.
② 王珑. 高职教育专业评估指标体系构建与创新研究——基于高职人才培养规格新界定的视角[J]. 职教论坛，2013（33）：9-12.
③ 王中. 梳理与借鉴：审视我国职业教育专业评估制度[J]. 职教通讯，2014（4）：1-4.
④ 陈晓萌. 高等职业教育专业认证制度建构研究[D]. 天津大学，2014：112.
⑤ 郭丽君，石汉卿. 我国高职专业认证的应然逻辑与创新发展[J]. 教育与职业，2024（4）：40-48.

体系的有效补充。而本科工程教育、医学教育及师范类教育专业认证的良好实践也为高等职业教育专业认证的开展提供了相应的证据支撑。作为一种世界通用的质量保障方式，专业认证既有相应的政策支持也有本土实践的良好示范，但我国高等职业教育领域专业认证的研究为何没有得到相应的重视，专业认证也并未在高等职业教育领域得以有效开展，相应的深入分析与研究成果也十分匮乏，这背后的原因值得职教界深思。

《悉尼协议》是职教界深入了解、学习研究专业认证的另外一个重要的视角。分析文献可以明显发现高等职业教育领域针对《悉尼协议》的文献研究比专门针对专业认证的文献要更为丰富一些。也是因为《悉尼协议》，职教界才开启了对于国际专业认证及其代表的认证理念的学习与研究。

《悉尼协议》是国际工程教育领域针对工程技术人员（engineering technologists）的教育互认协议，其实质在于通过对成员国工程教育专业认证结果的实质等效来实现专业教育的互认。而《悉尼协议》所涉及的教育层次正好对应了我国高等职业教育。我国在加入《华盛顿协议》并成为正式会员国之后，给予了职教界认识专业认证、积极参与国际专业认证以巨大的推动力。部分学者认为《悉尼协议》是工程技术类学生走向世界，实现国际互认质量标准的通行证。加入该协议将促进我国工程技术教育人才培养质量标准与《悉尼协议》的认证标准实质等效，对尽快提升我国高等职业教育专业水平和质量具有重要意义[①]。但同时也有诸多学者提出《悉尼协议》研究的目的在于借鉴学习专业建设范式、提升专业建设质量而非目标趋向于参与国际专业认证。有学者明确指出，"职业院校在专业建设中合理吸收国际专业认证中包含的一些教育理念是值得倡导的，然而过于夸大国际专业认证在专业建设中的作用，对职业教育的发展并不是非常有利的。这种倾向实际上反映了我国国家层面职业教育专业认证体系的缺失"[②]。

随着研究的深入与研究成果的不断积淀，学术界逐渐意识到高等职业教

---

① 董少校. 我们离"悉尼"还有多远[N]. 中国教育报，2014-12-11（5）.
② 徐国庆. 构建中国特色的职业教育展业认证体系[J]. 教育发展研究，2018（7）：21-27，39.

育现有的教育质量保障体系对专业质量保障的关照严重不足。而高校本科专业认证学术热点的影响以及以《悉尼协议》为代表的国际专业认证带来的巨大冲击，也加速了学术界对于高等职业教育专业认证的深入研究与实践探索。但高职领域专业认证研究的升温仍旧无法掩饰高等职业教育领域尚未开展专业认证这一现实窘境，目前也未曾出现针对高等职业教育专业认证缺失因素分析的相关研究。为此，构建具有我国高等职业教育自身特色的专业认证体系开始成为新的学术关注点。

（二）高等职业教育专业认证体系构建研究

实际上，早在本科工程类教育专业认证体系构建之初，职教界就有学者提出构建高等职业教育专业认证体系的设想。屠群峰（2009）提出，应逐步构建与职业资格证书制度相接轨的高职教育专业认证体系，深化与职业资格融通的专业教学改革等措施，以提高高职教育人才培养质量，适应学生的就业需要[1]。王艳君（2010）认为，应针对高职毕业生主要面向的职业岗位群，将专业认证标准与就业准入对接，开展专业认证试点工作。待试点取得一定经验后在全国铺开，以点带面逐步构建高等职业教育的专业认证体系，从而完善专业认证和国家职业标准体系[2]。张雅非（2016）提出，为保障高等职业教育专业设置的合理性，维护高等职业教育的独立性和自主性，突显高等职业教育的特殊性，构建和完善高等职业教育专业认证保障体系应该提到理论和实践研究的前沿并且不容置疑[3]。

随着对专业认证研究的深入，这种体系构建的研究方向开始进一步明确。陈晓萌等（2014）建议在高等职业教育领域引入专业认证，从政府层面加快相关法律法规的建设，尽快研究和构建体现职业性的专业认证标准体系和规

---

[1] 屠群峰. 构建与职业资格接轨的高职教育专业认证体系[J]. 辽宁高职学报，2009（9）：17-19.
[2] 王艳君. 高职教育与双证书制度的推进策略研究[J]. 中国商界（上半月），2010（6）：243.
[3] 张雅非. 我国高等职业教育专业认证研究[D]. 曲阜师范大学，2016：78.

范科学的认证程序，从而加快专业认证的顶层机制设计①。顾京（2015）提出，应在充分借鉴国际技术教育认证协议缔约方的经验和国内工程教育专业认证实践经验的基础上，采取有效策略，建立适应中国国情具有中国特色并与协议缔约方实质等效的专业认证标准和体系②。孙晓波（2017）认为，高职专业认证应当从我国高职教育的本质内涵出发，探索建立适合中国文化传统和教育制度规范的具有中国特色的高等职业教育专业认证制度体系③。汤霓（2018）提出，我国亟须借鉴国际经验，从厘清政府职能边界，加强以政策法规与认证人才建设为代表的元认证建设，构建内外部评估相结合的认证机制方面入手构建具有中国特色的专业认证体系④。陆旻瑶等（2021）提出我国职业教育专业认证要遵循科学性与实用性相结合、静态性与动态性相结合、区分性与层次性相结合、权威性与灵活性相结合的逻辑原则，在专业认证主体上要趋向多主体联动，在专业认证标准上要趋向中国化取向，在专业认证指标上要趋向科学化构建，在专业认证程序上要趋向标准化规范。⑤徐国庆（2018）认为，构建国家层面的专业认证体系应以专业建设为基础设计总体方案，以过程为核心构建认证指标体系，扎根行业实施认证，一方面要让认证结果为行业普遍接受，另一方面要将专业认证与职业资格认证有效结合⑥。还有学者提出在构建专业认证体系之前，亟须厘清专业认证基本理论涉及的四大关键问题。第一，专业认证的核心目标应是提升专业内涵而非围绕产业需求。第二，专业认证的设计要点是建立专业认证研究共同体，由系统规划开始，逐步构

---

① 陈晓萌，周志刚，闫智勇. 专业认证视角下高等职业教育专业建设的困境及策略[J]. 职教论坛，2014（33）：65-69.
② 顾京，韩冰. 论推进我国高等职业技术教育专业认证工作的策略[J]. 中国职业技术教育，2015（23）：23-26.
③ 孙晓波. 基于工作本位学习的高等职业教育专业认证模式研究[J]. 高等职业教育（天津职业大学学报），2017，26（4）：37-41.
④ 汤霓. 高等职业教育专业认证：国际经验与发展逻辑[J]. 中国职业技术教育，2018（21）：33-38.
⑤ 陆旻瑶，陆小荣. 我国职业教育专业认证的必然、逻辑原则与策略[J]. 职教论坛，2021，37（10）：152-157.
⑥ 徐国庆. 构建中国特色的职业教育展业认证体系[J]. 教育发展研究，2018（7）：21-27，39.

建领域化的专业认证系统。第三，高职专业认证的系统规划还是需要采用国家系统规划的主导模式。第四，高职应建立标准本位的认证，建立全国性标准制定机制，在国家标准主导下进行认证标准的系统化开发[①]。2023年，宁波职业技术学院"专业认证指标体系开发"研究课题组通过针对专业认证指标体系的实证研究明确提出专业办学环节对办学效益有显著的影响，并在研究中进一步明确了专业认证既可以确定特色鲜明的培养目标和专业方向、凝练内生发展动力、分类分层建设，又可以促使高职院校主动对接区域产业发展需求、调整专业布局、提升职业教育的适应性[②]。

由此可见，学术界对于在高等职业教育领域开展专业认证，构建高等职业教育专业认证体系已达成一定共识。加之相关政策的颁布，高等职业教育专业认证体系构建的相关研究将进一步升温，这也为本书奠定了一个较好的研究基础。

四、现有相关研究述评

作为一个在世界范围内被广泛应用且得到认可的专业教育质量保障方式，专业认证在我国一度是新兴事物。我国对于专业认证的研究是从对国外先进专业认证理念与经验借鉴的学习开始的，早期国内学术界一度对相关概念有所混淆，加之语言转换中的多种释义，导致我国专业认证的研究相较于国外研究起步较晚，相关研究还存在着较大的提升与发展空间。学术界沿袭基础研究、核心要素研究、应用实践研究、体系化研究的变迁路径，取得了较为丰富的研究成果。特别是专业认证在我国高等工程教育、师范类教育中所形成的较为丰富的研究积淀，为我国高等职业教育专业认证体系的构建研究提供了宝贵的理论与实践经验。

但我国高等职业教育领域的专业认证研究尚处于起步发展阶段，高等职业教育领域专业认证的研究整体上都略显薄弱。对于高等职业教育专业认证

---

① 宾恩林. 高职专业认证的核心命题辨析[J]. 职教论坛，2019（6）：6-10.
② 宁波职业技术学院"专业认证指标体系开发研究"课题组. 高职院校专业认证本土化指标体系开发的实证研究[J]. 中国职业技术教育，2023（19）：15-23.

缺失原因分析、高等职业教育专业认证体系的系统构建等研究并不深入，有的甚至空白，这也为本书带来了一定契机。为此，笔者认为后续的相关研究应在以下问题的基础上进行进一步探讨：

第一，现有专业认证的相关研究对高等职业教育领域关注不够。目前，现有的专业认证的研究成果大多针对高等教育领域，我国高等职业教育领域关于专业认证的相关研究比较薄弱，专业认证在高等职业教育质量保障体系中的地位和作用没有得到重点关注，高等职业教育专业认证的研究才刚起步，有很多问题有待深入的探讨研究。国外专业认证研究起步较早，已经形成成熟而体系化的运行模式。我国工程教育、师范类教育等专业也已经建立起系统化的专业认证体系并付诸实践，早在2006年已获得在高职领域开展专业认证的政策首肯，这些都是高等职业教育专业认证体系构建的有利条件。然而这些有利条件出现之后，为何迟迟未在高等职业教育领域开展，其缺失的原因何在？这是已有研究中从未被深入探讨的内容。

第二，高等职业教育专业认证的现有研究不足。高等职业教育专业认证的相关研究对专业认证诸多问题的解读多延续高职"本科移植"惯性思维，从高等职业教育自身发展特色角度开展的研究较少。部分学者认为，相关研究与探讨已有本科研究成果的深厚积淀，皆可"照搬移植"进行高职的特色化改造。但相关研究的深度与广度皆有所限，且系统化不足。高等职业教育作为一种特殊的类型教育，相关研究应当体现出高等职业教育的职业性特色与类型教育优势，但现有的研究都未予以切实的关注。为此，相关研究需要更为深刻地把握高等职业教育自身特征，这是后续高等职业教育专业体系构建中必须关注的重要问题。

第三，缺少高等职业教育专业认证体系理论框架设计的研究。随着《职业教育体制培优行动计划（2020—2023）》的实施，高等职业教育领域发展专业认证已是大势所趋，专业认证体系的构建将成为专业认证研究的热点与趋势。如何构建具有高等职业教育自身类型特色的专业认证体系应成为相关研究的重点。回溯国内学术界的相关研究，虽已形成了构建高等职业教育专业认证体系的共识，但目前还缺乏对认证体系理论框架设计的深入研究，缺乏较为宏观的理论前瞻与研究视野。针对高等职业教育专业认证体系亟须构建的理论与实践期待，借鉴、吸收、改进国内外相关理论与实践研究成果，及时总结、归纳、设计出适应高等职业教育高质量发展需求的高等职业教育专业认证体系的理论框架并丰富相应的体系内容设计，是进一步指导高等职业教育领域专业认证理论研究与实践活动的发展要求。

第四，高等职业教育专业认证的相关研究还有待进一步完善。回溯文献明显发现当下高等职业教育专业认证的相关研究并不丰富，研究方法、研究群体和研究视角较为单一。从研究群体构成角度来看，多数研究者都集中在教学机构及研究机构，鲜有来自社会、产业界等其他利益相关群体的研究者，导致研究成果多带有学术性标签，忽视了专业认证其他利益相关者的观点和意见，研究成果的思辨性和科学性有待进一步加强。研究群体的单一也相应地造成研究视角的单一。囿于身份的单一化，研究者多从教育学的视角来探讨高等职业教育的专业认证问题。但高等职业教育作为与经济社会发展联系最为紧密的教育类型，其专业认证体系构建不仅要体现教育意义与价值，而且要结合其类型特色与职业特色。这也要求在后续体系构建过程中，高等职业教育应考虑多角度视野，不仅要运用教育学的相关理论，而且应该运用社会学、管理学等理论来丰富研究。在研究方法上，现有文献大多局限于不同国别比较研究、理论层面的探讨研究与专业建设范式的应用研究，并没有从体系构建角度形成理论思辨与实践调研相结合基础上的系统化、体系化的研究方法，且研究成果之间缺乏实质性的沟通与合作。为此，总结问题、分析不足、突破传统研究壁垒，对推动高等职业教育领域专业认证研究的进一步发展具有重要意义。

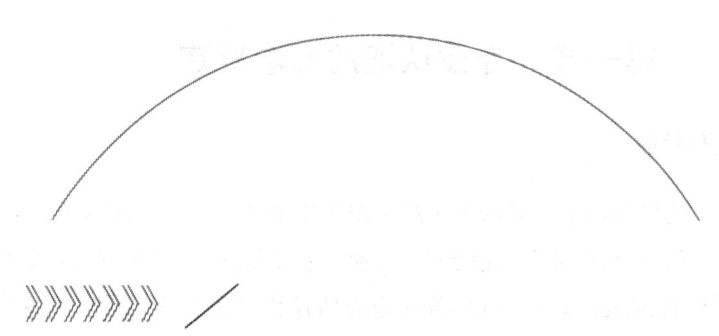

第二章 专业认证与高等职业教育专业认证体系

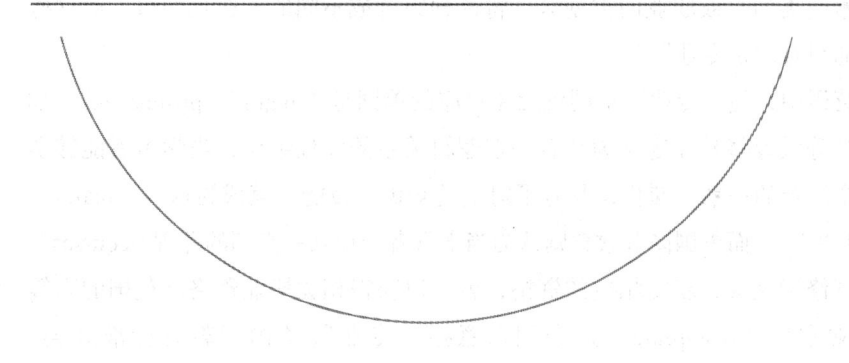

本书涉及一些诸如专业、认证、专业认证、专业认证体系、高等职业教育专业认证体系等核心概念，需要予以清晰的概念界定与解读。

第一节 专业认证的概念界定

一、何为专业

"专业"一词最早出于《后汉书·献帝纪》中的"今耆儒年逾六十，去离本土，营求粮资，不得专业"。此处的"专业"主要指研究某种学问或从事某种事业。随着时代发展，专业一词的释义也有所迁移。《教育大辞典》中的"专业"指的是"培养学生的各个专门领域"①。在《现代汉语词典》中，"专业"指"高等学校的一个系里或中等专业学校里，根据科学分工或生产部门的分工把学业分成的门类"②。潘懋元先生在其编著的《高等教育学》中认为，"依据学术门类划分或职业门类划分，将课程组合成不同的专业化领域，而这些不同的组合即是专业"③。

英语中，与"专业"一词概念相对应的单词是"major""profession"。如美国高等教育将专业定义为"有一定逻辑关系的课程组织，当学习者能够学完这个组合的一系列课程，具有了对应的知识、技能，就成为这一'major'的毕业生"④。而英国高等教育则认为当学习者选择某一类别的课程（courses），并认真修读完成，获得相应的资格，就可以获得相关毕业资格。英国的高等教育常常用"discipline"这个词来意指"专业"。《国际教育标准分类》（International Standard Classification of Education，ISCED）在基本分类单位的定义中并没有明确提及"专业"一词，采用的是"program"，即"教学计划"一词。

以上对"专业"概念的理解虽有所差异，但都明确指向了专门化领域内

---

① 顾明远. 教育大辞典（第三卷）[Z]. 上海：上海教育出版社，1991：26.
② 中国社会科学院语言研究所词典编辑室.现代汉语词典[Z]. 北京：商务印书馆，1995：1518.
③ 潘懋元, 王伟廉. 高等教育学[M]. 福建：福建教育出版社，1995：127.
④ 卢晓东，陈孝戴. 高等学校"专业"内涵研究[J]. 教育研究，2002（7）：47-52.

的学业类别，强调了专业与课程、与教学计划之间的紧密关系。多数国家在实践操作中也都按照专业所应遵循的学科属性与职业属性对其进行划分，即通常意义上的学科、专业。受制于职业教育的类型特征，高等职业教育领域并没有"学科"的概念，而仅有"专业"的概念。

卡尔·桑德斯曾提出，"专业是指一群人从事一种需要专门技术的职业，更是需要特殊智力来培养从而形成的职业，其目的在于提供专门性的服务"[1]。职业教育中的"专业"则应有职业教育所固有的"职业性"特征。在我国高等职业教育领域，专业对应于社会特定的专门职业领域，其本身承载着从事专门职业性活动所需的知识和技能的学习与训练。熟练掌握专业所规定教授的知识和技能，才能更好地胜任专业所指向的职业领域的岗位及岗位群的工作要求。专业与职业之间存在一种当然的密切关系。

在德国职业教育中，专业（Fachbereich）只是对职业领域的划分，而在教学实践中还是按照培训岗位（Ausbildungsplatz）或培训职业（Ausbildungsberuf）来组织教学。实际上，我国高等职业教育中的专业既不同于普通高等教育强调专业的学科属性，又不同于德国职业教育将专业与社会职业或岗位对应起来。高等职业教育中的专业更为强调的是对职业领域具体岗位（群）、职业群所需的知识、技能与素养的一种"科学编码"，是一种建立在职业分析基础上的教育载体[2]。

因此，笔者认为，高等职业教育中的专业应该是依据社会特定职业领域所必需的系统化学习和技能训练需求而设置的，将专门职业领域岗位及岗位群所需的各种知识、技能、素养进行科学编码的教育组织形式。它既是高等职业教育人才培养的基础载体，又是高职教育教学的基本组织形式。

二、何为认证

教育领域的"认证"一词来源于英文中的"accreditation"，《牛津英语词典》[3]（the oxford English dictionary）1989版中给予"accreditation"一词的定

---

[1] SAUNDERS C, A. M. The professions[J]. Frank Cass, 1993: 536.
[2] 袁江. 基于职业属性的专业观[J]. 中国职业技术教育，2004（34）：1.
[3] The Oxford English Dictionary [M]. Oxford: Oxford University Press, 2001: 483.

义为"达到标准、证明合格",我国学者陆谷孙主编的《英汉大辞典》对该词的解释为"鉴定、水准鉴定、鉴定合格"①。也有学者将该词翻译为"认可"②。早期语码转换时,翻译者因习惯语使用词频的差异,对该词的翻译有所不同。这也致使早期学术界针对"认证"的研究多伴随着评估、认可、鉴定等相似概念展开。但随着研究的深入,学术界开始辨析概念,逐渐将"accreditation"固定翻译为"认证"。

联合国教科文组织(UNESCO)在其官方公布的《质量保证和认证:基本术语和定义词汇表》(2007 版)(*Quality Assurance and Accreditation: A Glossary of Basic Terms and Definitions*)中将"认证"定义为"(非)政府或私人机构对高等教育机构或特定的教育计划的质量进行评估,通过正式认可确定其已达到预先设定的标准或最低标准的过程"③。该文件同时将认证划分为机构认证(institutional accreditation)、区域认证(regional accreditation)、专业认证(specialized accreditation)三种类型。

美国高等教育认证委员会(CHEA)在其发布的 2015 版《美国认证概述》④(*An Overview of U.S. Accreditation*)中将"认证"定义为"高等教育创建并使用的外部质量审核过程,用于审查学院、大学和教学计划,以确保其质量和改善质量",并将其划分为专业认证(programs Accreditation)和机构认证(Institution Accreditation)两种。

《欧洲高等教育评估:现状报告》(*Evaluation of the European Higher Education: A Status Report*)则认为"认证"是一个"供高等教育界使用的、为了保障学院、大学、专业课程质量和质量改进的外部质量评议过程"⑤。英国高等教育质量保障署(Quality Assurance Agency,QAA)2018 年发布的最

---

① 陆谷孙主编. 英汉大辞典[M]. 上海:上海译文出版社,1993:117.
② 戴贺臣. 美国高等教育认可制度[J]. 高等教育研究,1987(04):110-115.
③ VLĂSCEANU L, GRÜNBERG L, PÂRLEA D. Quality assurance and accreditation: a glossary of basic terms and definitions[M]. Bucharest: Unesco-Cepes, 2004: 23.
④ EATON J S. An Overview of US Accreditation. Revised November 2015[J]. Council for Higher Education Accreditation, 2015: 68.
⑤ Evaluation of the European Higher Education: A Status Report[EB/OL].(1998-09) [2020-04-07]. http://www.srhe.ac.uk/Hern/Docs/HERN_S6_MAT/REFERENCE/ Evaluation%20of%20European%20Higher%20Education.pdf.

新《英国质量法规》（UK QUALITY CODE 2013-18）将认证定义为"一种有效的通过外部同行评审的质量保证。如果某一机构或专业教学计划通过认可，则表明它已经达到由学术团体，专业人员和其他利益相关者所设定的质量标准"①。德国认证委员会（Akkreditierungsrat）认为"认证是授予或认可的行为，其目的在于通过正式的、规范化的程序和标准，审核特定对象是否符合特定的标准"②，并将认证划分为专业认证（Programm akkreditierung）、体系认证（System akkreditierung）和对代理认证机构的认证（Akkreditierung von Agenturen）三种形式。

经由上述对"认证"的释义回顾，可以发现认证作为一种外部质量评审方式，其目的指向教育质量保障与质量改进。认证的对象主要包括教育机构、课程或者专业，其本质在于对认证对象是否具备认证标准所要求达到的质量水平进行科学规范的合格评定，同时敦促认证对象持续改进以助推其质量水平的不断提升。可见认证与质量之间有着天然的逻辑关系，认证作为一种质量合格的评定方式，既强调通过认证标准的适用来科学评价认证对象的质量水平是否达标，又不断敦促对象采用持续改进的方式来追求质量的最优化。

三、何为专业认证

专业认证应当是认证的下位概念，在各国的高等教育质量评估与实践中，大多可以找到专业认证的身影。如前所述，各国因不同的教育体制，对"专业"一词的理解各有不同，因而导致了专业认证在文字阐述上也有所区别，这在英语国家中情况较为突出。如美国高等教育认证将认证表述为"program accreditation"，而英国高等教育认证将其表述为"programme/professional accreditation"，联合国教科文组织的官方文件将专业认证确定为"specialized accreditation"。我国学者董秀华则将专业认证直接翻译为"specialized/professional programmatic accreditation"，意为"专门的、专业性的、专业教学

---

① UK QUALITY CODE 2013-18. [EB/OL]. (2012-06)[2022-04-08]. https://www.qaa.ac.uk/quality-code/UK-Quality-Code-for-Higher-Education-2013-18.
② Akkreditierungs system [EB/OL].(2002-07)[2022-04-08]. https://www.akkreditierungsrat.de/de/akkreditierungssystem/akkreditierungssystem.

计划认证"[①]。笔者在此基础上整理了相关文献中针对专业认证较为权威的概念界定（见表 2-1）。

表 2-1 专业认证概念界定的主要观点

作者	专业认证的概念界定	文献
联合国教科文组织（UNESCO）	由专业认证机构应用特定认证标准对课程内容或专业教学计划进行的质量评估。专业认证的关键在于保障通过专业化的教学让毕业生毕业后能够获取进入相关领域从事专业工作的愿景与资格	Vlăsceanu L, Grünberg L, et al. Quality Assurance and Accreditation: aglossrary of basic terms and definitions[M]. Bucharest: Unesco-Cepes, 2004: 23
FRITZ A	是由专业性认证机构对独立设置或者从属于学院或大学的专业性教育学院开设的职业性专业教育及专业性教育计划实施的专门性认证，是为相关人才进入专门职业领域获取职业资格的前提条件，与职业资格有着天然的联系	FRITZ A. Das Akkreditierungs system An Deutschen Universitten[M]. Marburg: Tectum Verlag, 2010: 34
毕家驹	是承认高等学校所开设的专业符合预先制定的合格标准的质量保证过程，由专门职业协会会同专业领域的教育工作者一起进行，为进入专门职业界工作的预备教育提供质量保证	毕家驹. 美国的高等教育评估[M]//夏天阳. 各国高等教育评估. 上海：上海科学技术文献出版社，1997：69
范爱华	专业认证作为一种专业质量保障和提高的方法和途径，其认证主体主要由相关的专门职业团体或其授权的专业机构，一般由学校、工业界及其他相关方面的人员共同组成，通过认证对达到或超过既定的教育质量标准的专门职业性教学计划（programmatic）进行认可，协助专门职业性的教学计划进一步提高教育质量，并向公众提供专业教育质量的权威判断	范爱华. 专业认证与专业评估之辨析[J]. 黑龙江教育（高教研究与评估），2007（11）：90-92

---

① 董秀华. 市场准入与高校专业认证制度研究[D]. 华东师范大学，2004：86.

续表

作者	专业认证的概念界定	文献
董秀华	是由专业性认证机构对独立设置或从属于学院或大学的专业性教育学院及专业性教育计划实施的专门性认证，是对高等学校的具体组成部分进行的认证	董秀华.市场准入与高校专业认证制度研究[D].华东师范大学，2004：109
谢丹	是高等教育质量保障体系和评估体系的组成部分，通过论证来检查学校开设的专业性教学计划和专业是否符合预设的合格标准。特别针对为进入某些专门职业领域（医、法律、建筑、商业等）而设立的专业	谢丹.相遇：专业认证与人文社科[M].北京：中国国际广播出版社，2018：65

依据文献综述中的研究回顾，综合学术界的各种观点，笔者从以下维度对专业认证加以理解：

第一，专业认证是由专业机构依据一定的认证标准对院校所开设专业的教育质量水平进行合格评定的专业性活动。它通过科学的认证标准和规范的认证程序对院校所开设专业的教育质量价值水平做出科学的价值判断。同时也积极敦促专业反思自身的建设与管理过程、人才培养情况，促进专业通过持续改进切实提高教育质量水平，其目标最终指向专业教育质量的全面提升。为此，专业认证透过其质量保障功能的实现，助推专业教育的高质量发展。

第二，专业认证有其鲜明的专业性与职业性特征。专业认证实施过程是一个专业性的活动，专业认证的对象应为院校所开设的各类型专业，其中尤以职业性、专业性较强的专业为主。专业认证的实施机构应由具有较强专业性背景的评价认证机构担任。在专业认证实施过程中，应当依据专业化的专业认证标准，由专业化的认证人员遵守专业化的专业认证程序进行教育质量水平的合格评定，且保证认证结果的专业性、权威性与公正性。专业认证的职业性特征则主要体现在专业认证作为确保受教育者在进入专门职业领域前能够完成专业学习与职业训练并达到职业准入标准的质量保证，有效地建立了专业教育与职业的对应关系，专业认证与职业资格的有机融合突出体现了专业认证与职业的紧密关联。

第三，通过专业认证意味着院校所开设的专业符合预设的教育质量水平标准，获得了教育质量与人才培养质量的合格保证，在专业认证的利益相关者之间传递了一种质量认可的信任共识。但通过认证并不代表专业认证的终结，相反代表着专业持续改进、不断提升的继续。专业认证的意义在于通过专业的自我评估与外部评价来鼓励与促进专业教育质量的不断改进与提高。因而专业认证的过程本身就是一个不断追求专业教育质量最优化的质量管理过程。

因此，笔者认为，专业认证是为促进专业建设与发展、全面提升专业教育质量，由专业认证机构依据专业认证标准，遵照认证程序对专业教育质量水平进行合格评定，并敦促专业持续改进的一种专业性活动。它能够通过科学的价值评判来确保专业教育质量符合预先设定的标准质量要求，并通过敦促专业的持续改进以追求专业教育质量最优化，是教育质量保障的重要组成部分。

国内外关于专业认证的理论与实践研究发展到今天，又赋予了专业认证新的意蕴。随着国际化趋势的日渐加强，人才的跨国流动导致人才的实质等效互认显得尤为重要。而通过专业认证能够有效实现不同国家和地区专业教育质量与人才培养质量的国际实质等效互认，为人才在国际有效流动、专业参与国际竞争与合作打开了新的通道。

第二节 专业认证的相关概念辨析

一、专业认证与院校认证

院校认证（institutional accreditation）与专业认证是高等教育认证的两种主要形式。两者在本质上都是依据一定的认证标准，采用严格的认证程序对特定的认证对象所实行的质量综合评估与认可。但是两者在认证对象、认证目标、认证标准与实施主体等方面均有所不同。

院校认证的认证对象为院校本身，强调将院校作为一个整体纳入认证的综合评价之中。院校认证的重心在于对院校的整体性、综合性评估与认证，其侧重点在于评价院校的整体发展水平、综合办学能力以及整体教育质量的高低。院校认证在认证对象上凸显出其整体性特征，这也导致了院校认证在认证标准指标上更多聚焦于院校的办学指导思想、办学水平定位、教育设施、教育经费、教学管理等较为宏观的方面,而并不聚焦于院校所开设的某一具体专业。院校认证的目的也主要是评估与认可整个学校的整体教育教学质量和办学水平。而在认证实施主体上,院校认证一般由综合性的教育认证机构来实施认证。

专业认证则是针对院校所开设专业的专业教育质量而进行的合格评定,其认证对象只是院校所开设的具体专业,而非院校或教育机构这一整体。因而在认证对象上是以专业为单位参与并接受认证的,强调认证对象的专门性特征。与院校认证不同,专业认证侧重点是对专业教育质量水平的评定与认可,因而在认证标准上多聚焦于某一具体专业的专业建设与改革、课程建设、教学设施、师资等方面。在认证机构上,专业认证则一般由专业认证机构或针对某一类专业的专业性教育评价机构来实施认证。

在进行院校认证时,专业往往会作为重要组成部分参与到认证之中,相应地,在院校认证标准中也会有部分针对专业的认证标准。但在院校认证中,专业参与认证并不是院校认证的重点,针对专业的认证指标也只是院校认证众多认证指标中的其中一环。同时院校认证的认证指标中针对专业的部分也只是针对院校所开设专业的整体情况,并不会具体到某个专业。为此,院校认证并不对专业实施具象化的认证,院校认证无法取代专业认证在科学评定具体专业教育质量水平上的功能。

二、专业认证与专业评估

评估(evaluation)意为依据特定目的,通过对特定领域的某一事物客观的定性与定量分析而做出价值判断、提供决策参考的过程。阿尔玛·克拉夫特认为教育中的评估是"通过对教育性质、教育目标、教育方针等的拟定,对教育活动过程及结果、学生学习情况及个人发展、教师教育情况等活动进行评判的过程"[1]。我国目前的高等教育评估主要是教育行政主管部门依据国家法律法规、教育政策等,根据教育评估特有的评估标准,通过对教育机构在教

---

[1] CRAFT A. International Development in Assuring Quality in Higher Education[M]. The Flamer Press. 1994: 211-213.

育活动中的各种资料、数据的收集整理,以定性或者定量的方式对其过程做出价值判断的活动。1990年,《普通高等学校教育评估暂行规定》明确提出,"教育评估主要有合格评估(鉴定)、办学水平评估和选优评估三种基本形式"①。但该文件也明确提出学校内部评估包括对专业(学科)、课程或其他教育工作的单项评估。

专业评估是教育质量保障的重要组成部分,主要指评估者针对高校所开设的专业,依据一定的评估标准,通过系统收集专业在教育活动中的各种有效信息,并采用科学的评价方法对专业教育质量做出价值判断的一种专业性活动。而狭义的专业评估则主要是指教育行政部门主导实施的,通过对专业办学定位、办学条件、人才培养、课程体系、师资队伍等主要内容进行科学考评的过程与活动。

专业评估概念的阐释与专业认证的定义极其相似,两者都是教育质量保障体系的重要组成部分,都依据科学的评判标准,针对的对象都是高校所开设的专业,并依据一定的程序和方法对专业做出一定的价值判断,评判结果都指向提高专业教育质量。因此早期在专业认证引入我国时,多数学者都将其认定为专业评估,并未对两者进行明确的界定与区别,但两者之间存在着明显的区别。

首先,专业认证与专业评估最大的区别在于两者的运行模式。专业评估一般多是教育行政部门通过直接干预的方式自上而下地对专业所实施的监督与调节。实施的主要推动力来自政府教育行政部门的指令,属于一种行政强制性行为,而专业认证则主要强调市场竞争机制下,高校各专业为了证明自身的专业发展实力,面对质量提升需求,自发、主动地提出参与专业质量水平评判的过程。实施的主要推动力来自于各专业自身的发展诉求,属于专业的自愿行为。

其次,专业评估的实施主体主要由教育行政部门主导实施,评估参与者一般由教育系统内部的教育行政部门工作人员、高校学者、教师、高校行政管理人员组成。而专业认证的实施主体一般多由第三方专业认证机构主导实

---

① 教育部. 普通高等学校教育评估暂行规定[EB/OL]. (1990-10-31)[2022-04-07]. http://www.moe.gov.cn/jyb_xxgk/xxgk/zhengce/guizhang/202112/t20211206_585007.html.

施，认证参与者一般由认证机构工作人员、产业界代表、学术界专业领域的专家学者、教师等共同组成，成员构成具有明显的跨界特征。

最后，专业评估的目的主要是考核高校专业的建设过程和建设绩效是否达到既定评估要求标准，重点考察的是专业教学条件与人才培养过程。专业评估的结果反映的主要是专业的整体办学水平和实力。评估结果主要服务于教育行政主管部门的专业结构布局与教育资源配置的优化，而且专业评估程序结束即告终结。而专业认证的目的主要是评判专业是否达到或超过预先制定的教育质量水平标准，强调对专业教育质量及人才培养质量的科学评价，认证结果将作为一种公共信息资源向社会公布。专业认证结束并不代表着专业认证的终结，专业认证十分注重认证结果公布之后的专业持续改进和不断完善，并设置中期检查环节以检查改进成果。

专业认证与专业评估虽有区别，但两者在保障与提升专业教育质量方面有着相同的诉求和功能。因此专业认证与专业评估这两种既有相似也有差异的教育质量保障方式理应成为我国教育质量保障体系的重要组成部分。两者也可以结合各自独有的优势和特点，科学组合、合理配置，共同服务于专业教育质量保障体系的运行，以有效促进专业科学调控与布局优化，引导树立以专业为核心的教育质量理念，强化专业教育质量建设意识，促进专业教育质量的持续改进与提升。

三、专业认证与专业诊改

专业诊改是"专业诊断与改进"的简称，"诊断与改进"最早出现在2015年教育部办公厅所颁布的《关于建立职业院校教学工作诊断与改进制度的通知》文件中，主要强调的是对教学工作的诊断与改进，强调从人才培养工作要素入手，查找不足与提高完善[①]。2015年，《高等职业院校内部质量保证体系诊断与改进指导方案（试行）》明确将"专业诊改"作为高职院校内部质量

---

① 教育部办公厅关于建立职业院校教学工作诊断与改进制度的通知[EB/OL].（2015-06-23）[2022-04-10]. http://www.moe.gov.cn/srcsite/A07/moe_737/s3876_zdgj/201507/t20150707_192813.html.

保证体系诊断项目中的诊断要素,并对应设计了"诊改制度与运行""诊改效果""外部诊断(评估)结论应用"三个诊断点[①]。

"诊改"一词最早是医学术语,有通过对病例的诊断,发现病因、找出问题本源、对症下药、解决问题之意。将"诊改"一词用于职业院校教学诊断与改进工作中,是希望能以"诊改"作为理念,来建立职业教育质量保障体系中"发现问题、解决问题"的改进机制。笔者认为专业诊改应是依据专业诊改标准,按照专业诊改方案,对被诊改专业进行系统化考查,并在此基础上对专业现状做出全面诊断并提出改进意见的专业性活动。也有学者提出"专业诊改是指由有较大影响力的部分行业牵头、以行业企业用人标准为依据设计诊断项目、学校自主进行的诊改行为,通过反馈诊断报告反映对专业教学质量的认可程度"[②]。这一观点强调了高等职业教育专业诊改的职业性特征,提出了引入行业、企业等多元利益主体参与专业诊改,笔者也较为认同这一观点。

专业诊改与专业认证有许多相似之处。首先,两者都是教育质量保障的重要组成部分,是专业教育质量保障的重要方式,在实施运行过程中都强调专业自我评估。如专业认证要求被认证专业提交"自评报告",而专业诊改也要求提供"自我诊改报告"。其次,两者在对象上都是针对院校所开设的某一具体专业。最后,两者都强调在评价结果后期的持续改进机制的完善,程序并不以专业认证或专业诊改的结束为终结。

但专业诊改与专业认证在评价内容、具体实施主体、程序与结果运用方面也存在很大差异。在评价内容上,专业诊改主要围绕着学校内部是否建立常态化的专业诊改机制,外部诊改结论能否在专业建设与改进中得到有效应用,以及诊改成效与辐射影响力等方面展开。而专业认证的内容包括专业目标定位、人才培养方案、课程、教学、教学设施与资源、专业建设成果等,

---

① 关于印发《高等职业院校内部质量保证体系诊断与改进指导方案(试行)》启动相关工作的通知[EB/OL].(2015-12-30)[2022-04-10]. http://www.moe.gov.cn/s78/A07/A07_sjhj/201512/t20151230_226483.html.
② 荣莉,唐以志. 高职院校专业评估与专业诊改的区别[J]. 职业技术教育,2017,38(27):30-35.

内容涵盖专业建设与人才培养全过程中的各种要素。

在实施主体上，专业诊改在自主诊改阶段，实施主体一般为高校自身或高校邀请校外专家参与，而在抽样复核阶段主要由教育行政部门组织实施，参与人员以职业教育领域的专业人士与专家学者为主。专业认证的具体实施主体一般多为专业认证机构，成员多由行业、产业界人士、职教界的专家学者、高职院校教师、行政人员等组成。

从程序上来看，专业诊改分为"自我诊改"与"抽样复核"两个阶段。在专业自我诊改阶段完成后，专业需要及时根据自我诊断报告改进与完善。随之"抽样复核"阶段会有教育行政部门对自主诊断结果、改进措施与专家复核结果的符合程度进行检验，并出具"有效""异常""待改进"三种复核结论。而专业认证的程序主要包括申请与自我评估、现场实地考核、认证结论公布、中期检查等程序，并设置"通过""有条件通过"和"不通过"三种认证结论，且认证结论有一定的期限，认证期限届满后专业需重新开始下一轮认证。

在结果运用上，两者虽然都强调基于结果的持续改进，但专业诊改是以"问题为导向"，希望通过诊改结论敦促高职院校建立常态化的诊断与改进制度，从而通过动态化的过程监控和持续改进来提升专业教育质量。而专业认证以"持续改进为导向"，希望通过认证结果来引导专业建设与人才培养的质量水平达到预设标准，从而敦促专业依照认证标准持续改进，不断提升，形成教育质量管理的相对闭环。

四、专业认证与专业建设

在普通高等教育领域，专业建设往往是与学科建设联系在一起的。有学者认为"学科建设就是指专业建设或者是学科专业建设，只提专业建设不提学科建设是不全面的"[①]。但是，职业教育领域只有"专业"的概念而没有"学科"的概念。

---

① 陆军，宋筱平，陆叔云. 关于学科、学科建设等相关概念的讨论[J]. 清华大学教育研究，2004（6）：12-15.

雷正光先生认为："职业教育的专业建设主要指专业根据社会经济和科技发展需要而开发、设计、实施的全过程。其包括通过社会调研确立的专业种类、名称、培养目标、课程设计、教学文件、实施条件和教材建设。"[①]姜大元先生认为："专业建设是指职业院校依据教育主管部门和行政主管部门所提供的专业目录进行专业开设与调整的过程。从本质上看，专业建设包括设置专业与调整专业的过程，也是调整学校与社会之间关系的过程。"[②]

结合两位学者的观点，可以明确专业建设是从专业人才培养目标出发，由专业人才培养模式、专业的课程体系架构、专业教学资源、师资队伍建设、校内外实训实习条件、专业运行保障等要素构成，并受到社会及区域经济发展需求、教育政策、社会公众等外部环境影响，呈现出一种动态的运行发展过程。专业建设的基本内涵也应该包括专业教育质量保障等多方面内容，而专业认证作为一种针对专业教育的质量评价与保障方式，从广义上来说理应归属于专业建设这一范畴。

同时，专业认证与专业建设的最终目的都是全面提升专业教育质量，更好地服务于经济社会发展与区域产业需求。专业认证是通过专业教育质量水平的科学价值判断而敦促专业不断持续改进的活动，其本质也是对专业建设整体情况的一种价值判断，目标指向专业教育质量的提升。专业建设同样也是一个不断追求质量提升的过程，但专业建设强调的是专业建设中各要素之间如何良性沟通、健康运行以全面提升专业建设水平的过程，这一过程应当也包含着对专业教育质量的评价与改进。

第三节　专业认证的影响因素分析

任何一种新鲜事物的产生与发展不仅需要人为的设计与规划，还需审时度势，找寻最适宜生成与发展的恰当时机。对现有社会经济、政治、文化环境的分析，对专业认证的生成与发展，抑或是改革与消亡都有着十分重要的

---

① 雷正光. 当代职教专业建设若干新理念[J]. 职教论坛，2005（24）：37-39.
② 姜大元. 职业教育要义[M]. 北京：北京师范大学出版社. 2017：56.

意义。这不仅能够帮助我们在体系整体设计、具体要素设计与实施的过程中趋利避害，而且能让我们反向思考，影响专业认证生成与发展的具体因素是什么，从而对专业认证进行不断的修正与完善。专业认证体系的设计与构建往往深受国际上其他国家成功经验、本国经济与科技发展、意识形态、教育发展现状、国家教育政策制定等因素的影响。回看专业认证在我国本科医学、工程教育与师范类教育中的发展历史，我国专业认证的发展模式实际上呈现的是"外生而内发"的态势。专业认证在我国高等教育领域从无到有的每一次变化都深受不同主导因素的影响。具体来看，在专业认证萌芽与发展阶段，政治与文化的因素起到了重要作用；而进入专业认证的成熟阶段，专业认证主要受国家经济与社会发展的需求推动、院校和专业自身发展需求、国际化进程的推动等多重影响。

一、外部政策环境

良好而有效的政策环境为专业认证的生成发挥了决定性的作用，有利的外部政策环境是专业认证能够顺利实施的有效政治保障，能够在专业认证生成并实施之初给予强大的国家力量的支撑。作为一个新兴的教育质量保障模式，目前世界上专业认证发展较为成熟的国家已经能够意识到专业认证的重要性并逐步给予政策上的支持和促进，为专业认证发展及运行提供了良好的政策环境，其中包括良好的规划发展政策、公平竞争政策、国家财政支持政策、院校及专业发展政策等。

专业认证在发展之初应该切实依照国家政策意志的指引，保障其在后续的实施过程中能够得到来自国家力量由上至下的强大稳定支撑。我国工程教育、师范类教育专业认证的发展就明显带有顺应当时我国教育发展政策的特点。具体表现在：专业认证在高等教育中的发展一方面是为了适应当时日渐完善的高等教育质量保障体系，完善高等教育评价改革的大势所趋；另一方面是进一步有助于建设高等教育强国，提升高等教育质量，提升高等教育的国际竞争力与国际参与力的背景指向。与此同时，国家所颁布的与专业认证相关的一系列政策文本促使各院校、专业日益重视起专业教育教学质量。国家宏观政策的出台,为专业认证的发展、实施与推广奠定了良好的外部环境。由宏观政策引导所带来的一系列政策供给有效地保障了专业认证在高等教育领域的落地实施与良性运行。与政策供给随之相关的教育资源的优化配置、相应的专业认证监管机制的有效落实,都为专业认证的发展提供了助力。但也应该清晰地看到,尽管我国在政策导向上已经确立了专业认证是教育质量保障体系的重要组成部分,在政策供给上也给予了相应的支持,但是配套政策上的行动仍显不够,相关政策调整仍显滞后。因而,专业认证配套政策的推出将对专业认证的顺利实施与健康发展发挥重要的作用。

二、质量文化认同

教育与文化之间是同源共生的,文化与教育的融合能够促成稳定的社会关系的形成。教育的本质是一种文化活动,而教育质量文化作为教育文化的重要组成部分,其外显为教学质量、管理质量、人才质量等,最终体现为院校的综合实力和专业教学质量水平。教育质量文化即为实现教育质量发展的共同目标而遵循或认可的以质量为核心的观念体系、思维方式和行为模式的集合。从宏观上看,质量文化的构建主要存在两条路径,一条是"质量问责"路径下的"外发式"质量文化的建设,一条是"质量改进"路径下的"内生式"质量文化的建设。但无论是"外发式"还是"内生式"质量文化建设,其最终目的在于实现社会及大众对于质量文化价值的认同与追求。但对教育质量文化的认同与追求,并非应然存在的,应当是基于"需求"与"共识"基础上自然产生的。所谓"需求"源自经济社会发展与社会公众对于高质量教育的一种向往。而"共识"则是基于对高质量教育向往而对教育质量水平能够达到与其意愿相一致的认可程度。要满足经济社会与社会公众的"需求",首先就要形成对教育质量文化的"共识",而教育质量文化"共识"的现实落脚点则是教育质量水平的科学评价。因此,作为科学评价专业教学质量水平高低的专业认证,其本质是一种质量评价的实践形式,我们可将其认为是一种具体的"形而下"的概念。而专业认证实施所折射出的社会及公众对于质量文化价值的认同与追求应当是与"形而下"相对应的"形而上"的抽象概念，具象到专业质量评价场域，必须要依托于专业认证的实践才能得以存在与实现。专业认证具体的实践也源于社会公众的支持、追求而得以升华。

社会及公众对于质量文化价值的认同与追求反馈到专业认证的发展与实施上，一方面，有助于院校真正重视专业教育对于整体教育教学质量与院校发展的重要意义，促进专业教育与人才培养质量的持续改进与提升；另一方面，有助于教育行政管理部门把握专业认证的实质与精髓，科学判断这种"外发而内生"的教育质量保障方式是否适合我国高等职业教育发展实际要求，能否融入现有的教育质量保障体系，从而真正地促进职业教育的高质量发展。

三、经济社会发展

经济社会发展是影响专业认证不可忽视的重要因素之一。经济社会发展涉及国家经济的开放程度、社会市场的接纳程度、社会对人才教育的需求程度、人才交流程度等方面的多重影响。而稳定的社会经济环境是吸引专业认证，并走向国际互认的重要前提。

首先，受国家宏观经济发展水平的制约，我国早期市场经济发展不健全，教育在社会经济发展中的重要作用并未得以完全激活，也未得到足够重视，更谈不上对于教育质量保障的现实关照。从我国目前经济社会的发展现状来看，全面小康社会已经建成，人民群众已摆脱了对消费品单纯的数量追求，消费需求结构有了较大调整，开始重视提高自身生存与发展能力方面的消费需求。

其次，随着社会经济发展水平的不断提升和教育水平的提高，需求目标集中在对高质量教育与高质量人才的更高要求上。社会经济发展对高质量教育的需求和高质量教育的识别需求反馈到高等教育中，教育质量问题就成为当仁不让的核心内涵。而教育质量的提升既是实现社会经济可持续发展的必然要求，又是专业认证发展的原动力。

最后，随着市场经济力量的日益壮大，行业、企业地位的持续提升，社会经济的发展在人才培养质量上的要求更高，加剧了专业教育主动或被动地参与更为灵活与自由的市场竞争。这也导致专业教育的"外部指向性"与"职业指向性"随着教育与经济的密切程度而日益提升,传统政府主导的专业教育模式开始向连接经济社会发展与区域产业需求转型。以此为前提,专业教育所对应的市场经济发展的适应性与匹配度就成为评估专业教育质量与人才规格的重要参考标准,在高等职业教育中,这种倾向性尤为明显。

因此,社会经济的持续健康发展势必影响到教育的持续健康发展。经济社会的发展进一步要求教育应当准确获取市场信息,统筹调节专业布局、合理分配教育资源,提升服务区域经济的效率。而教育的持续健康发展势必要求教育质量保障体系能够更加有效地运行以保障教育质量的持续提升。而将专业认证实践引入现有的教育质量保障体系,更为客观公正地对现有专业教育进行规范化评定与管理,确保专业教育教学质量的提升。无疑,社会经济的发展对专业认证的实施与健康发展有着深刻的影响。

四、国际因素影响

高等教育的国际化伴随着现代科学技术与经济的全球化发展而意蕴不断丰富,教育的国际化由传统的"请进来""走出去",开始迈向"中国方案"的输出与话语体系的建立。虽然科技的发展与经济的全球化为国际高等教育的交流合作提供了现实可能性,但也带来了国际流动与交流中人才的现实需求。我国高等职业教育的质量能否得到国际认可,人才的流动能否实现实质等效,达成公平、公正的双向认可与交流一直都是需要解决的问题。

我国虽于2016年成为《华盛顿协议》的正式成员,实现了与国际工程教育质量的直接对话,但目前我国尚未依据国际相关规则建立起高等教育对应的教育互认机制,而高等职业教育领域更是空白。国际教育互认也好,人才的双向认可与流动也好,教育服务市场的开放也好,都需要建立在人才的学历和职业资格的国际互认、教育质量的相互认可的基础保障上。因此,要跨越现有复杂多样的各国教育体制,建立一个国际公认的、较为统一的基础质量标准与认证框架,实现国际教育质量与教育评估的实质等效互认尤为重要。

"一带一路"倡议的进一步实践,为我国高等职业教育的国际化发展提供了良好的发展契机与平台。当高素质技术技能型人才的跨国流动逐渐成为经济全球化背景下的重要标志之一时，高等职业教育就被倒逼着重新审视自身的国际化发展路径。新时代背景下，传统的国际化实现路径必须要做出改变与创新。一方面应通过学习借鉴与自我变革将我国高等职业教育的建设标准、建设范式与建设理念推向世界；另一方面应通过高素质技术技能型人才的国际认可与双向流动，实现高等职业教育特色发展的中国方案的持续输出。而以上这些都需要建立在我国高等职业教育实现国际接轨、教育质量与人才培养质量实现国际实质等效互认的基础之上。这些因素都进一步催化了社会对专业认证的进一步重视，催生了专业认证的进一步发展与成熟。

五、专业及院校发展诉求

首先，当前，学历所代表的文凭筛选与毕业院校所代表的院校筛选作为大众进行教育选择时所采用的两种方式逐渐被认同与接收。而这种教育选择与今后的就业与职业发展也存在着直接的影响与关联，最终演变成学习者、潜在学习者或其家长在教育选择时将目光投向院校和专业的选择，寄希望于能够通过精准的教育选择以获得职业发展的更好机会。而院校与专业以何种姿态去应对社会的教育筛选，无外乎依据院校和专业不断提升的教育质量与人才培养质量水平，赢得更高的社会地位和社会认同，有效引导社会优质资源配置向自身倾斜，随之能够获得更多的社会资源。因此，院校和专业从自身发展出发，需要通过基于一定的标准指标体系的价值评估与判断而赢得社会及利益相关者所给予的积极认可。这种院校和专业自发的需求，催生出以专业认证为代表的新的教育评价方式。

其次，当下我国人才培养的主要方式依然保持着以校内教授与学习为主的教育模式，学校教育成为人才培养的不二选择。但随着社会经济的纵深发展，无论是人才培养、专业发展还是教育管理及运行机制等，都渐渐开始受到产业界及社会的多重影响，这种影响在以类型教育著称的高等职业教育中尤为明显。因此，高等教育，特别是高等职业教育要打破原有的单一培养主体，重视来自产业界与社会的声音，开始以专业或学科为单位全面而有针对性地了解职业领域对应岗位及岗位群人才的真实需求，思考如何将职业标准纳入专业人才质量水平评价的标准中。而要全面、真实地了解产业界对于所需人才的真正质量标准要求，将职业标准与现有的人才质量评价标准有效融合，院校及专业都需要建立与产业界直接对话、共同培育和质量管理的沟通平台以实现这种跨界的质量诉求，这种需求也从另一层面上促进了专业认证的发展。

最后，专业本身的质量发展诉求对于专业认证的发展与实施也有着重要影响。质量是专业发展的生命线，而专业是教育质量的基础载体。经济社会发展与区域产业升级需求对专业教育与人才培养质量水平亟盼提升，"内塑质量、外铸能力"已不再是口号，专业必须回应需求，紧扣时代发展脉搏，把提高质量作为专业改革与发展的核心任务。专业应当以内部质量保证与外部质量保障相结合的专业教育质量保障体系的完善为引导，借助教育质量评价与保障来完善和提升专业建设及人才培养质量水平，并进一步推动专业的持续改进与发展。而这也势必会为以专业认证为代表的新型专业教育质量保障方式的发展与实施营造一个良好的运行环境。

第四节　专业认证体系及其构成要素

一、专业认证体系

《辞海》中，"体系"一词的定义为"由若干相关联的要素相互制约而组合成的具有一定条理的整体"[1]。贝塔朗菲将体系（system）定义为"通过将一些有着内在规律性且相互作用或相互依赖的元素排列或组合形成的聚集物或集合体"[2]。因此，正确认识专业认证体系并非只是对体系构成要素的解释与分析，而是应当采用系统论的观点，全面、系统地对构成要素及其相互之间的关系进行系统的阐述与分析。

---

[1] 新编汉语辞海[M]. 北京：商务印书馆，2007：338.
[2] VON BERTALANFFY L. General system theory[J]. General systems, 1956, 1(1): 11-17.

截至目前，并未有官方文件对"专业认证体系"进行完整且明确的界定表述。专业认证的相关研究多将"专业认证体系"归位于我国质量保障体系的重要组成部分[①]，统一加以界定，鲜有学者专门针对"专业认证体系"进行定义。学者修开喜认为，"专业认证体系是由认证组织机构明文规定的与认证活动相关的一系列规章制度组成的，包括认证与监督主体、认证标准、认证程序、教育行政部门发布的规范性文件和要求、专业认证的相关理论研究和实践探索等要素"[②]。

沿袭对体系的认识与理解，首先，笔者认为专业认证体系是由专业认证各要素及其相互间关系组合而成的一个系统化集合体，该系统化的集合体应当能够完整且准确地呈现出专业认证体系的复杂现象。为此，专业认证体系应当是基于科学评价专业教育质量、促进专业教育质量全面提升这一目标，由包括认证体系构成要素及要素之间相互关系而组成的集合，且构成要素及其之间的相互关系决定了专业认证体系自身的复杂程度。

其次，专业认证体系所囊括的构成要素之间的组合并不是随机无序的，而是依据专业认证的具体实施与价值导向而存在一定的逻辑性与关联性。体系内构成要素之间依据既相互依赖与联系，又相互制约与作用的关系而排列组合在一起形成一个整体性、结构化的组合体，并通过运行机制的相互作用，促进体系的有效运行。

最后，专业认证体系运行的过程本身既是构成要素协同参与专业认证实施的过程，又是围绕对专业教育质量水平的合格评定而展开的一系列包括质量识别、质量评价、质量反馈、质量改进等在内的全面质量管理流程。因而专业认证体系本身也是针对专业教育质量水平合格评定实施及其结果的质量管理体系。

据此，本书将专业认证体系界定为：为确保针对院校所开设专业的教育质量水平科学认定与评价的顺利实施，以实现专业教育质量的改进与提升，由体系内部与专业认证相关的各要素有机组合并相互作用而形成的任务明

[①] 刘晖，李嘉慧. 中国高等教育质量保障体系的完型[J]. 教育研究，2019，40（11）：100-110.
[②] 修开喜. 中美工程教育专业认证体系的比较研究[D]. 大连理工大学，2013：47.

确、职权清晰、结构完整的集合体。专业认证体系既包括体系内的各构成要素，也包括了体系内各要素间的互动关系。

二、专业认证体系的构成要素

专业认证体系是由认证体系内构成要素及其相互关系而组成的系统化集合体。目前学术界对于专业认证体系的要素构成存在一定争议。当下研究中较有代表性的观点主要包括"三要素"说、"四要素"说与"五要素"说。其中"三要素"说认为专业认证体系主要包括认证主体、认证标准与认证程序三个主要构成要素。"四要素"说认为专业认证体系应当由认证主体、认证客体、认证方法与认证保障条件四要素构成。而"五要素"说则认为专业认证体系应当由认证主体、认证方法、认证内容、认证运行机制与认证保障条件五要素构成。

以上代表性观点无疑都极富指导意义。体系是构成要素之间相互作用、相互联系组合而成的整体性集合，而构成要素则是这一体系中相互影响、相互作用的局部，是体系中的组成单元。

一方面，构成要素要能够突出反映专业认证体系所具有的本质特征，充分表达自身与专业认证体系之间的紧密逻辑关联性。同时还应当充分显示出其在体系构成中的不可或缺性与存在必然性。构成要素应当是体系中不可缺少的一部分，缺失任一构成要素则认证体系无法有效运行。另一方面，构成要素与构成要素之间也应当充分表现出彼此存在于认证体系之中的相对独立性，各要素间能够独立承担相应职能，能够为认证体系的良好运行给予支持。

专业认证体系是围绕着专业认证的有效实践而构建起来的系统化集合，为此要明确专业认证体系的一般构成要素，首先应当明确这样几个问题：为什么要进行专业认证，谁来进行专业认证、依照什么进行专业认证、如何进行专业认证。

本书围绕上述四个问题进行理论概括与分析，认为专业认证体系的构成要素应当包括专业认证目标、专业认证主体、专业认证标准与专业认证程序。其中，认证目标是专业认证体系运行的指南与方略、是认证体系运行所要达到的预期要求，它回答了"为什么要进行专业认证"这一问题。专业认证主体是体系运行过程中参与专业认证实施的行为主体及其在体系运行规则下所形成的职能明确、任务清晰的结构化关系网络，主要解决"谁来进行专业认证"的问题。专业认证标准是专业认证过程中指导和规范专业认证活动所应遵循的共同准则与依据，回答了"依照什么进行专业认证"的问题。而专业认证程序是专业认证活动中具体实施的步骤与举措，回答了"如何进行专业认证"的问题。以上构成要素分别从目标维度、主体维度、标准维度与程序维度解释了专业认证体系运行的路径。目标、主体、标准、程序四要素相互作用、逻辑联系，共同构成了一个完整的专业认证体系。

（一）专业认证目标

专业认证目标是专业认证体系运行的价值与追求，是专业认证实施所要达成或实现的预期目标。专业认证作为一项专业性的活动，一定受到相应目标的驱动。关于专业认证目标的分析，在已有的研究中学者们均持不同见解。有的认为专业认证的目标只在于设置专业教育质量的最低标准，确保专业教育质量有基本标准可依。有的认为专业认证的目标在于通过对专业质量的价值判断和认可，得以向公众确认该专业的毕业生已具备进入该职业领域相应岗位及岗位群应有的条件与要求，传递一种基于专业教育质量的价值认同。笔者认为专业认证目标应当从以下方面展开：

第一，通过对专业教育质量水平的合格评定来促进专业教育质量水平的提升。对专业教育质量水平的科学价值评判，有助于专业反思专业教育的建设发展现状及短板，敦促专业对照专业认证结果进行持续改进以不断推进专业教育质量的优化，保证专业教育与人才培养的质量能够契合当下经济社会发展与区域产业升级需求。

第二，加强专业教育质量保障，传递质量共识。专业认证能够将宏观的教育质量评价与保障落地于具体的专业教育质量中，通过对专业教育质量的合格评定，强化对专业教育质量的保障功能。要将基于专业认证所形成的专业教育质量认可传递给相应的需要了解和知晓专业教育质量的利益相关者，并在利益相关者之间进行有效的质量信息传递反馈以促进专业教育的持续改进。

第三，建立专业教育与职业之间的对应关系。专业认证可作为受教育者进入专门职业领域工作岗位的教育准入门槛，有效建立学历证书与职业的对应关系，将基于学习认知规律的学历证书与基于技能成长规律的职业资格证书对应衔接，有效实现学历与职业资格的衔接与互认，更好地实现人才与职业领域相关岗位及岗位群的精准匹配。

第四，通过国际实质等效互认以促进人才的国际流动和竞争力的提升。专业认证能够跨越现行各国复杂各异的教育体系，通过建立基于专业认证标准国际实质等效基础之上的认证结果互认，为国际相同教育层次水平上的同类专业的学历互认与职业资格互认创造条件，有助于增强人才的国际竞争力以实现跨国间的人才交流互动。

（二）专业认证主体

专业认证主体是指参与专业认证的行为主体及其在体系运行规则下所形成的职能明确、任务清晰的结构化关系的总和，是构建专业认证体系的基础性关键要素。

学术界对于专业认证体系的认证主体并没有一个较为明确的学理解释。多数研究将认证主体进行狭义化理解，将其直接界定为依据专业认证标准，遵守专业认证程序，独立实施专业认证并有权做出认证结论的组织或机构，即通常意义上的专业认证机构。

但从专业认证的基本内涵出发，专业认证本身是一种由"提升专业教育质量"这一共同目标所支撑的专业性教育质量评价活动，这一活动将会涉及包括专业认证机构在内的，与专业认证相关的诸多利益相关者的广泛参与。为此，专业认证的各利益相关者应当基于"专业教育质量的科学评定"这一共同目标、"专业教育质量提升"这一共同利益诉求广泛参与、积极协作，共同作用于专业认证体系运行过程中，成为专业认证体系的多元利益主体。

目前世界上发展成熟的专业认证体系的认证主体也大多呈现出多元化态势，体现出多元利益主体共同参与、协商对话的特征。为此，多元性是专业认证体系中认证主体的一大特征，除此之外，认证主体还应当具备如下基础特征：

首先，认证主体应当具备独立性特征，即在专业认证实施过程中不受外力因素的各种影响，能够客观、公正、独立地做出价值评判，这也是决定认证结果是否客观、公正、权威的前提条件。

其次，认证主体应当具备权威性特征。认证主体的权威性是决定认证结果效力及其认可度的重要依据。权威性来源于认证主体内部凭借自身的活动所赢得的广泛认可与信赖而"内生"的权威。而权威性的"内生"需要认证主体所作出的价值判断必须能够体现出认证主体的共同利益诉求，能够赢得广泛认同与认可并形成广泛的社会影响力。

再次，认证主体应当具备专业性特征。专业性是专业认证能够作出科学、正确、合理的认证价值判断的前提。专业性要求认证主体必须牢固掌握专业认证领域的必备知识和技能，能够具有科学、准确、有效认证的能力和素质。

最后，认证主体还应当具备协同性特征。协同性是保证专业认证体系发挥最大效能的有效保障。若认证主体通过利益协同对认证体系运行的各环节进行协调配合，积极沟通与协作则能带领认证体系向良性的协同状态持续演化、发展。若体系内部各认证主体之间相互掣肘，那么体系内只会陷入内耗，从而导致认证体系整体走向无序与混乱。

此外，认证主体在认证体系中的职能定位也是需要明确的问题。认证主体的职能定位决定了专业认证体系的运行与发展方向。从专业认证功能出发，认证主体的职能应当包括评估认证、咨询服务、科学研究、监督自律、组织管理等基本功能。但除去上述基本功能外，认证主体也应当依据认证体系的发展需求对现有功能予以扩展衍生以更好实现专业认证体系的社会服务功能，推动认证体系的有效运行。

各利益相关者广泛参与专业认证，其基础源于对专业教育质量的共同价值认同，但这并不意味着各主体在专业认证体系所处的地位与相应的职责功能是完全相同的。为此，利益相关者应当协调自身差异化的利益诉求以达成利益平衡点，合理界定自身的主体职能定位与权力行为边界，各行其责、各尽其能，构建协同合作、互惠共赢的协作关系，形成既相互合作又相互竞争、相互协调的多元认证主体结构来共同推动与促进认证体系的有效运行。

（三）专业认证标准

国际标准化组织（the International Organization for Standardization，ISO）将标准定义为"由公认的机构制定和批准，对活动或其结果进行规范与指导，并反复使用以实现在预定领域内最佳秩序效果的文件"[①]。同样，专业认证标准是用于指导和规范专业认证活动，为评价与认可专业教育质量水平提供规则与参照，并可反复使用、共同遵守的准则与依据。

专业认证标准是专业认证开展的逻辑起点，作为专业认证体系的重要构成要素，认证标准直接规范了专业的基本质量要求，明确界定了专业教育质量的基础水平，提供专业教育质量水平的评价准则，是专业认证实施的主要依据与参照。专业认证标准作为专业认证的技术性支撑，同时也是专业认证结果专业性、权威性的根本保障，有效地保障了专业认证过程中形成良好的认证规则与秩序，保障专业认证体系的有效运行。

认证标准同时还具有应用导向功能，为专业教育的持续性改进指定方向，有效支撑专业教育质量的改进与提升。认证标准能够帮助专业依据认证结果，参照专业认证标准反向设计，指导并帮助专业的持续性改进确立方向与目标，实现专业认证的实践价值。专业认证标准同时还是专业认证实现国际实质等效与国际互认的关键，通过专业认证标准的实质等效以实现专业认证结果的实质等效是目前国际专业教育互认的通用做法。

为此，认证标准设计的科学性和合理性在很大程度上会影响到专业认证的实施效果，而最终影响到体系的正常运行。各国在专业认证标准的制定问题上都秉持谨慎认真态度。目前国际通行做法一般是将专业认证标准分为通用标准与专业补充标准。通用标准一般是对专业提出的一般要求，是所有的专业都必须达到的基础质量标准。虽然存在国家与区域之间的差异，但无疑国际同类专业的教育质量标准正在走向趋同。因而通用标准的制定能够较好

---

① Generalities. Terminology. Standardization. Documentation [EB/OL].（2002-09-01）[2020-04-17]. https://www.iso.org/files/live/sites/isoorg/files/archive/pdf/en/iso_iec_guide_2_2004.pdf.

地体现专业教育中的共性要求。但认证的对象是泛在的，不同类型的专业存在不同的专业发展方向与专业定位，其认证标准也应突出专业的发展特色。从标准制定的普适性与特殊性角度来看，不同专业领域的专业标准要想完全达到科学统一，制定一套既有普适性又能体现不同专业特色的指标体系一直是困扰评价者的难题。只采用通用指标而忽视专业特性的"一刀切"做法是极为不合理的。因而在专业认证标准的制定上，既要有体现专业教育标准要求共性的通用标准，又应当有体现专业特性的专业标准。于是在适用于基本质量水平的专业通用标准基础之上，依据不同专业的特殊性而提出的专业补充标准也成了专业认证标准的重要组成部分。

此外，专业认证标准在回应专业教育质量评价需求的同时，也应当切实关照经济社会与区域产业发展对各类型人才培养的质量需求。将专业对应的职业领域的职业标准与专业认证标准有效融合，打通人才培养的供给侧与人才需求侧，能够较为有效地形成有利于受教育者从学历教育到成为职业人的人才培养的有效闭环。

（四）专业认证程序

专业认证程序是实施认证应当遵循的步骤与举措，专业认证程序是承载认证标准实施，发挥体系运行职能的有效载体。完善、严谨的专业认证程序有效支撑了专业认证的实施，推动专业认证实践效用的发挥，保障了专业认证结果的权威性与公信力。完善的专业认证体系除应有认证目标、认证主体、认证标准之外，还应有完善的专业认证程序的参与。

专业认证程序作为专业认证实施的行为规范，是认证主体达成共识并依照其内容参与专业认证的具体实施准则与行为规范指南。它有效规定了认证主体在专业认证实施过程中各自权利、义务以及主体之间的制约关系，约束与界定认证主体在参与认证实施过程中行为边界和具体职能。

目前，各国在专业认证的具体实施过程中大多遵循基本的认证程序，主要包括认证申请、自我评估、查阅审核、实地考察、认证结论公布五个主要的环节。

认证申请，即专业主动、自愿向认证机构提出希望参与专业认证的意思表示。这也体现了专业主动要求通过专业教育质量的评价，从而得到利益相关者质量认同与质量共识的参与意愿。

专业在完成认证申请后需要进行自我评估。自我评估环节要求专业通过自我举证的方式客观描述对照专业认证标准的达成度，审视和诊断自身存在的不足与问题，并据此出具相应的自评报告。

在完成自我评估环节后，认证主体将根据申请专业提交的自评报告及相关背景材料成立专家组着手进行评估报告的审查与实地考察。专家组成员的构成是认证程序专业化的重要保障，认证专家的专业素养和职业道德对于认证结果公正性与权威性显得尤为重要。专家组的主要工作在于查阅审核以自评报告为代表的认证材料以及针对查阅结果的实地现场考察。查阅审核环节主要作用在于确定申请专业是否符合规定的申请条件，以及熟悉了解申请专业并确定实地考察环节中的主要观测点。而实地考察环节则强调认证专家对照认证标准与自评报告的实地评判与确认。

专家组在完成实地考察后，专家组会结合查阅与考察结果，提交关于认证结果的书面报告。专家组提交的书面报告意见不仅应当涵盖专家组成员对于专业的认证结论，还需要提出翔实、有针对性的专业改进意见与建议。

认证结论公布环节是专家组将书面认证结果提交认证权力机构，由其审议并通过表决以确定是否授予认证资格，并向大众发布信息的过程。

认证结果是建立在定性与定量分析有机结合基础上，经由认证实施过程中的科学判断所得出的科学结论。一般认证结论主要有"通过""不通过"和"有条件通过"三种，有些国家还设置"暂缓通过"这一结论。认证结论一般规定严格的有效期，有效期内，还会对申请专业的持续改进效果予以中期检查。待有效期结束，专业应该开始申请新一轮的认证，通过持续参与、连续认证（continued accreditation）为专业建设营造持续改进的内生动力。

从以上专业认证的基本程序中可以看出，专业认证程序本身具有价值判断与行为执行的双重逻辑。专业认证程序实际上是围绕着对"专业教育质量"的"认"与"证"而展开的。"认"是识别、是评判，强调价值判断的逻辑。

如专业自我评估环节就是对专业教育质量水平的自我识别，查阅审核环节就是认证专家对照专业认证标准和专业自评报告对专业教育质量的书面评判。而"证"是执行与确认的过程，强调行为执行的逻辑。如实地考察环节、认证结论环节等。专业认证整个程序都完整地体现了认证过程中的"认"与"证"的交叉相融，并将这种价值评判与行为执行贯穿于专业认证程序的始终。

此外，对于认证结论的公布是否是专业认证的最终环节，一直以来是存在争议的。本书认为专业认证程序并不以认证结果的公布而宣告终结。专业在收到认证结果之时，也会收到认证机构的专业改进建议，并会有相应的中期检查，而这又是一轮新的专业建设与改进工作的开始。专业认证程序一直在努力践行着专业认证"持续改进"的核心理念，最终目的是专业教育质量的持续改进与全面提升以实现专业教育质量的最优化，而最优化本身就没有所谓的终结一说。

第五节 高等职业教育专业认证体系

沿袭专业认证体系的概念界定，笔者认为高等职业教育专业认证体系应当是建构在高等职业教育领域的专业认证体系，除了应当包含一般专业认证体系所具有的基本特征之外，还应当具有高等职业教育的鲜明特征。这种特征决定了高等职业教育专业认证体系与其他专业认证体系之间存在区别，是高等职业教育专业认证体系所独有的特殊性。

首先，针对教育层级的特殊性。高等职业教育专业认证体系是基于高等职业教育高质量发展的需求，为保障专业认证有效开展而建构起来的。体系构建与运行的直接目的指向了对高职院校所开设专业的专业教育质量水平的科学评定。而高职专业教育与其他教育类型与教育层级相比有着明显的特殊性。以目前世界上对于教育标准分类认可度较高的联合国教科文组织编写的《国际教育分类标准》(*International Standard Classification of EDucation*, ISCED)(2011 版)来看(见图 2-1)，我国的高等职业教育对应第五层级：短期高等教育(level 5: short-cycle tertiary education)。

ANNEX I ISCED 2011 POTENTIAL EDUCATIONAL PATHWAYS

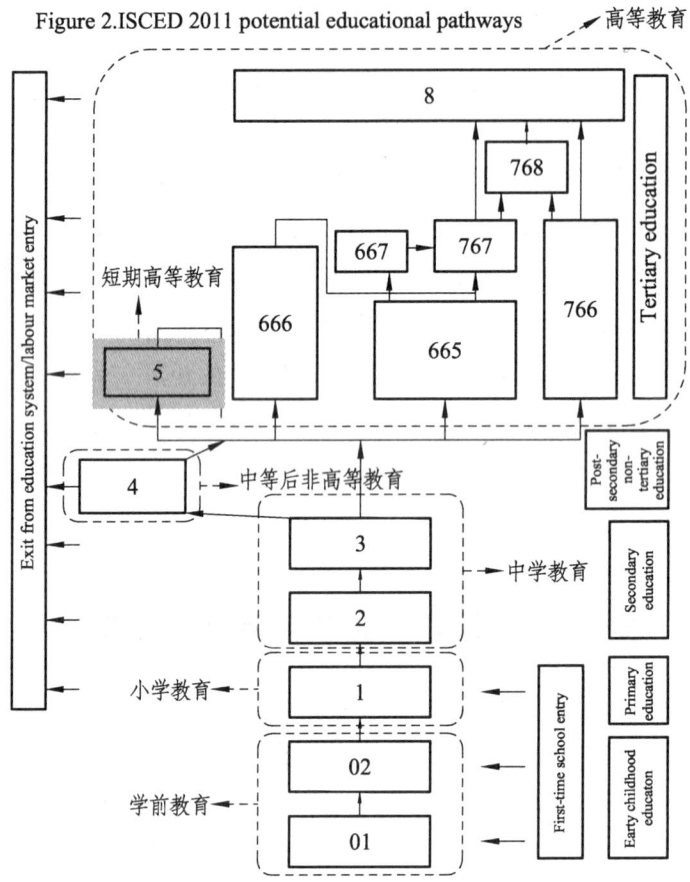

图 2-1 ISCED 国际教育分类标准图（2011）

短期高等教育（short-cycle tertiary education），属于高等教育（tertiary education）范畴，但 level-5 旨在为就业做准备，强调特定职业领域基于职业实践要求所需，为受教育者提供专业知识、技能和能力培训，并为受教育者做好进入劳动力市场的准备。该层次教育可以通过高级技术教育、社区大学教育、副学士学位等教育方式提供，并可以上升转入第六层级：本科或同等学力（level 6: bachelor's or equivalent education），实现不同教育层次之间教育的互通。而 level 5 又细化分为 54-短期教育（普通教育）（general education）和 55-短期教育（职业教育）（vocational education）两种（见图 2-2）。

Table 11. Classification codes for education programmes at ISCED level 5(ISCED-P)

	Category 类别 (orientation)（取向）		Sub-category 子类别 (level completion)（级别完成情况）	
54	Short-cycle tertiary general education	541	Insufficient for level completion	
		544	Sufficient for level completion	
55	Short-cycle tertiary vocational education	551	Insufficient for level completion	水平完成不足
		554	Sufficient for level completion	水平完成

↑
短期教育（职业教育）

图 2-2 ISCED 教育分类代码（level-5）

其中，55-短期教育（职业教育）（short-cycle tertiary vocational education）被定义为"使学习者获得某种职业、行业或其他相关职业类别所需的知识、技能和能力的教育计划。同时该类教育计划（专业）还含有如学徒制、实习、双系统教育计划等基于工作的组成部分。完成该类教育计划（专业）课程将会获得相关国家主管部门和（或）劳动力市场承认的职业资格"。而这一层次正好对应我国高等职业教育的教育特征与教育定位。比对《国际教育标准分类法》可以明确，从教育类型与层次上看，我国高等职业教育的特殊性体现在它虽为高等教育的重要组成部分，但在教育标准上强调获取对应职业、行业所需的知识、技能和素养，为对应职业领域的就业做好准备。为此，高等职业教育专业认证体系最大的特殊性在于它是针对高职院校所开设专业的专业认证体系，而非其他教育层级与教育类型的相关专业。专业认证体系就应当正确定位高职专业教育所类属的教育类型与教育层次，体现我国高等职业教育所独有的类型特色，有其独特的发展规律和不可替代的质量评价与保障功能，唯有如此，高等职业教育专业认证体系才有建构与发展的基础。

其次，具有明显的职业性特征。职业是职业教育的核心关键概念，任何职业教育都是以职业的形式进行的[1]，职业和高等职业教育之间的内在逻辑联系通过构建学习个体以知识、技能与职业素养为核心的职业胜任力而形成，集中体现为专业教育的就业导向性[2]，外显为职业资格的获取。作为高等职业

---

① 姜大源. 职业教育要义[M]. 北京：北京师范大学出版社，2017：19.
② 马建富. 职业教育学（第二版）[M]. 上海：华东师范大学出版社，2015：3-5.

教育不同于高等教育的最本质特征，高等职业教育专业认证体系必然要体现职业性特征。

高等职业教育专业认证体系的职业性突出表现在，一方面，它切实反映经济社会发展及区域产业升级转型对专业教育质量的具体需求，通过对专业教育质量水平的科学判断，有效规范专业所对应的社会职业劳动岗位及岗位群的相应维度，有助于规范高等职业教育专业设置、课程开发和考核评价等相应标准体系。另一方面，它通过对专业教育质量水平的科学判断，引导和督促专业教育在遵循职业属性的教育规律基础上，建立起专业教育与职业领域岗位与岗位群之间的职业对应关系，强调专业教育中职业领域具体岗位及岗位群所需的胜任力要素培养，实现专业教育与职业资格的有效衔接，支撑学习个体职业成长和职业发展。另外，高等职业教育专业认证体系作为高职专业教育与产业界之间的沟通渠道，能够有效实现专业教育质量信息在产业界和企业间的互通与交流，有助于提升专业教育同社会发展及区域产业升级之间的双向参与度与融合度，将专业教育聚焦在其就业导向性上。

再次，同经济社会发展与区域产业升级之间的高度适应性。"增强职业教育的适应性"是国家"十四五"规划和全国职业教育大会中明确提出的发展导向，这既是针对当下我国高素质技术技能型人才供给总量相对不足，人才结构性失调等"专业外部环境"问题提出的战略谋划，同时也是对现有职业教育人才专业能力无法满足高质量发展而呈现出"供给侧"与"需求侧"失调、高职专业教育服务现代产业体系需要的能力不强等"专业内部环境"问题提出的发展新要求。自1999年教育部将高职院校的审批权、招生计划、招生考试等责权下放给省级人民政府，地方政府可以根据区域经济发展需求统筹高等职业教育资源之后，地方发展高等职业教育的积极性进一步激发。地方政府作为高等职业教育的主要办学主体，引导着高等职业教育积极回应地方及区域经济发展的人力资源需求。高等职业教育开始深度参与经济社会发展与区域产业升级，成为与之结合最为紧密的教育类型。

由此，高等职业教育专业认证体系必须鲜明地体现出其适应性特征，一方面，要适应经济社会发展与区域产业升级对高素质技术技能型人才的需求，立足地方及区域产业升级与迭代发展、植根职业教育，从服务于地方及区域经济发展的角度来有效推动人才培养的供给侧与区域人才需求侧的对接，切实按照经济社会与区域产业发展对高质量的专业教育以及人才的需求。另一方面，引导专业教育围绕职业胜任力，突出就业导向、专业技能导向、职业资格导向，专业设置精准对接区域及地方产业需求，专业教学对接职业标准与岗位能力，进一步增强学习个体的职业岗位适应力。另外，专业认证体系还应当适应当下多元化的职业教育评价方式需求，适应多元利益主体的多样化诉求，提升专业建设能力，助力高质量发展，增强专业的适应性发展。

最后，具有鲜明的跨界特点。跨界意指跨越自身结语而对其他领域的一种嵌入以实现不同界域之间的跨越与整合[1]。高等职业教育作为一种特殊的类型教育，其本身就是一种跨界教育。黄炎培先生曾提出，"只从职业学校做工夫，不能发达职业教育；只从教育做工夫，不能发达职业教育；只从农、工、商职业界做工夫，不能发达职业教育。办职业学校的，须同时和一切教育界、职业界努力地沟通和联络"[2]，其大职业教育观的背后蕴含了深刻的跨界意蕴。职业教育本就是"跨越学习与工作、跨越专业与职业、跨越学校与企业"的一种跨界性教育[3]，跨界彰显了职业教育之间所孕育的内涵与特征。为此，跨界同样也是高等职业教育专业认证实践发展的应然诉求，是高等职业教育专业认证体系的当然属性，也将为高等职业教育专业认证体系的构建带来新发展活力。

高等职业教育专业认证体系的跨界性一方面体现在专业认证体系可以有效弥补专业质量水平评价与专业建设的单一主体局限，多元利益主体的广泛参与能够实现资源的互惠共享，实现协同育人多赢局面的形成，从而"化隔阂为融合"。另一方面，认证体系能够引导高职专业教育实现人才培养实践层面的跨界，对于人才培养最核心、最关键的"施工环节"进行科学评价、引导与修正，提升人才培养的产出与质量。此外，高等职业教育专业认证体系

---

[1] MACLEAN R, LAI A. The future of technical and vocational education and training: global challenges and possibilities[J]. International Journal of Training Research, 2011, 9(1-2): 2-15.

[2] 黄炎培. 提出大职业教育主义征求同志意见[J]. 教育与职业，1926（1）：1-4.

[3] 汪建云，王其红. 高职教育政校企协同合作的困境与突破[J]. 中国高教研究，2014，（1）：97-100.

作为专业教育与产业界之间的联结器，通过有效搭建合作框架，校企合作从高等职业教育内部延伸至社会经济体系之中，既通过对专业教育质量的合格评价为产业界人才选聘提供了质量保障，又通过敦促专业教育质量的持续改进，将产业界对人才培养的需求传递给专业教育，有效实现了产教聚合的新形式跨界。高等职业教育专业认证体系背后所蕴含的认证文化、质量意识能够跨越界限，扎根于高等职业教育领域，赋予了高等职业教育专业认证知行合一这一认知模式所应有的哲学底蕴与内涵。

因而本书对高等职业教育专业认证体系作出如下界定：为确保针对高职院校所开设专业的教育质量水平科学认定与评价的顺利实施，以实现高等职业教育专业教育质量的改进与提升，由体系内部具有高等职业教育特征的各构成要素逻辑联系、相互作用所形成的任务明确、职权清晰、结构完整的集合体。高等职业教育专业认证体系是针对高职院校所开设专业的专业认证体系，具有明显的职业性、适应性与跨界性特征，它既是高等职业教育质量保障体系的重要组成部分，又是现代职业教育体系的重要组成部分。

这里需要说明的是，相较于高等教育的专业认证如我国目前已开展实施认证的高等工程教育专业认证、师范类专业认证而言，本书所研究的高等职业教育专业认证针对的是我国高职院校所开设专业的专业认证，与高等教育专业认证有着根本的区别，除高等职业教育专业认证体系所具有的职业性、跨界性及适应性特征之外，还应当注意以下两个方面：

一方面，相较于高等教育，高等职业教育所涉及的教育教学活动与经济社会及区域产业升级的关联更为紧密，它更加侧重于以促进就业和适应产业发展需求为导向，不仅要遵循产业链、教育链、创新链之间相互衔接的规律，而且还要遵循学习者个体职业发展需求与教育认知之间相互作用的规律。这就要求高等职业教育专业认证体系需要放置于经济社会发展当中，切实关联经济社会发展与区域产业升级对高职专业教育质量的需求，实现以多元利益主体为代表的多要素融合，有效搭建区域、产业、行业、院校之间的合作架构，共同参与，协同发力，实现专业教育质量信息的互动、交流，提升高职教育与产业界的双向参与和产教融合，提升专业设置、调整与产业链的精准匹配度。

另一方面，相较于高等教育强调以学科逻辑系统主导的专业分布和科学研究型的人才培养定位，高等职业教育的专业划分更强调以职业岗位群或行业为主、兼顾学科分类的原则，人才培养定位于高层次技术技能型人才。故而高等职业教育专业认证体系则更聚焦于体现专业化的职业活动及其对应的工作岗位（群）基于工作过程复杂程度所呈现出的职业胜任力要求。这同样也要求高等职业教育专业认证体系需要精准对接产业需求，根植于技术技能型人才市场需要和对应的岗位职业标准，围绕职业胜任力要素建立起职业对应关系，有效衔接职业资格证书。

第三章 高等职业教育专业认证研究的理论依据

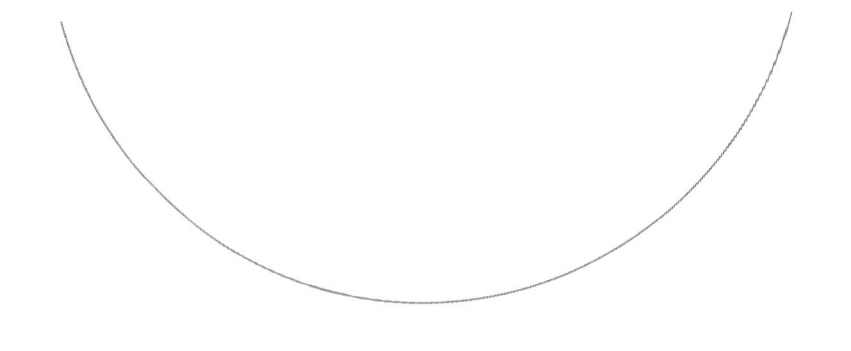

理论基础的作用在于从理论层面来解释和揭示客观表象赖以存在的基础与合理性，它对于所研究对象的系统性解释起到了概括与统摄的作用，统领了研究与分析全局。

学术界在探讨专业认证的理论依据时主要有以下几种路径，一种是围绕着政府、高校、市场的"三角协调"关系而展开的高等教育系统关系理论，如复杂系统理论、自系统理论以及利益相关者理论；一种是从高职院校治理角度出发而展开的治理理论、人本主义理论；还有学者从专业认证的评价本质入手采用高等教育的元评估理论、教育评价理论等。但学术界对于专业认证体系构建的理论依据探讨不多。笔者认为高等职业教育专业认证体系构建有其自身的特殊性，不能简单地套用理论而进行工具化的操作。为此，在体系构建研究时，笔者尝试采用利益相关者理论与质量链理论作为研究的理论依据。

第一节 利益相关者理论

利益相关者（stakeholder）概念早期用于解释包括产权所有者、财产管理者或股东在内的对其所参与的企业或组织进行相应的投资或者支付一定成本的群体。20世纪30年代，梅里克·多德（Merrick Dodd）与阿道夫·伯利（Adolf Berle）之间著名的"伯利与多德之辩（Berle-Dodd debate）"[1]，将利益相关者的概念扩展到了包括企业内部的普通员工与企业外部的消费者等更为广阔的范围，这一概念的内涵得以不断丰富。1963年斯坦福研究院（Stanford research institute，SRI）提出了利益相关者理论（stakeholder theory），并从企业生存标准角度将利益相关者定义为"企业生存中所不可替代的，如果没有其支持，企业就无法生存的利益群体的集合"[2]。SRI对于利益相关者的定义清晰地剖析出利益相关者对于企业的不可替代性及其重要作用，但众多学者如 Eric

---

[1] DODD E M JR. Modern corporation, private property, and recent federal legislation[J]. Harvard Law Review, 1940, 54: 917.
[2] AMBLER T, WILSON A. Problems of stakeholder theory[J]. Business Ethics: A European Review, 1995, 4(1): 30-35.

Rhenman[①]、Carroll[②]、Stigliz[③]、Clarkson[④]都指出该定义忽视了利益相关者与企业之间关系的双向性，并没有实际反映出企业对利益相关者同样有着不可忽视的反向影响。但这一概念的提出至少反映出企业的"生存与发展并不仅仅依赖于提供物质资本的股东，同样也有赖于有股东之外的其他利益相关者"[⑤]。1984 年美国学者 R.Edward Freeman 在其著作《战略管理：利益相关者管理方法》(*Strategic Management: A Stakeholder Approach*)中再一次明确了利益相关者的概念，将利益相关者定义为"能够影响某一组织目标的实现，或能受到该组织实现其目标过程影响的个人或群体"[⑥]。Freeman 据此概念绘制出了基于企业经营管理与决策角度的利益相关者理论模型（见图 3-1），将政府、供应商、雇员、客户、竞争者等都纳入利益相关者的界定范围内。

Freeman 对于利益相关者定义的重新解读，开始重新从双向维度审视利益相关者与企业或组织的经营与决策之间的关系。即一方面，企业或组织的经营与运营决策对利益相关者会产生何种影响；另一方面，利益相关者又会对企业或组织的经营与运营带来哪些影响。这首先在企业经营管理领域触发了管理者思维的改变。如果企业或经营组织想要制定正确而有效的管理决策，就必须将影响利益相关者与企业或经营组织之间关系的各种因素纳入考虑范围。只有当企业或经营组织与利益相关者之间的关系处于一种和谐共生状态，达到利益平衡，成为利益共同体（community benefits），才能真正实现良性的发展与各方的共赢（mutual complementarity）。

---

① VANDEKERCKHOVE W. What managers do: comparing Rhenman and Freeman[J]. Philosophy of management, 2009, 8(3): 25-35.
② CARROLL A B, NÄSI J. Understanding stakeholder thinking: themes from a finnish conference[J]. Business Ethics: A European Review, 1997, 6(1): 46-51.
③ SAH R K, STIGLITZ J E. The architecture of economic systems: hierarchies and polyarchies[J]. The American Economic Review, 1986: 716-727.
④ CLARKSON M E. A stakeholder framework for analyzing and evaluating corporate social performance[J]. Academy of management review, 1995, 20(1): 92-117.
⑤ MITCHELL R K, AGLE B R, WOOD D J. Toward a theory of stakeholder identification and salience: defining the principle of who and what really counts[J]. Academy of management review, 1997, 22(4): 853-886.
⑥ FREEMAN R E. Strategic management: a stakeholder approach[M]. Cambridge university press, 2010: 32-33.

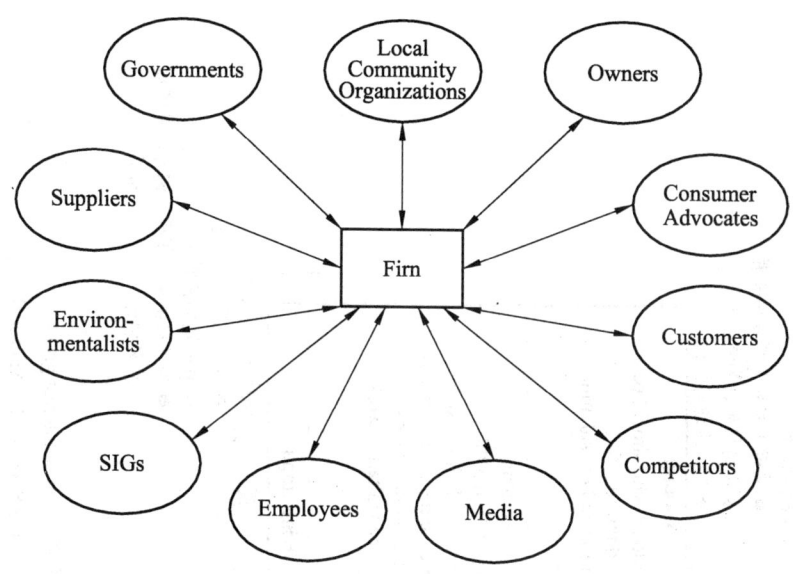

图 3-1 Freeman 利益相关者理论模型[1]

由此可见，与传统的经济管理中的股东利益至上理论相比，利益相关者理论更为强调企业或组织的发展离不开每一位利益相关者的参与，以利益相关者为代表的群体利益才是企业或组织发展所追求的，而非仅仅是某些特定主体的利益。为此，经营管理者在进行管理与决策时需要关注利益相关者的差异化利益诉求，而寻求达到利益诉求的平衡。

正因为利益相关者的行为能够直接或间接地对企业或组织的管理与决策产生影响，那么企业或组织在进行管理和制定决策时，就应当明确各利益主体的利益诉求是什么，各自在整个管理和决策过程中发挥了何种作用。为此，Freeman 提出了利益相关者的权力-利益矩阵（power-interest grid），对利益相关者各自在管理、决策、实施过程中的角色进行了分析（见图 3-2）。

---

[1] FREEMAN R E. Strategic management: a stakeholder approach[M]. Cambridge university press, 2010: 34.

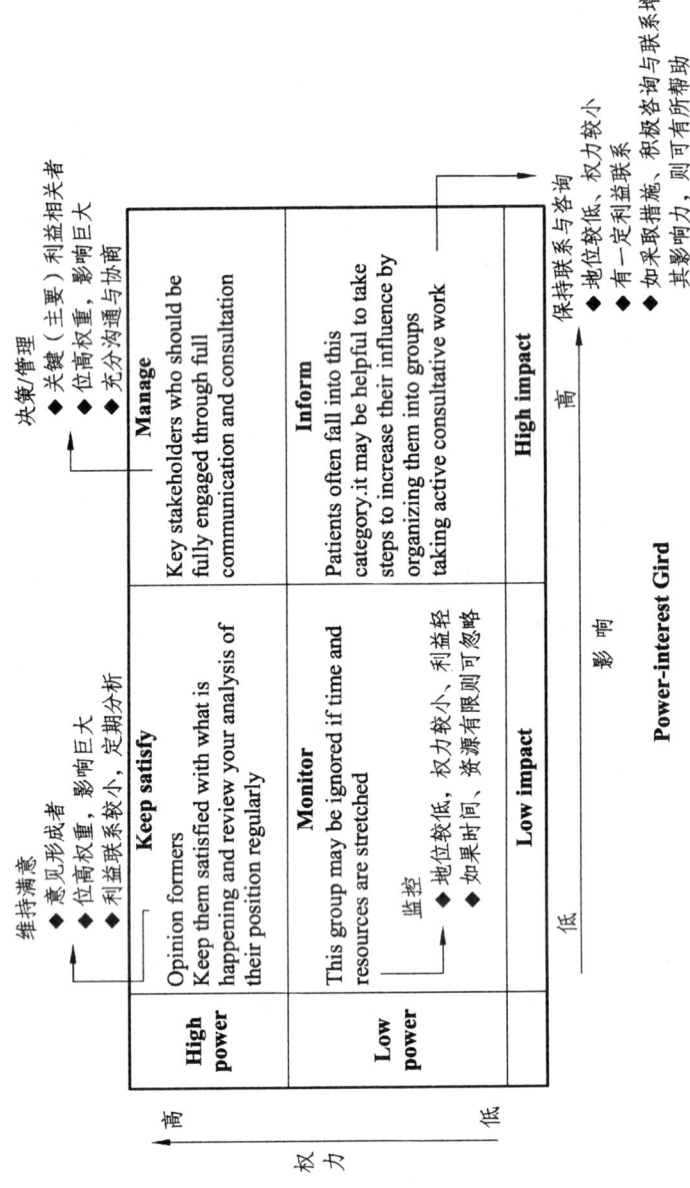

图 3-2 Freeman 利益相关者权力-利益矩阵（power-interest grid）

（资料来源：FREEMAN R E. Strategic Management: a Stakeholder Approach[M]. Cambridge university press, 2010: 47.）

如图 3-2 所示，依据利益相关者对于企业或组织权力、影响力的高低，将企业或组织的管理决策对利益相关者所产生的影响的大小作为两组变量，通过二维度比较分析可以清晰地界定与划分利益相关者。这种界定与划分能够帮助企业或组织在进行管理、战略决策、创新或变革时，明确判断哪些利益相关者是支持者、推动者，哪些是反对者、阻碍者，从而在制定决策、进行管理并付诸实施中能够采取适当的策略来满足其不同的利益诉求以取得相应的支持。即使无法得到支持，也希望能够通过区别对待、分类管理与改变策略来消解各种阻碍和反对之声。

因而，明确界定利益相关者，在差异化的利益诉求基础之上对利益相关者进行科学分类，从而有针对性地进行协调与沟通，尽量将差异化的利益诉求转为利益平衡与利益协同是尤为重要的。由此，利益相关者的分类研究一度成为利益相关者理论研究的重点之一，越来越多的研究者将研究重点转移到对利益相关者的分类研究上，并提出了多种划分依据与理论模型。其中最著名的是以弗里曼、查克曼、克拉克森和威勒为代表的多维细分法（也有学者将其描述为多锥细分法）与以米切尔和伍德为代表的米切尔评分法（score-based approach）。

多维细分法（multidimensional subdivision）强调在利益相关者分类中，依据主体的不同特征，抽取不同维度，以此建立分类依据。采用多维细分法的目的在于通过不同维度的划分而找出不同利益相关者在某些特征上的差异与联系。因研究者选择的研究维度不同，形成了关于利益相关者的不同分类划分方法。表 3-1 显示了目前学术界最具代表性的 4 位研究者采用多维细分法对利益相关者分类的情况。从梳理中可以看出，不同的分类维度抽取的差异性，导致多维细分法存在多样性的分类方法，无法形成一个较为统一且共同认可的分类模式。这也导致实践中多维细分法缺乏可操作性，在一定程度上制约了利益相关者理论的运用。

表 3-1 多维细分法中利益相关者的分类

代表学者	划分依据	分类	代表著作
FREEMAN R E	所有权（ownership）、经济依赖性（economic dependence）、社会利益（social interests）	1. 所有权型利益相关者：公司股票持有者。 2. 经济依赖性型利益相关者：经营者、员工、客户、供货商等。 3. 社会利益关联型利益相关者：政府、社会大众、媒体等	FREEMAN R E, REED D L. Stockholders and stakeholders: a new perspective on corporate governance[J]. California management review, 1983, 25(3): 88-106.
CHARKHAM J P	相关利益者群体是否与企业或经营组织之间存在交易性的合同关系	1. 契约型利益相关者（contractual stakeholders）：股东、债权人、经营者、员工等。 2. 公众型利益相关者（community stakeholders）：政府、媒体、社会大众、消费者	CHARKHAM J P. Corporate governance and the market for control of companies: an examination of the framework of corporate governance and its relation to the stock market and takeovers in the light of some foreign companies[M]. Bank of England, 1989.

续表

代表学者	划分依据	分类	代表著作
CLARKSON M E	相关利益群体与企业或经营组织的紧密程度	1. 首要利益相关（primary stakeholders）：对企业或经营组织有决定性作用的人，如股东、债权认、员工、供应商、客户等。 2. 次要利益相关者（secondary stakeholders）：并不与企业或经营组织发生市场交易行为，而对经营活动能够产生间接影响，或承受企业或经营组织外部活动影响的个人或群体，如社会大众、媒体、研究学者等	CLARKSON M E. A stakeholder framework for analyzing and evaluating corporate social performance[J]. Academy of management review, 1995, 20(1): 92-117.
WHEELER D 和 SILLANPÄÄ M	引入社会性维度，结合clarkson的紧密性原则，从利益相关者的社会性活动出发	1. 首要社会性利益相关者（primary social stakeholders）：通过社会中具体的人与企业发生直接关系。 2. 次要社会性利益相关者（secondary social stakeholders）：通过社会性活动与企业间接联系。 3. 首要非社会性利益相关者（primary non-social stakeholders）：不与社会中具体的人发生联系。 4. 次要非社会性利益相关者（secondary non-social stakeholders）：不与社会有联系，且对社会有间接影响	WHEELER D, SILLANPÄÄ M. The stakeholder corporation: a blueprint for maximizing stakeholder value[M]. Financial Times Management, 1997.

米切尔评分法（score-based approach）是由美国学者 Mitchell R K、Agle B R 和 Wood D J 在 1997 年提出的[①]。该分类法是在多维细分法基础上继承与发展起来的，是基于主观指标设计之上的一种定量分析方法。其分类目的在于明确界定企业或经营组织中的利益相关者，进而帮助管理和决策层有针对性地对不同利益主体予以不同的关注度和重视程度。

该分类方法主要从权力性（power）、合法性（legitimacy）、紧迫性（urgency）三个维度对利益相关者进行分类。其中权力性维度强调利益相关者具有执行自己意愿的能力，即利益相关者具有能够影响组织决策的相应能力与手段。合法性维度强调了利益相关者行为的正当性，即利益相关者对于要求组织能够做出符合自身利益主张的诉求具有正当性。而紧迫性维度则强调利益相关者的个人利益诉求是否能够及时被组织所关注及采纳，强调了利益相关者个人诉求在时间上的敏感性。

米切尔评分法将利益相关者主要分为确定型（definitive stakeholders），预期型（expectant stakeholders）与潜在型（latent stakeholders）三种，并在此基础上进行了相应细分。具体分类如表 3-2 所示：

表 3-2 米切尔评分法中利益相关者的分类

所具备的属性	利益相关者类型	
权力性、合法性、紧急性三个属性同时具备	确定型利益相关者（definitive stakeholders）	
仅具备其中两个属性	预期型利益相关者（expectant stakeholders）	支配型利益相关者（dominant stakeholders）
		危险型利益相关者（dangerous stakeholders）
		依存型利益相关者（dependent stakeholders）

[①] MITCHELL R K, AGLE B R, WOOD D J. Toward a theory of stakeholder identification and salience: defining the principle of who and what really counts[J]. Academy of management review, 1997, 22(4): 853-886.

续表

所具备的属性	利益相关者类型	
仅具备其中一个属性	潜在型利益相关者（latent stakeholders）	休眠型利益相关者（dormant stakeholders）
		裁量型利益相关者（discretionary stakeholders）
		要求型利益相关者（demanding stakeholders）

资料来源：MITCHELL R K, AGLE B R, WOOD D J. Toward a theory of stakeholder identification and salience: defining the principle of who and what really counts[J]. Academy of management review, 1997, 22(4): 874.

与多维细分法不同，米切尔评分方法较为动态，其动态化体现在利益主体所拥有的诸如合法性、权力性和紧迫性等属性是会随着自身或外部环境因素等动态调节发展的。当利益相关者由于外界或自身因素导致所具有的某种属性消失，或者重新拥有某种新的属性，将会导致利益相关者所属类型的相应改变。这一分类方法的好处在于能够以动态的角度看待利益相关者之间的依据利益诉求的改变而产生的变化。

利益相关者的科学分类是解决不同利益主体之间的诉求差异、达成利益平衡点、构建利益共同体的重要决策与管理步骤。一旦能够明确评估并界定利益相关者的不同类型，就可综合其各自的利益诉求、意向程度、影响因素等，归纳提炼出不同利益主体间的相似特征，为科学的分类管理与目标决策做好铺垫。

在学者们将研究重点转向利益相关者分类研究的同时，众多学者也开始认识到利益相关者理论不仅能在企业管理领域适用，而且开始向公共管理领域等慢慢渗透，这一理论的范畴开始由单一针对企业管理转向经济、社会、政治、教育等多领域。在教育领域，利益相关者理论的研究多应用于高校教育管理与教学质量评价相关领域。而率先应用这一理论于教育管理领域的是哈佛大学教授亨利·罗索夫斯基（Henry Rosovsky），他提出，"大学内部与外部之间存在着广泛的有利益相关性的个人或群体，如，学生、教师、校友、教育捐赠者、政府、社会公众、社会团体等，而这些个人和群体构成了大学的利益相关者群体"[1]。Reavill L（1997）[2]、Marić（2013）[3]、Henkel M（1998）[4]等学者尝试将利益相关者理论引入教育质量评估与质量管理领域。我国学者张维迎（2004）提出，"大学中的利益相关者包括教授、校长、院长，包括行政人员，包括学生以及毕业校友，当然也包括社会全体纳税人"[5]。胡赤弟（2005）则明确将高等教育中的利益相关者分为以教师、政府为代表的权威利益相关者，以捐赠者、校友为代表的潜在利益相关者和以市民、媒体等为代表的第三层利益相关者[6]。

当前，对于我国高等职业教育质量保障体系的优化完善逐渐开始转向对以产业界、社会大众、第三方评价组织为代表的多元利益主体广泛参与的深入研究。但多元利益主体共同参与教育质量评价的理想状态实际尚未登场，至少目前高等职业教育领域并未能完全形成科学、有效的多元利益主体广泛参与的教育质量评价的新导向，教育质量保障体系仍有待进一步完善与优化。

与企业或经营组织不同，高等职业教育作为一种公共事业范畴内的非营利性机构，如何引入利益相关者理论，清晰界定高等职业教育专业认证中的利益相关者，分析它们之间专业认证发展与专业认证体系构建所可能存在的利益协同与利益博弈，并加以分类管理与规范约束，是高等职业教育专业认证研究中不可或缺的视角。

我们知道，高等职业教育专业认证体系的构建是一个复杂的系统化工程，其中牵涉到高等职业教育专业认证体系的诸多利益相关者。如果将高职专业认证体系的构建过程看成是一个价值创造与价值分配的过程，那么各利益相关方的行为和意愿将会直接或间接影响到认证体系构建和体系效用的有效发挥。

---

[1] ROSOVSKY H. The university: an owner's manual[M]. WW Norton & Company, 1991: 227.
[2] REAVILL L R P. Quality assessment and the stakeholder model of higher education[J]. Total Quality Management, 1997, 8(2-3): 246-252.
[3] MARIĆ I. Stakeholder analisys of higher education institutions[J]. Interdisciplinary Description of Complex Systems: INDECS, 2013, 11(2): 217-226.
[4] HENKEL M. Evaluation in higher education: Conceptual and epistemological foundations[J]. European Journal of Education, 1998, 33(3): 285-297.
[5] 张维迎. 大学的逻辑[M]. 北京：北京大学出版社，2004：89.
[6] 胡赤弟. 高等教育中的利益相关者分析[J]. 教育研究，2005，26（3）：38-46.

不同的利益主体之于体系构建一定存在着差异化的利益诉求，这些差异化的利益诉求会存在交叉、互动、整合、叠加等，从而会形成一个较为复杂的利益博弈与利益协同关系，它将会贯穿整个专业认证体系构建的始终，直接影响到专业认证体系的构建。其中各利益相关方之间的互动、冲突、合作既可能因为有着共同的利益目标而形成动力，亦有可能因其自身的利益诉求而提出不同意见，出现消极应对甚至抵制的情况，最终产生冲突与博弈。教育改革之所以艰难，就在于利益相关者群体并非所有都能受益或者等同受益，一定会存在某些利益主体受损或暂时受损等情况。利益相关者之间的利益博弈与协同将会贯穿整个专业认证体系构建的始终。因此，了解各利益相关者的真实利益诉求，在利益博弈中做到有效平衡是顺利构建专业认证体系的有效前提。

将利益相关者理论引入高等职业教育专业认证体系构建研究中，有助于科学识别高等职业教育专业认证体系的利益相关者群体，一方面有助于明确缺失原因分析的调研访谈对象，另一方面有助于对专业认证体系构建及运行中涉及的诸多利益相关者群体进行甄别与分类研究分析，以动态的视角应对体系构建及运行中可能出现的利益冲突与博弈。希望据此通过利益平衡调试与策略互动，正确定位不同利益主体在体系构建中的职能定位，有效剖析利益主体间的主体互动关系，为协调利益冲突、实现利益协同，科学合理地构建高等职业教育专业认证体系提供理论支撑。

第二节　质量链理论

随着全球经济一体化趋势的不断加强，市场环境的变化、需求的多样性与不确定性、产品生命周期的日益缩短等因素都导致传统单一化的质量管理模式无法快速响应市场需求。质量管理需要打破信息孤岛，从基于传统单一组织而转向基于供应链上、下游组织群体，注重供应链成员的沟通、协作及质量保证体系的兼容上来。由全面质量管理理论基础上发展而来的链式质量管理（Supply Chain Quality Management，SCQM）开始成为质量管理领域探讨并研究的重点。质量管理的研究开始从组织内部的质量管理与控制发展到组织外部包括上游、下游所代表的外部质量相关方的整体质量管理转变，质量链的概念就此产生。

一、质量链理论概述

1996年,加拿大学者Tom Troczynski率先提出了质量链(quality chain)理论。在他看来,"质量链是不同相关方的多个组织或机构在共同生产过程中基于流程质量而形成的链接体"[1]。Tom Troczynski认为质量链包括流程性能(工序性能)、产品特性、产品生产过程能力(工序能力)等关键质量概念,通过采用统计过程控制(Statistical Process Control,SPC)与统计过程改进(Statistical Process Improve,SPI)等工具的使用,能够系统、全面地解释质量形成过程中所涉及的各要素及要素之间的相互作用及其有机联系。

质量链理论旨在通过将质量形成过程中所涉及的各要素以及要素间的相互作用与关系通过透明化、链条化的方式展现出来,以便在质量产生与形成的整个链条上进行有针对性的质量管理、质量改进与质量提升。

基于Tom Troczynski所提出的质量链理论,约瑟夫·M.朱兰提出了与之相似的"质量螺旋(quality spiral)"概念(如图3-3)[2]。约瑟夫·M.朱兰认为产品质量是在市场调查、设计、计划、采购、生产、销售等全过程中形成的,同时又在这个全过程中不断循环中螺旋式提升。这实际上与质量链的概念在本质上是一致的,两者都强调了质量形成过程中要素间的系统性与协作性以及质量形成过程中的链式结构。

我国学者唐晓青(2002)在此基础上,提出了"协同质量链管理(cooperative quality chain management,CQCM)"理论(见图3-4),并提出要"以整体的、系统的、集成的观点看待多个组织产品全生命周期与全过程的管理,在供应商、制造商、销售商乃至最终用户之间建立一条敏捷、畅通、受控、优化的广域质量链路"[3]。

---

[1] TROCZYNSKI T. The quality chain[J]. Quality Progress, 1996, 29(9): 208.
[2] 朱兰 J M, 德费欧 J A. 朱兰质量手册(第六版)[M]. 中国人民大学出版社, 2014: 321.
[3] 唐晓青, 段桂江. 面向全球化制造的协同质量链管理[J]. 中国质量, 2002(9): 32-34, 20.

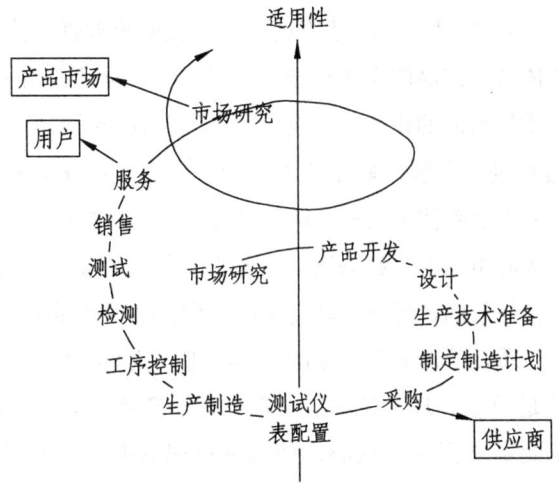

图 3-3 Juran 质量螺旋模型图

[资料来源：朱兰 J M，德费欧 J A. 朱兰质量手册（第六版）[M]. 中国人民大学出版社，2014：211.]

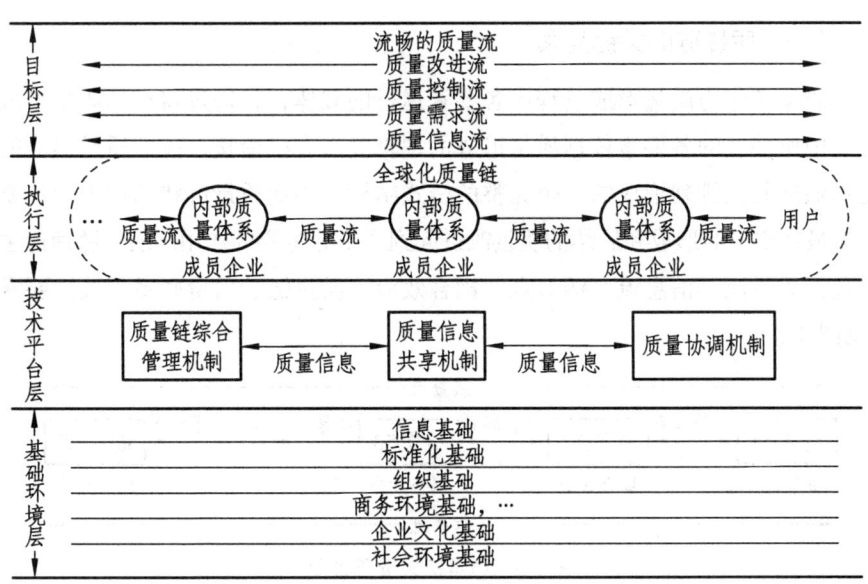

图 3-4 协同质量链管理实施框架

[资料来源：唐晓青，段桂江. 面向全球化制造的协同质量链管理[J]. 中国质量，2002（9）：34.]

质量链理论实际上揭示了产品质量形成过程的重要性。产品的质量水平的高低虽然主要体现在产品的需求终端上，但是产品质量形成的每一个具体过程都存在着对于质量形成的积累或影响。我们将形成和影响产品质量的各要素依据质量形成过程进行逻辑性联结，可以形成一个整体化的质量功能链式结构，即质量链。如果能够注重对质量链上各要素的科学管理，明确链状结构上各要素对质量形成的贡献度、影响度以及各要素在质量链上的相互依存关系，加强对质量链上各要素的针对性管理与协同合作，确保质量链的畅通与稳定，则有助于保障最终质量的形成与质量的持续改进，从而满足客户的质量需求。

质量链理论是质量管理理论又一个新的发展阶段，它从全面质量管理的角度出发，以满足顾客需求为核心，使质量管理不再局限于产品生产制造的组织内部。

二、质量链理论的关键要素与运行特征

（一）质量链的关键要素

质量链作为质量形成过程中各要素运行的载体，是通过将产品质量形成过程中所涉及的各要素依据质量形成的逻辑关系有机衔接，按照质量形成的先后顺序有机排列形成的一个完整的链式结构。为此质量链状结构中的各要素对最终质量的形成和后续的质量改进起到了十分重要的作用。质量链理论主要包括质量流、信息流、链节点、耦合效应、质量链、质量联系等关键要素（见图3-5）。

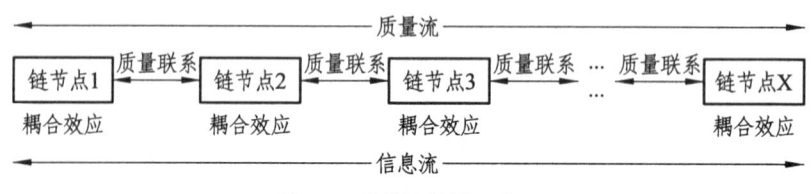

图3-5 质量链关键要素图

质量流（quality stream）是产品本身所具有的质量属性与质量价值，存在于产品质量形成的全过程之中，是为达到质量需求目标而应具有的质量性物质表现形态。质量流所代表的质量属性与质量价值在质量链上有序流动，最

终积累形成最终质量。

信息流（information stream）伴随着质量链运行过程而产生，是产品质量形成过程中所产生的各种信息的总和。合理利用信息既有利于及时发现质量链某一环节中所出现的问题并及时有效地进行针对性改进，又有利于及时沟通与反馈质量链上各利益相关方的质量诉求。信息流与质量流一起合称为质量信息。

链节点（chain code）是构成质量链的具体节点和基础单位，是由多要素或组织之间相互协同而得以实现的质量形成的过程，或是在特定时段内完成的对质量形成产生影响的某一事件或质量活动。对质量形成过程起到了决定性作用的链节点会成为关键链节点。

耦合效应（coupling induction）是相关组织、要素在关键链节点处相互作用、影响而产生的结果和对质量形成的影响程度。耦合效应良好会对产品质量形成过程产生加速放大效应，进一步促进产品质量的提升。耦合效应不佳则会阻碍、抑制产品质量的形成。

（二）质量链的运行特征

依据质量链关键要素的运行框架图，结合质量链原理的内涵可以知道，质量形成于质量链上的每一个链节点，其质量属性与质量价值伴随着质量流从上一个链节点移动至下一链节点，并构成了下一链节点中质量形成的组成部分。各链节点依据质量联系有机衔接，并在链节点之间传递着质量流。质量流依据质量链载体有序传递，汇集到质量链的终端而形成最终质量。同时，每一链节点质量形成过程中的信息组成了质量链的信息流，在整个质量链上供相应的链节点之间共享。

从质量链的运行机理也可以发现，质量的形成过程是围绕着整个质量链而展开的。每一个链节点都可能会产生质量缺陷，并可能通过质量链的运行，随着质量流传递给下一个链节点而产生逐级放大的效应，引起整个质量链的波动而最终影响质量的形成。为此，质量链的管理应当落实到针对每一个链节点内部的质量管理与针对质量链的整体质量管理之中。

如果链节点内部要素之间能够达到良好的耦合效应，将会对该链节点处质量形成过程中的质量价值与质量属性产生加速放大的作用。但如果耦合效应不好，则同样有可能阻碍或消解质量价值与质量属性的形成，造成整体质量链上质量的波动。

在关注质量链链节点耦合效应对质量产生影响的同时，还需要重视链节点之间的质量联系。各链节点之间应当为了质量链的整体质量目标而加强协同合作，制定质量管理与改进策略，利用质量联系来共同提升质量链的整体质量水平，达到整体质量优化的目标。

为此质量链的运行具备如下五个特征：

第一，质量链管理以达到顾客所要求的质量目标为出发点。顾客是产品质量的终端，是产品质量的最终评价者，满足顾客对于产品质量的需求，达成质量目标既是生产的原动力，也是质量链管理的出发点。质量链管理的各项活动都以满足质量需求为中心，通过针对性管理与改进以提高顾客对质量的满意度。

第二，质量链上的链节点依各自利益诉求而在质量链上扮演着不同的角色。各链节点应有独立的质量管理系统，通过质量链管理来平衡质量链上各组织之间的利益冲突，承担质量链上相应的管理职能。

第三，质量链管理活动呈"多米诺骨牌"效应。质量链上的各要素在质量链运行过程中相互影响、相互作用，某一要素行为的变化可能会导致质量链上其他相关要素行为的一系列连锁反应与变化，最终形成质量管理的"多米诺骨牌"效应。

第四，关键链节点对质量形成产生重要影响。质量链中关键链节点上各要素间的共同协作，有效形成了关键质量属性与质量价值。针对关键链节点的管理是质量链管理的核心，关键链节点中任何要素造成的质量缺陷、耦合效应不佳、互动不良好等情况都可能会直接影响关键质量特性的达成，最终影响质量链管理目标的实现。[①]

第五，质量信息在质量链上的有序传递。包括质量流、信息流在内的质量信息贯穿于整个质量链的始终，可以有效地将终端顾客的质量需求及时传递从而转化为对具体产品质量的特质要求。因而，质量链管理活动同时也是

---

① 唐晓芬，邓绩，金升龙. 质量链理论与运行模式研究[J]. 中国质量，2005（9）：16-19，15.

质量信息的传递与交流过程。通过对质量信息的管理让质量信息在质量链上有效运行，不断优化质量链上各要素之间的沟通与协作以提高质量链管理效率。

三、质量链理论在教育管理中的应用

国内学术界将质量链理论应用于教育管理中系统性研究并不多见，相应研究成果也不丰富，将质量链理论运用于专业认证研究领域的学术文献则更为鲜见。

学者任义君（2001）较早提出高等教育质量链的概念，认为"高等教育的质量链从市场研究开始，经过确定目标，制定方针，管理、教师、学生、检验等环节，最后投入市场"[1]。而贺唯（2002）[2]、侯清麟（2009）[3]等则将质量链理论应用于高校质量保障体系的实践研究中。谢美峰等（2007）[4]等将质量链理论应用于高校教育质量跟踪的实践研究之中。李敬锁（2017）[5]、张荟娜（2014）[6]、赵丹（2009）[7]、孟成民（2013）等[8]重点关注了研究生教育中的质量链问题。在职业教育领域，胡生泳（2014）等[9]将质量链理论应用于高职顶岗实习质量控制模式研究领域。

笔者认为高职专业教育质量的形成过程包括诸多环节，涉及诸多要素。这些要素因其对高职专业教育质量的影响与作用不同，在质量形成过程中承

---

[1] 任义君. 高等教育质量链初探[J]. 黑龙江高教研究，2001（6）：64-66.
[2] 贺维. 质量链和过程管理对高校内部管理的借鉴意义[J]. 湖南工程学院学报（社会科学版），2002（4）：92-94.
[3] 侯清麟，肖文兴，刘善球，等. 高等学校实践教学质量保障机制研究[J]. 教育与职业，2009（15）：15-17.
[4] 谢美峰，王金兰，傅国华. 基于TQM理念的高校教育质量跟踪[J]. 江西金融职工大学学报，2007（2）：91-92.
[5] 李敬锁. 职业能力视角下农科全日制专业学位研究生教育质量"链式"评价指标体系的构建[J]. 高等农业教育，2017（4）：101-104.
[6] 张荟娜. 胜任力视角下管理类硕士研究生复试体系研究[D]. 青岛大学，2014：78.
[7] 赵丹. 黑龙江省高校研究生生源质量评价研究[D]. 哈尔滨工程大学，2009：64.
[8] 孟成民，朱蕾，朱效传. 基于培养拔尖创新人才导向的研究生教育质量链构建与管理研究[J]. 高等农业教育，2013（11）：96-99.
[9] 胡生泳，朱新秤. 基于质量链管理理论下的顶岗实习质量控制模式探析[J]. 职教论坛，2014（9）：81-85.

担着不同的质量职能。如果将这些要素依据它们之间的相互关系和对专业教育质量形成的影响度、贡献度进行逻辑性联结，就形成了一个基于专业教育质量形成的功能链状结构，即高职专业教育的质量链。

专业认证是对专业教育质量水平做出科学评定的专业性活动，其核心任务是保障专业教育按照预设的专业认证标准实现专业教育质量不断提升的最终质量目标。专业认证通过对专业教育质量水平的合格评定以保障专业教育质量目标的达成度，其过程本身也是专业教育质量的进一步形成过程。如果将高等职业教育专业认证体系放置于高职专业教育质量链条上，以系统论的观点来看待专业认证体系在整个专业教育质量形成过程中所承担的质量职能以及与其他质量形成环节之间的互动与影响，就可以发现高等职业教育专业认证体系并非一个孤零零的质量保障体系，而是高职专业教育质量链上的一个关键链节点（见图 3-6），与其他链节点一起承担质量链上相应的职责功能来共同促进专业教育质量的最终形成。高等职业教育专业认证体系能够通过与其他链节点之间的质量联系以及贯穿质量链的信息流、质量流的影响，共同促进专业教育质量最优化的实现。

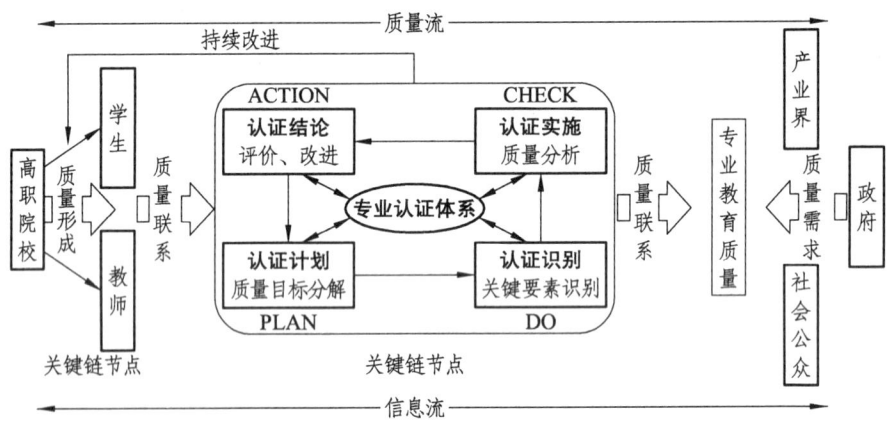

图 3-6　高等职业教育专业认证体系关键链节点图

将质量链理论引入高等职业教育专业认证体系的构建研究中，一方面是希望将其作为体系构建的理论依据。高等职业教育专业认证体系作为高职专业教育质量链上的关键链节点，其本身也是一个独立于质量链的质量管理体系。本书希望从体系的质量管理内容、质量管理职能两方面的研究入手，进一步分析该质量管理系统"质量管理的目标为何""由谁开展质量管理""依据什么进行质量管理"以及"质量管理如何进行"这一系列问题。并通过深入探究认证体系作为专业教育质量的特定载体如何呈现专业教育质量的进一步形成的过程及环节，解析其构成要素、要素间的互动关系以及要素在质量管理职能实施中的作用等来明确我国高等职业教育专业认证体系的构建架构，并将其置于高职专业教育质量链的宏观背景下审视，分析影响其运行的关键条件与因素。

另一方面是希望通过质量链管理来识别专业教育质量形成过程中的短板与缺陷，促使认证体系内部各要素之间实现良好的耦合效应来放大高等职业教育专业认证体系对高职专业教育质量形成的功能性效应。通过质量链的规律化运行和关键链节点的有效控制来加强高等职业教育专业认证体系与其他链节点之间的协同合作，实现对整个质量链的有效质量管理，最终实现专业教育质量的持续改进与提升这一体系构建的核心目标。

为此，质量链理论能够为高等职业教育专业认证体系的构建研究提供新的视角与方法论的指导。在研究高等职业教育专业认证体系构建、体系内部要素之间的相互关系、体系内各要素承担的质量职能、体系构建对专业教育质量形成的积极作用以及认证流程设计等方面都可以综合运用这一理论。

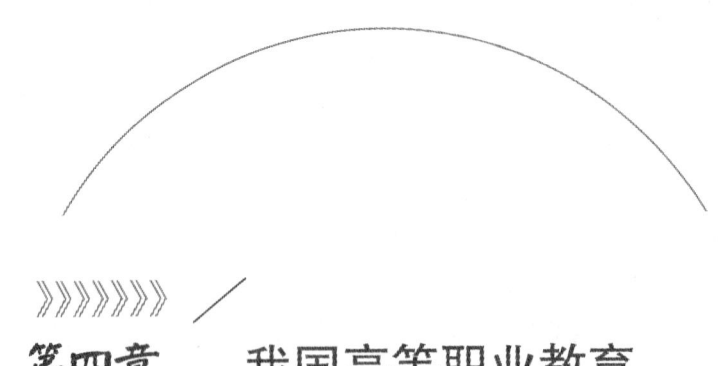

第四章 我国高等职业教育专业认证现状与反思

第一节　我国高等职业教育专业认证现状

高等职业教育中第一次引入"专业认证"的概念最早可以追溯到我国正式加入关贸总协定之后[1]。当时部分职业院校曾参与过ISO9001认证，但由于该认证体系所针对的是院校的办学过程，从严格意义上来说也非真正的专业认证体系，只是对职业院校办学水平的认证，且涉及面相对较小，并未在全国范围内开展起来。

2004年教育部发布《关于全面开展高职高专院校人才培养工作水平评估的通知》[2]，开展全国范围内的第一轮人才培养评估工作，意在帮助高职院校明确办学定位与目标，规范办学标准。也得益于此次评估，教育行政部门开始将高职教育质量问题摆在了突出位置，开始意识到专业教育质量的重要性。为此，2006年教育部在《关于全面提高高等职业教育教学质量的若干意见》中明确强调要深刻认识全面提高教学质量的重要性和紧迫性，并提出要"逐步构建专业认证体系"[3]。这应当是国家官方政策文件中第一次明确提出要在高等职业教育中探索并构建专业认证体系。

但自2006年"构建专业认证体系"这一目标提出，至2020年，高等职业教育经历了14年的跨越式大发展，从规模扩张走向提质培优，我国高等职业教育正式迈入高质量发展的新阶段，但高等职业教育专业认证却一直未能提上真正的议事日程，相应的科学研究与实践探索工作也并未深入展开。

在提出"构建专业认证体系"的14年之后，2020年9月16日，教育部等九部门印发的《职业教育提质培优行动计划（2020—2023年）》又再次明确

---

[1] 徐国庆. 构建中国特色的职业教育专业认证体系[J]. 教育发展研究，2018，38（7）：21-27，39.
[2] 教育部办公厅关于全面开展高职高专院校人才培养工作水平评估的通知[EB/OL].（2004-04-19）[2024-03-31]. http://www.moe.gov.cn/srcsite/A07/moe_737/s3876_qt/200404/t20040427_110099.html.
[3] 教育部关于全面提高高等职业教育教学质量的若干意见[EB/OL].（2006-11-16）[2022-11-17]. http://www.moe.gov.cn/srcsite/A07/s7055/200611/t20061116_79649.html.

提出要"探索高职专业认证，推进专科高职学校高质量发展"[①]，并将其纳入了56项重点工作任务表。从2006年明确提出"构建专业认证体系"，到2020年再次强调"探索高职专业认证"，实际上从侧面印证了在这漫长的14年时间里，我国高等职业教育专业认证一直处于缺失的状态。

为此，深入探究我国高等职业教育专业认证缺失的真正原因，找寻高等职业教育专业认证发展的制约因素，厘清当下我国高等职业教育领域相关人员对专业认证体系构建的真实看法与态度，有助于为构建高等职业教育专业认证体系提供更有针对性的建议与意见。

第二节 专业认证现状的调研分析

笔者采用针对高等职业教育专业认证利益相关者深度访谈的调研方式来获取调研相关资料。在访谈方式的选择上，笔者选择采用半结构式访谈方式，这是介乎于结构式访谈和非结构式访谈之间的一种访谈方式。它相较于结构式访谈所采用的定向标准化程序显得更为灵活和弹性，访谈中，笔者可以围绕访谈提纲、研究主题以及访谈者的反馈进行灵活发问，能够更加深入事实内部。

一、访谈提纲的设计

笔者在正式访谈前设置了试访环节，在征求导师、业内专家、受访者意见的基础上对访谈提纲初稿进行了相应的修改。在访谈提纲问题的布局上注意控制好诸如意见性问题、假设性问题以及事实性问题的相应比例。对访谈问题的编制顺序也进行了相应调整，使得整个访谈提纲的结构更加合理。同时将提纲中表述不清、较为雷同的问题进行了合并和删减，对提纲所列问题措辞进行了修正，使其通俗易懂，更贴近访谈人的思维习惯。

---

① 教育部等九部门关于印发《职业教育提质培优行动计划（2020—2023年）》的通知[EB/OL].（2020-09-16）[2022-11-17]. http://www.moe.gov.cn/srcsite/A07/zcs_zhgg/202009/t20200929_492299.html.

本次访谈的核心目的主要是希望通过深入访谈，进一步了解我国高等职业教育专业认证发展现状以及抑制其发展、导致其缺失的根本原因。此外，笔者也希望借此访谈，一是了解受访者对我国高等职业教育专业认证的了解程度；二是通过访谈了解在高等职业教育领域探索尝试专业认证的可行性；三是收集对高等职业教育专业认证体系构建的建设性意见。

经过前期的试访和修改，围绕上述四个方面最终形成的访谈提纲共有 7 个问题。访谈提纲中的第 1 个问题为引导问题，起到缓和访谈气氛、将受访者尽快带入访谈核心的作用。访谈提纲中的第 4 个问题和第 7 个问题为本次访谈的核心问题，研究者会根据受访者的回答随机拓展或适时追问，以获得更为翔实的信息。访谈提纲的设计确保访谈时间能够保持在 1 小时以内，在访谈过程中，笔者依照访谈者身份的不同适当调整了访谈问题，并制作了针对不同访谈者的访谈提纲。

二、研究对象的选取

由于本书属于探索性研究，目前学术界尚未有针对抑制高等职业教育专业认证发展，导致其缺失的系统性研究。本书认为对此的调研分析应当更具针对性，应当有利益相关者的深度参与。唯有科学选取调研对象才能深入探究缺失的根源。

高等职业教育专业认证涉及诸多利益相关者，既有来自高职院校的利益相关者，又有来自教育行政部门的利益相关者。因此在调查研究对象的选取中，唯有准确界定高等职业教育专业认证的利益相关者群体，才能在此基础上精准锁定专业认证缺失原因调研分析的研究对象。

（一）高等职业教育专业认证利益相关者的界定

本书采用文献分析法，通过对相关文献的梳理，来界定高等职业教育专业认证利益相关者。结合相关文献分析，笔者管理归纳了学术界对于高等职业教育专业认证利益相关者的囊括范围。但学术界专门针对高等职业教育专业认证利益相关者的研究不多，为此，在文献收集与整理过程中，笔者将对象扩大至整个高等教育领域的专业认证，整理出较有代表性的界定（见表 4-1）：

表 4-1 高等职业教育专业认证相关文献中利益相关者描述列举

学者	研究对象	利益相关者
卢晶、尹贻林	专业认证制度中的利益相关者	政府、专业协会（专业认证机构）、行业市场、社会公众、专业教育院系、教职人员、学生
张雅非	高等职业教育专业认证	政府、第三方中介组织、高职院校、学生、家长
董秀华	高校专业认证制度	政府、专业界(专业人员个人和组织)、高校、认证机构
宾恩林	高等职业教育专业认证	政府、高校、行业组织、企业及产业界、学术机构
韩冰	中国技术教育专业认证	行业协会、政府、高校
邓光、孙兴洋、王万川	高等职业教育专业认证	政府、高校、第三方权威认证机构、雇主、行业学会、教育专家、教师、学生
王琼艳	高等职业教育专业认证	政府、社会、第三方评价机构、高职院校、受教育者
汤霓	高等职业教育专业认证	政府、专业认证机构、院校、学生、教师
吴宗清	高等职业教育专业认证	教学管理人员、政府、在校生、家长、雇主、行业协会、研究机构、毕业生、评价组织
郭文静	高等教育专业认证	毕业生、产业界、职教专家、政府、院校、教师

通过表 4-1 可以发现，这些文献都明确肯定了政府在专业认证中的主体地位，政府是出现频率最高的利益相关者。高职院校、高职院校教师、高职院校学生作为院校代表在文献中出现十分频繁。以专业认证机构为代表的第三方评价组织/机构出现在文献中的频率也较为频繁。此外，以行业市场、雇主、企业为代表的产业界出现的频率也较高。政府、高职院校、高职院校教师、高职院校学生、产业界、专业认证机构应当是高等职业教育专业认证较为明确的利益相关者。

文献中也存在某一主体表述不一致、主体界定范围重叠或交叉等问题，但可以明显发现大多文献将专业学会、行业组织、行业协会、研究机构、职教专家、家长等主体纳入研究分析的范围之中。以上这几类利益相关者范围跨越较广，但都具有明显的社会属性的共性特征。结合我国高等职业教育专业认证的特点，笔者认为可以将这几类利益相关者作为社会公众群体纳入高等职业教育专业认证的利益相关者范畴。

因此，根据文献分析，笔者最终确定政府、高职院校、高职院校学生、高职院校教师、专业认证机构、产业界、社会公众为高等职业教育专业认证的利益相关者，这将有助于笔者更为精准地选取质性访谈对象。

（二）访谈对象的选定

笔者认为，对于高等职业教育专业认证的认识程度、自身的学习、工作经验或研究经历，以及对于高等职业教育专业认证缺失原因的理解程度是选择访谈对象的三个决定性因素。

因此，在访谈对象的选取上，笔者依据高等职业教育专业认证利益相关者的界定，从7类利益相关者中选取了49位典型性访谈代表开展深度访谈，以确保样本研究的针对性、典型性与代表性。

在"政府"这一维度，笔者选取了7位来自教育行政主管部门及国家职业教育指导咨询委员会的工作人员，并深度访谈了一位长年身处高等职业教育管理与研究领域的国家督学。

在"高职院校"访谈对象的选取中，笔者选取了来自不同省市的全国高职院校的校长、二级院系的院长以及高职院校教务处处长三类高职院校的行政管理人员共计7人作为"高职院校"这一利益相关者的代表。

笔者同时筛选了全国不同高职院校（包括双高建设院校、国家骨干建设院校、国家示范性建设院校、普通高职院校）不同专业的一线专业教师与在校学生共计14名作为高职院校教师与学生的代表。

笔者还选取了以湖北省教育科学研究院、麦可思数据等教育评价机构的研究人员作为"专业认证机构"的代表。这里需要说明的是，在"专业认证机构"访谈对象的选择中，因我国第三方教育评价机构的发展处于成长期，成熟完善且得到市场认可的认证机构不多。为此，笔者着重选取了教育评价行业内发展较为成熟的评价机构代表。同时我国当前高等职业教育领域开展的教育质量评价多是采用教育行政部门组织或直接参与的形式，笔者选取了曾经参与过高职院校相关教育质量评估的教学科研机构的研究人员。

在"产业界"这一维度，笔者考虑到高等职业教育专业认证对于产业界和社会公众而言属于新鲜事物，故选取了 7 位与高职院校有校企合作协议的相关企业的代表，同时选取了与高等职业教育有紧密关联的社会公众代表 7 位。

应受访者要求隐去部分受访者相关信息，在这 49 名受访者中，年龄主要分布在 30~50 岁之间的受访者占整体受访者的 68.57%。在学历分布上，除 7 名高职在校生外，其余所有受访者均为本科及以上学历，且研究生学历受访者占总人数的 69.38%，其中博士人数占访谈总人数的占 14.28%，侧面反映了本次受访者的学历相对较高。在受访者区域分布上，受访者共分布在 21 个地区。考虑到区域经济发展水平对高等职业教育专业发展水平的影响，受访者范围覆盖了我国东部、中部和西部地区，分布面相对较广，且包括了目前的双高建设院校与一般高职院校。除个别受访者采用电话或网络访谈的形式外，其余均采用实地访谈形式访谈。整体来看，研究所选取的样本具备一定的代表性和典型性，研究结果将具有一定的普遍意义和参考价值。具体人员信息分布见图 4-1。

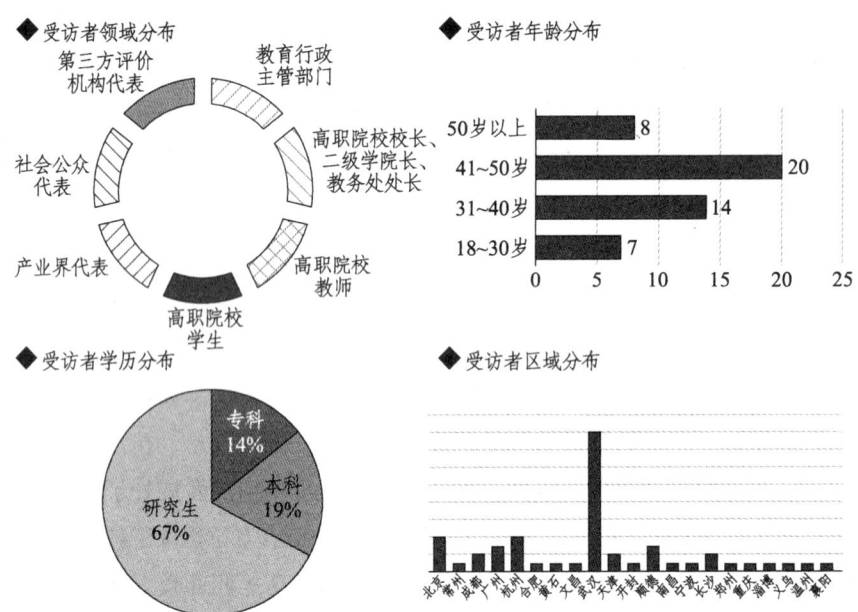

图 4-1 高等职业教育专业认证缺失原因分析受访者信息分析图

三、调研的实施

访谈前，笔者均事先与受访者进行了访谈预约，提前通过网络或面送的方式将访谈提纲发送至受访者，方便受访者事前大致了解访谈内容。笔者也在正式访谈前随机抽选了教育行政部门的管理人员 1 名、高职院校的二级学院院长 1 名、教师代表 1 名以及学生 1 名，依据访谈提纲的初稿进行了一次试访。

本次测试访谈进展较为顺利，但在试访过程中仍发现如下问题：除教育行政部门管理人员外，其他受访者对高等职业教育专业认证的熟悉程度并不高，受访学生和教师都明确表示对于高职专业认证不太了解。为此，在随后的正式访谈前，笔者会提前 1~2 天将访谈提纲告知受访者，且向受访者明确表明访谈的核心问题以给予受访者更多的思考时间。

每次访谈前，笔者都会提前掌握受访者的基本信息，主要包括性别、年龄、学历、工作单位、具体职务、性格等。同时也对受访者所在的单位或院校的相关信息有所了解，这样有助于在访谈过程中选择较为合适的方式来拉近与受访者之间的距离，引导访谈者意见的充分表达以获得更为翔实的信息。

访谈前笔者会与受访者进行沟通以确定访谈的形式、具体时间和访谈地点。具体沟通时强调以受访者的意愿为中心，依受访者意愿选取更为合适的访谈形式、访谈时间和访谈地点，以使访谈不受外界干扰。依据研究的实际情况，访谈形式主要以实地访谈、电话访谈录音、在线视频访谈三种形式展开。实地访谈的访谈地点多选择为受访者的办公室或单位会议室等。

本次访谈时间主要在 2020 年且主要集中在 2020 年 3 月至 11 月之间进行。访谈中笔者尽可能采用实地访谈的方式，如果无法实地访谈，首选在线视频访谈。访谈过程中，仅有一位访谈者因为工作繁忙，多次更改访谈时间，最终采用电子邮件的方式实施线上访谈。

此次访谈中，访谈时长最长的为实地访谈，达 2 小时 24 分。最简短的访谈为电话访谈，仅有 28 分钟。访谈中，政府部门的教育行政管理人员访谈时长大多在 1~2 个小时。高职院校中二级院系的院长、教育行政管理人员与产业界代表、评价机构代表的访谈时长也较长，大多在 1 小时左右。高职院校教师的访谈时长相对较短，大多在 1 小时以内。而学生访谈时长则较短，大多在 30 分钟左右。

在访谈过程中，笔者通过相关问题的引入来提示与引导访谈者意见的充分表达，并在访谈过程中依据访谈需要开展相应互动，通过追问相关问题以获得更为翔实的信息。在与受访者交流的过程中，笔者尽可能营造愉悦轻松的气氛，以谦虚客观的态度来争取访谈的顺利进行。访谈中，笔者耐心倾听受访者的意见并及时记录整理，对于访谈资料的整理尽可能地还原其原始性与真实性，注意不代入个人研究偏见。在电话访谈与在线视频访谈中，笔者在征询受访者意见后对访谈内容进行录音和录屏，并在结束后及时保存并转化为文字资料。对于根据访谈所整理出的文字资料也都一一与访谈者确认，如发现存疑处，及时通过电话、邮件、微信等方式与受访者一一确认核实。

在研究伦理上，笔者始终坚持在研究过程中严格遵守科研行为规范与道德准则。在访谈前，均提前向受访者书面告知研究目的、研究用途和研究者身份。在征得受访者的充分授权后将受访者的部分访谈内容和观点写入研究中。同时研究者尊重受访者的个人隐私，对涉及受访者的相关个人信息进行模糊化处理。如有受访者要求对个人信息进行匿名处理的，也遵照执行，尽量不对受访者的工作、学习与生活造成干扰。访谈过程中进行录音及在线视频访谈时进行录屏等行为都事先征得了受访者的充分同意。同时笔者也向受访者做出承诺，研究成果发表之前如若对访谈信息内容有反悔或修改的情况，笔者均会第一时间处理。

第三节　调研数据的分析与处理

在数据处理上，笔者应用 Nvivo12 质性分析软件对所获取的原始访谈资料进行分析与编码整理。研究按照三级编码的步骤与相应规程，通过对原始文本材料的概念化处理和范畴归纳，依照逻辑关系进行核心概念间的类属关系归类，在形成主范畴之间的逻辑关联基础上提炼出核心范畴。依据编码过程分析和典型性关系结构梳理，揭示出导致高等职业教育专业认证缺失的深层根源，为后续专业认证体系的构建提供针对性的对策及建议。

一、开放性编码

开放式编码是对原始访谈文字资料进行数据处理与分析的第一步，而将原始的访谈资料转录入 Nvivo12 中进行初始化概念呈现是这一步骤的开始。在这一过程中，笔者根据软件格式及文本段落进行编码，分析、检视原始转录文本内容，通过辨析与比较进行相关性归纳与整合，不断地进行概念化凝练，这一过程也类似于因子分析中的降维。在初期编码过程中，为了避免代入自己的研究观点来干扰编码，在编码命名上笔者尽量采用原文资料的相关语句和概念。

笔者共计获得 49 份深度访谈资料，从 7 类利益相关者中分别随机抽取了 1 份，共计 7 份访谈记录留作后期理论饱和度检验测试，对剩下 42 份访谈资料逐一进行节点编码。

为了方便分析、查找和引用访谈资料，笔者对所获得的访谈文本按照如下要求进行编号。首先，依据受访者身份依次编码为：政府部门工作人员-G，高职院校行政管理人员-C，高职院校教师-T，高职学生-S，专业评价/认证机构工作人员-J，产业界人士代表-I，社会公众-P。其次，相同身份受访者依次编码为 1，2，3，4 等。再次，按照受访者性别编码，男性-M，女性-F。最后，依照访谈具体时间标注，如 spet.12th.2020 表明为 2020 年 9 月 12 日进行的访谈。例如编号 S2-F-Oct.11th.2020 表明这一资料于 2020 年 10 月 11 日从某高职学生处获取，该学生为受访学生中的第二位代表。

在编码过程中，笔者对原始访谈认真分析、摘要，借由原始文本中的相关意义或意象，按照定义现象、现象概念化的逻辑思路进行一一对应标记编码，共计形成 761 个开放性编码参考点，并将其作为整个编码结构的底层。然后在编码参考点的基础上，对文本资料进行再分析，依据参考点之间的内在关联性进行重组与聚类，进行编码相关性的归纳合并，重新定义，形成自由节点（所整理的部分自由节点编码说明见表 4-2）。本书按照 A01-An 顺序依次进行自由节点编码标记，共计获得 17 个自由节点，表 4-3 呈现了 17 个自由节点的具体编码情况，图4-2则呈现了自由节点覆盖参考点的相关比例。

表4-2 部分自由节点开放性编码分析列举

访谈材料原始文本（参考点）（节选）	自由节点	编码
个人感觉专业认证的意义很大，有助于引导学校加强内涵建设、进一步提高人才培养质量。为了推进专业认证，提高可行性，政府职能部门一是要出台相关文件，做好系统的顶层设计，帮助引导认证体系的全面构建。同时还应予以一定的政策优惠或者奖补措施，才能有效推动高职专业认证的发展，目前这一方面我觉得我们做得不够完善	政府引导、支持力度不够	A01
刚才你也提到了，其实在2006年就提到过在高职尝试专业认证，今年提质培优计划又提到了要探索专业认证，还在重点任务一览表中明确将其作为一项重点任务。但是审视目前现有的各种政策措施，你可以看到专业认证的配套保障措施，包括相关的政策规定实则少之又少	缺乏配套保障和政策	A02
我是知道本科工程类教育有专业认证，好像还与相应的职业资格有关联，师范类的三级认证也刚刚出台了。但是高职领域的专业认证，我也只是从《悉尼协议》中了解了一些片面信息，具体情况并不清楚，好像高职院校对其也不是很重视，宣传也不多	舆论宣传匮乏	A03
个人认为专业认证的意义在哪里？功能定位在哪里？面向的受众者主要是谁？要与现实中高职院校的相关政策有所区别，如果只对专业进行认证，那么认证通过与不通过对于我们用工企业而言没有差别	功能定位不明	A08
这几年职业院校搞的各种评估、诊改，乃至每年的高职院校人才培养工作状态数据平台的数据采集，质量年报最终似乎都成了各院校贴标签、挤进各类型排行榜的重要工具。从学院到专业到教师，层层施压，其意义真的就只是贴标签吗？这种评价导向的异化现象其实很突出了，如果再实行专业认证个人觉得没有意义	评价导向异化	A09

续表

访谈材料原始文本（参考点）（节选）	自由节点	编码
很明显，问题在于专业认证谁来做？政府吗？政府委托第三方机构？第三方机构是哪一类型的机构？是现有的第三方评价机构还是专门成立一个专业的认证机构，就像本科工程教育评估一样成立工程教育专业认证协会？那怎么去定义专业认证的性质？目前连认证的主体这个关键问题都还没有解决何谈实施专业认证	主体缺位	A10
个人觉得专业认证当然好，但是你看高职院校目前有这么多的标准，专业教学标准、顶岗实习标准、课程标准，但是这些标准个人觉得可以给予专业认证标准参考，但是无法取代认证标准。也就是说，我们要先建立起专业认证的标准体系才能谈专业认证的推进，应当标准先行	缺乏成熟的标准指标体系	A13
国际上多数国家专业认证发展的关键在于它是获取相应的职业资格证书的学历门槛。所以认证标准在很大程度上吸收和融入了职业资格的相应标准，这才是专业认证发展的出路。如果认证的标准与职业的标准完全是两条平行线，那专业认证的意义真的不是很大，它完全可以用外部评估来取代	与职业标准联系不紧密	A15
国内较好的高等职业教育专业，其发展大致都经历了规模扩张、内涵建设、特色发展的历程，各地专业发展水平、差异都较大。职业教育专业建设要服务区域经济社会发展，所以专业的目标和定位也不一样，由目前"双高"建设可以看出高职院校之间包括专业之间的区域差异较为明显，可能不适宜采用统一认证标准作为认证达标评级的方式	专业发展水平的差异	A16
认证程序问题是我们会忽视的问题，实际上程序与公信力和权威性是紧密相连的，实际上也就是我们谈到的程序正义之类的问题。个人觉得如果没有规范的程序设计，忽视程序的重要性，那么丧失了权威性与公信力的高职专业认证是没有意义的	缺乏规范的程序设计	A17

表 4-3 自由节点编码情况一览表

序号	自由节点	编码	序号	自由节点	编码
1	缺乏配套保障政策	A01	10	主体缺位	A10
2	政府引导、支持力度不够	A02	11	缺乏有效的组织体系建设	A11
3	舆论宣传匮乏	A03	12	缺乏专业化的认证人才	A12
4	认证文化缺失	A04	13	缺乏成熟的标准指标体系	A13
5	社会认同感低	A05	14	标准缺乏适应性	A14
6	市场机制尚未培育	A06	15	与职业标准联系不紧密	A15
7	信息传递反馈渠道不畅	A07	16	专业发展水平的差异	A16
8	功能定位不明	A08	17	缺乏规范的认证程序设计	A17
9	评价导向异化	A09			

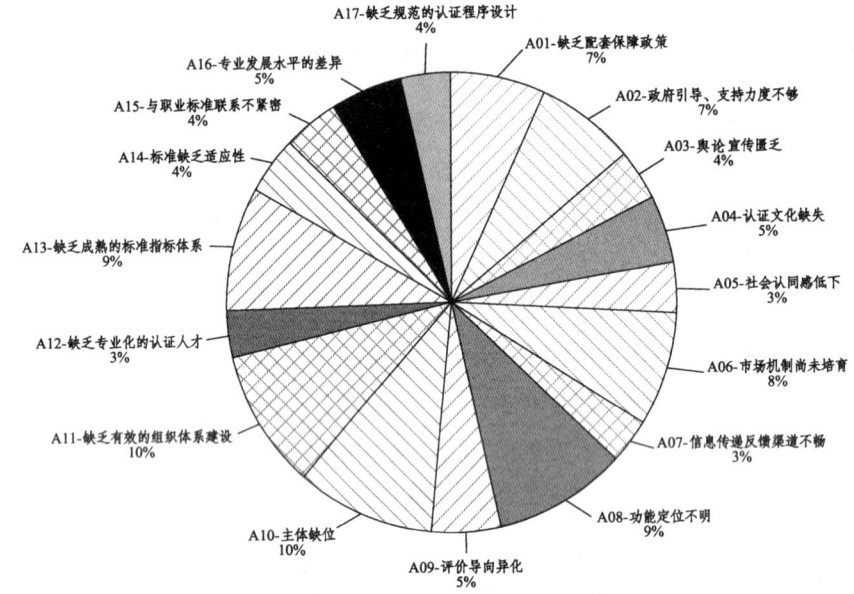

图 4-2 开放式编码自由节点覆盖参考点比例

从图 4-2 中的自由节点覆盖参考点的比例中可以清楚地发现，A08 功能定位不明、A10 主体缺位和 A11 缺乏有效的组织体系建设是 17 个自由节点中占比最大的三个，这应该是受访者普遍认为目前制约我国高等职业教育专业认证发展最为重要的三个因素。而 A13 缺乏成熟的标准指标体系、A06 市场机制尚未培育、A01 缺乏配套保障政策、A02 政府引导、支持力度不够紧随其后，说明认证标准、市场发展与政府的保障支持也是分析中需要重点关注的。

在依据 761 个参考点所获取的 17 个自由节点的基础上，笔者继续借由不断的演绎与归纳，比较这 17 个自由节点编码之间的内部联结关系，分析与思考这 17 个自由节点之间是否存在一定的相似性以及语义上的相关联系，是否具有相关的属性类别。为此，笔者对所获得的 17 个自由节点之间的内在关联逻辑和对应的属性类别进行不断筛选，在这些初始概念之间相对应的类属关系中找寻其共同的类属归纳关系，即范畴关系。

笔者在对应类属关系的归纳过程中发现，缺乏配套的保障政策与政府引导、支持力度不够这两者都与政府在高等职业教育专业认证方面的保障与支持有密切相关性，为此将这两个自由节点归纳为政府方面的制约。而舆论宣传匮乏、认证文化缺失与社会认同感低这三个自由节点都与整个社会对待高等职业教育专业认证以及高等职业教育的相关态度与看法有关，为此，笔者将这三个自由节点归纳为社会方面的制约。而市场机制尚未培育与信息传递反馈渠道不畅明显与专业认证市场发展机制有相关性，为此被归纳为市场方面的制约。

主体缺位、缺乏有效的组织体系建设与缺乏专业化的认证人才这三者都与专业认证体系中的认证主体存在极大关联性，被归入认证主体制约因素。功能定位不明、评价导向异化两个自由节点中的文本分析大多与高等职业教育专业目标相关，可以归入认证目标制约因素中。而缺乏成熟的标准指标体系、标准缺乏适应性、与职业标准联系不紧密、专业发展水平的差异四个自由节点中的文本内容大多指向了认证标准方面存在的问题，因而被归入认证标准制约因素。缺乏规范的程序设计单独被归入认证程序制约因素中。

综合上述分析，笔者将 17 个自由节点按其内在关联逻辑和类属关系筛选比较，最终归纳出 7 个树状节点（次范畴），并按照 B1-Bn 的顺序再次进行依次编码。具体编码情况详见表 4-4。

表 4-4　自由节点与树状节点（次范畴）对应编码图

编码	树状节点（次范畴）	自由节点
B1	政府方面的制约	A01 缺乏配套保障政策 A02 政府引导、支持力度不够
B2	社会方面的制约	A03 舆论宣传匮乏 A04 认证文化缺失 A05 社会认同感低
B3	市场方面的制约	A06 市场机制尚未培育 A07 信息传递反馈渠道不畅
B4	认证目标	A08 功能定位不明 A09 评价导向异化
B5	认证主体	A10 主体缺位 A11 缺乏有效的组织体系建设 A12 缺乏专业化的认证人才
B6	认证标准	A13 缺乏成熟的标准指标体系 A14 标准缺乏适应性 A15 与职业标准联系不紧密 A16 专业发展水平的差异性
B7	认证程序	A17 缺乏规范的程序设计

二、主轴编码

主轴编码是三级编码中的第二个步骤，这一步骤的分析主要是在前期开放性编码的基础上，围绕自由节点进一步地比对、连接、重新组合从而形成主轴范畴。这一过程既是对各概念之间是否存在内在关联的检验，也是对原始文本资料抽象把握的进一步加深。我国高等职业教育专业认证缺失原因分析中的主轴编码见表 4-5。

笔者在研究中尝试运用"因果关系—脉络—中介条件—行动/互动策略—结果"[①]这一编码范式，将开放式编码环节后形成的 17 个自由节点及 7 个树状节点（次范畴）进行逻辑性联结。通过比对树状节点（次范畴）与自由节点之间的类属关系，可以发现这 7 个树状节点之间彼此相对独立，但又存在一定的相关性。认证目标、认证主体、认证程序与认证标准四个树状节点之

---

① 董金秋. 主轴编码方法及其应用中存在的问题[J]. 社会学，2011（2）：29-35.

间虽相对独立,但从属性类别取值上来说,这四个都共同隶属于专业认证的一般构成要素,可归属于专业认证内部构成要素方面的制约。而政府方面的制约、社会方面的制约与市场方面的制约,三者所代表的政府、社会发展与市场机制三方面都共同隶属于专业认证外部环境方面的制约。为此,研究逐步精练为概念化的 2 个主范畴,分别为外部环境制约与内部构成要素制约两个主范畴(见图 4-3)。

表 4-5 我国高等职业教育专业认证缺失原因分析中的主轴编码

主范畴	次范畴	覆盖参考点数
外部环境制约（281）	B1 政府方面的制约	107
	B2 社会方面的制约	89
	B3 市场方面的制约	85
内部构成要素制约（480）	B4 认证目标	111
	B5 认证主体	176
	B6 认证标准	166
	B7 认证程序	27

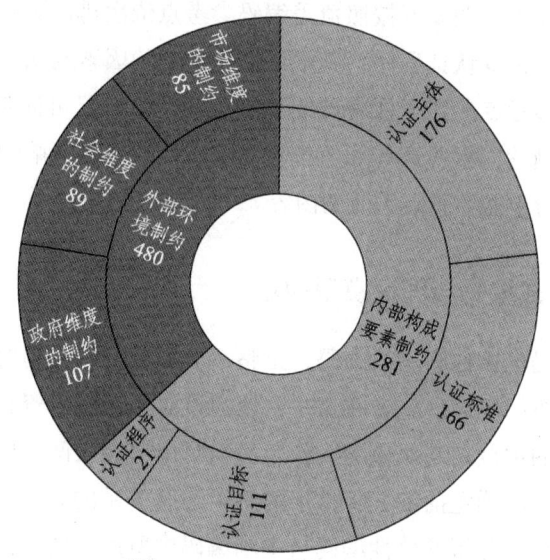

图 4-3 主范畴对应的树状节点及编码参考点

由图 4-3 可见，外部环境制约这一主范畴涵盖政府方面的制约、社会方面的制约与市场方面的制约三部分。外部环境制约是指外在环境方面对高等职业教育专业认证的系统性制约因素，这种制约因素一般来自政策、法规、资金投入等保障条件以及市场发展、社会发展三个方面，一般为不可控因素。在整个原始文本资料中，共计有 281 个编码参考点提到了外部制约因素，总体外部制约因素占总编码参考点的 36.92%。这三类制约因素占比相对于内部认证构成要素制约因素的占比要小，但是其中的政府方面的制约因素单个维度却占到了总编码参考点的 14.06%，在整个树状节点（次范畴）中仅次于认证主体、认证标准、认证目标的占比。因此政府方面的制约是外部环境制约因素中抑制高等职业教育专业认证发展，造成其缺失的重要因素之一，研究中需要尤为关注。

认证目标、认证主体、认证标准、认证程序本就是专业认证的构成要素，通过属性类别及类别范畴的不断归纳，可以看出来自内部构成要素的制约因素是抑制专业认证发展，导致专业认证缺失的主要原因。内部构成要素制约共计覆盖了 480 个编码参考点，占总编码参考点的 63.07%。在内部构成要素制约这一主范畴中，四要素按照覆盖编码参考点依次排序为：认证主体 > 认证标准 > 认证目标 > 认证程序。其中认证主体制约因素与认证标准制约因素两者所覆盖的参考点占到了总编码参考点的 44.94%，足可证明认证主体与认证标准这两个制约因素对高等职业教育专业认证缺失的影响力，这将是下一步缺失原因分析中需要重点关注的内容。

三、选择式编码与理论模型构建

选择式编码也被称为三级编码，是整个分析中的核心内容，这一阶段也是整个数据分析的尾声。笔者在这一阶段通过对访谈文本资料的重复比对，对所聚类形成的主范畴与次范畴、次范畴与自由节点之间的内在联系进行不断的验证，一方面确定前期分析得出的整个类属关系的完整性与有效性，另一方面进一步深入分析开放性编码与主轴编码中所产生的主范畴与次范畴及其之间的逻辑关联，尝试分析出其中的"故事线"。笔者希望通过"故事线"

的方式还原出类属关系和脉络条件，并拟通过初始概念与概念类属之间的典型性关系提炼出一个具备较强解释性与中心性的核心范畴，以此呈现出主范畴的典型关系结构（见表4-6）。

表4-6 主范畴典型关系结构

典型关系结构	关系结构的内涵	代表性访谈文本
外部环境因素→制约高等职业教育专业认证的发展→致其缺失现状的产生	来自政府方面、社会方面以及市场方面的三方面制约是导致高职专业认证缺失的外部原因	"目前并没有针对高职专业认证详细的具有指导性且有操作性的政策文件支持"。"完善的认证市场并没有形成，专业认证的市场机制还没有有效建立起来"。"我们还是没有形成真正的以质量为核心的认证文化"
内部构成要素→制约高等职业教育专业认证的发展→致其缺失现状的产生	来自认证目标、认证主体、认证标准、认证程序四个维度的制约是导致高等职业教育专业认证缺失的内部原因	"我们缺乏对高职专业认证定位的正确分析，这个问题没有搞清楚，缺失现状无法改变"。"谁来搞高职的专业认证呢？认证的主体究竟是谁？如何组织实施？""现有的高职教育评价标准是很多，但是并不适用于专业认证，目前还是缺乏对专业认证标准的研究和编制，专业认证和传统的职业教育质量评价是有根本区别的"。"专业认证必须要具备可操作性，必须要有科学的程序设计指南，显然这一块是目前所有的教育质量评价都忽视的问题"

在对高职专业认证利益相关者的深度访谈及其访谈原始文本的深度发掘中，笔者发现目前我国高等职业教育专业认证缺失的原因十分复杂，既有外部诸如来自政府方面、社会方面、市场方面的制约因素，又有来自专业认证内部其构成要素维度对专业认证良性发展的制约。"外部环境制约"与"内部构成要素制约"两个主范畴能够将制约我国高等职业教育专业认证发展并导致其缺失的相关缺失原因完全的关联并展现出来，相关的主范畴、次范畴和自由节点就此能够形成一个完整的整体，由此可以建立包含各范畴和相关自由节点在内的内容结构树状体系。而树状体系所有的内容、概念都指向"高等职业教育专业认证缺失原因"这一核心内容，故笔者将"高等职业教育专业认证缺失原因"界定为核心编码，作为整个数据分析及研究的核心范畴以统领其他子范畴。通过对上述核心范畴演绎，高等职业教育专业认证缺失原因分析的选择性编码过程最终完整呈现出来（见图4-4）。

笔者在三级编码演绎过程基础上建立起高等职业教育专业认证缺失原因的初步分析理论模型（见图 4-5），这一模型主要从内部构成要素维度与外部环境方面分析了我国高等职业教育专业认证缺失的根源。其中外部环境方面主要从政府、市场、社会三个方面出发，而内部要素维度则从专业认证的构成要素出发，能够较好地演绎出制约高等职业教育专业认证发展，导致专业认证缺失的真正原因。

四、研究饱和度检测

笔者认为，在数据编码过程中，当不能再观测到新的概念或主题时，便说明数据的饱和度已经达到。笔者在进行第一步开放式编码之前曾依据所选取的访谈者类型，分别预留了 1 份，共计 7 份访谈资料作为后期的饱和度测试。为验证研究结果的饱和度，笔者对预留的 7 份资料再次按步骤进行了三级编码发现，出现频率≥3 次的初始概念都已经被包含，且相关类属之间并没有产生新的类属或新的逻辑关系，因而可以认为本研究在理论上是饱和的。

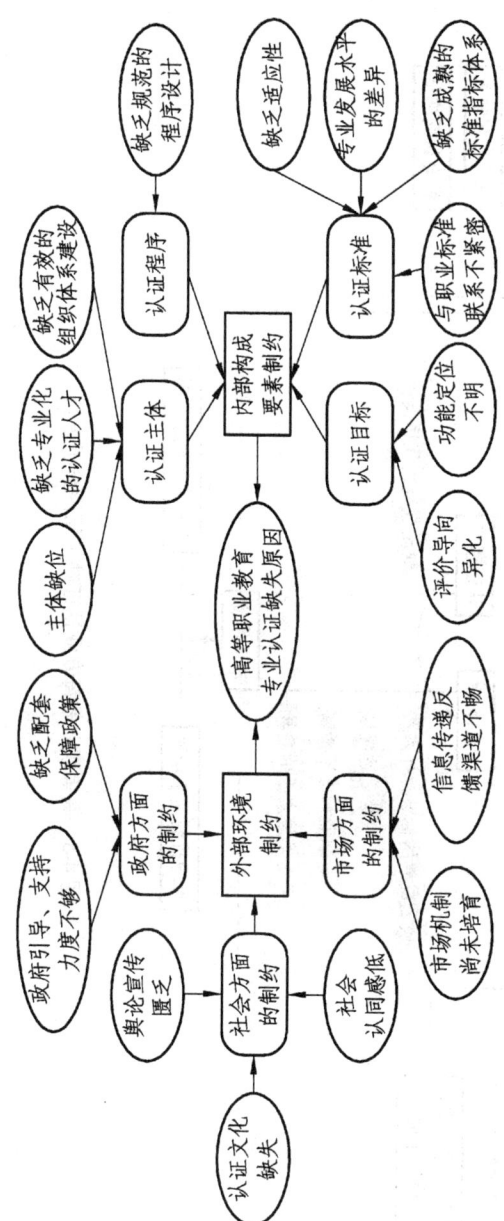

图 4-4 高等职业教育专业认证缺失原因分析的选择性编码过程

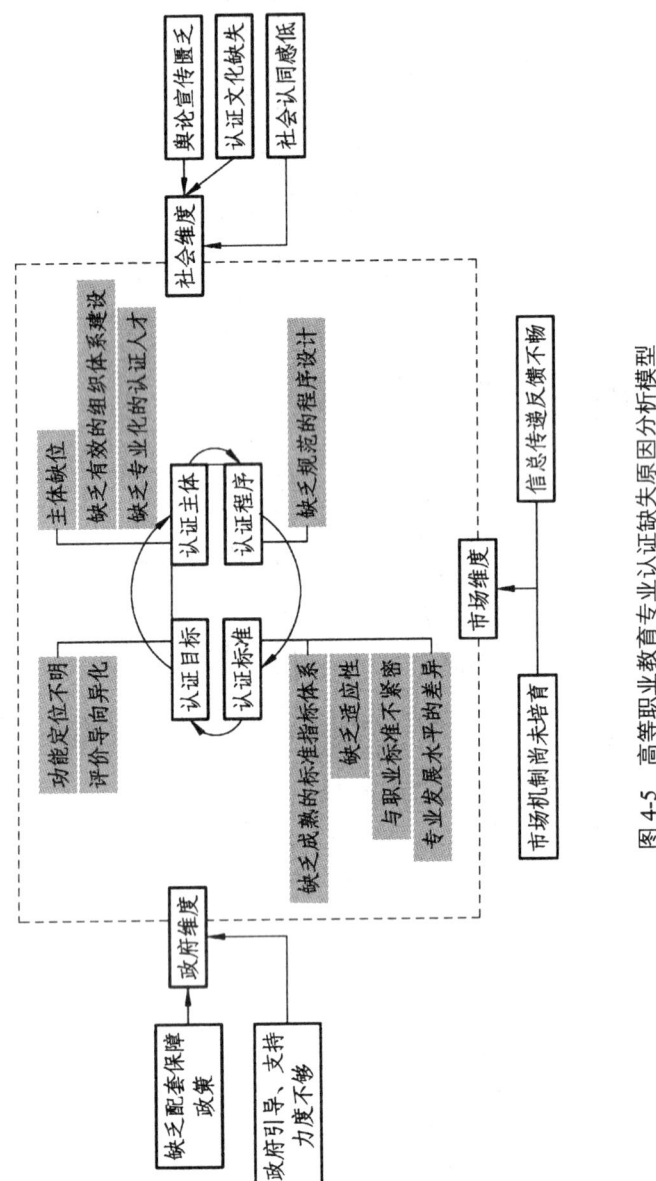

图 4-5 高等职业教育专业认证缺失原因分析模型

五、研究的信效度分析

笔者采用的是质性研究的方法,由于在质性研究中,研究者对研究情景的观察与理解多会带有一定的主观性,研究者个人和访谈者之间的沟通与交流也将会对本研究的结果产生很大影响,为此如何检验本研究的研究信度和研究效度是十分重要的问题。

(一)研究的信度

研究的信度一般强调研究的可靠性、可信性与中立性,而这也是质性研究的基本标准要求。对于质性研究的信度分析一般可以从外在信度(external reliability)与内在信度(internal reliability)两个方面予以分析[①]。

从外在信度分析来看,首先,笔者为长期从事职业教育研究的研究人员,具备一定的教学研究素质,且笔者本人与所选取的受访者之间一直保持着良好的沟通与交流关系。在访谈过程中,笔者能够正确定位自身角色,以客观、中立的态度来处理各种访谈数据并能够分辨数据的真实性与有效性。

其次,在访谈原始文本的记录、收集和整理过程中,笔者均在征得受访者同意的情况下进行全程录音和录屏,同时辅以研究者的文笔记录,以防止现场访谈内容出现某些细节上的缺失。在完成录音和录屏后,笔者会通过专业软件进行转录,也会跟进核对以提高数据本文的准确性。

再次,笔者在数据分析编码过程中,重点针对相同身份的利益相关者的访谈资料进行连续性的比较和分析,同时也针对身份不同的利益相关者的访谈资料进行交叉比较分析,以期产生新的概念与范畴。并通过深入分析挖掘与研究比对直至数据达到饱和。

最后,研究强调受访者的检查复核。在完成数据整理后,笔者一般均会发回受访者进行复核,确认是否有错漏之处,直至不产生异议。数据分析过程中,笔者及时与受访者就各种问题进行沟通,也会将研究的一些结论告知

---

① MILES M B, HUBERMAN A M. Qualitative data analysis: An expanded sourcebook [M]. sage, 1994: 381.

受访者，以期得到各种建议和意见，保证了研究的科学性。

从内在信度分析来看，笔者一直强调将逐字演绎（verbatim accounts）与低推论描述（low-inference）的方法应用到访谈数据本文的形成与整理过程之中，强调对于访谈者意志的忠实表达。笔者主要应用录音笔、电脑录屏等方式来记录数据，并辅以文本笔记记录，强调记录的客观性，以此增加内在信度。笔者与访谈者形成了良好的沟通合作关系，访谈记录以访谈者对问题及现象的诠释为主，不添加任何研究者的个人推论结论。访谈结束后，笔者会预留10~15分钟的时间，将访谈的主要观点进行归纳与概括并与受访者进行校对，认真听取受访者的意见，以保障访谈者观点的如实传达。

（二）研究的效度

研究的效度强调研究的真实性。区别于传统的定量研究效度，质性研究的效度一般从描述性效度与解释性效度两方面展开分析，主要强调研究者在质性分析的过程中能否准确描述自己所观察到的现象与事物，能否准确地解释受访者所提供的信息以明确受访者的意图。笔者为保障研究效度，主要采用了Norman K. Denzin的数据三角测量法（data triangulation），强调从多个来源收集数据以此从多个方向、更加全面地反映研究的全貌[①]。其中时间三角测量（time trianglution）强调依据不同的时间点对研究对象的数据采集，即测量对象在不同的时间点呈现出不同的状态。考虑到本研究的完成时间，此方法并不适用于本研究。而空间的三角测量法（place trianglution）主要强调两个或两个以上更多的地点收集数据以排除交叉效度。本研究克服了将研究局限于某一特定区域的做法，研究涉及了我国东部、中部与西部地区的政府教育行政管理人员、高职院校、企业界代表以及评价机构代表。而人员三角测量（person trianglution）则强调对不同规模、不同身份的人员组成进行数据采集。其中，笔者在2020年3月至11月这一时间节点内收集了来自政府部门教育行政管理人员、高职院校教师、学生、产业界代表、专业评价机构代表以及

---

① DENZIN N K. The research act: a theoretical introduction to sociological methods. 3d. ed. Englewood Cliffs, NJ: Prentice-Hall[J]. Sociological review, 1989, 11(2): 112.

社会公众等 7 个不同类型利益相关者的访谈资料，资料包括访谈录音、访谈录屏、访谈笔记等。以上这些都有助于提高研究的效度。

第四节 我国高等职业教育专业认证缺失的外部原因分析

从高等职业教育专业认证缺失原因分析模型可以看出，导致高等职业教育专业认证缺失的外部原因主要围绕在政府、市场与社会三个方面。在原始文本编码过程中，政府方面的制约因素共计有 107 个编码参考点覆盖，而其中 A01-缺乏配套保障政策有 52 个参考点，A02-政府引导、支持力度不够有 55 个参考点。在社会方面的制约共计有 89 个参考点，覆盖了包括 A03-舆论宣传匮乏（27 个），A05-认证文化缺失（37 个），A06-社会认同感低（25 个）三个制约因素。市场方面的制约虽然只有 A06-市场机制尚未培育与 A07-信息传递反馈渠道不畅两个制约因素，但 A06-市场机制尚未培育被提及 62 次，它与 A01-缺乏配套保障政策、A02-政府引导、支持力度不够共同组成了整体外部环境制约中前三位最为核心的制约因素，如图 4-6 所示。

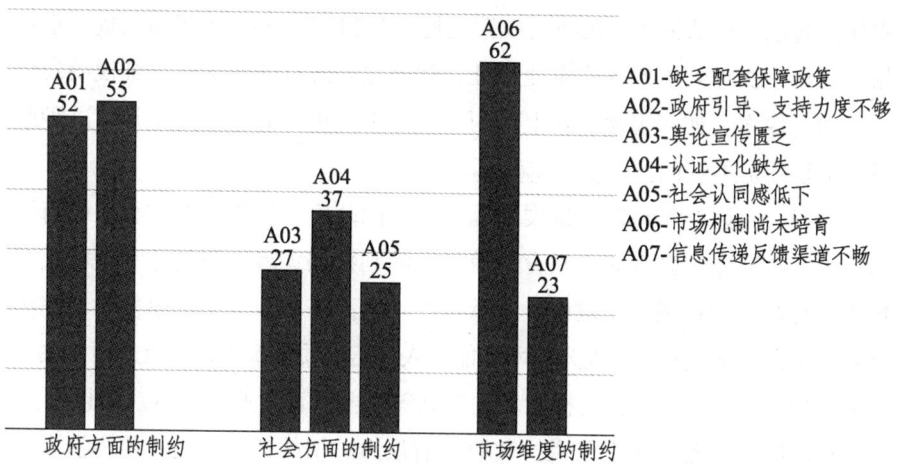

图 4-6 外部环境制约各次范畴覆盖参考点对比图

一、来自政府方面的制约

政府方面的制约因素一共包括缺乏配套保障政策和政府引导、支持力度不够两个制约因素。之所以将这两个制约因素都归为政府方面的制约主要缘于无论是配套保障政策、政府对高职专业认证工作开展的引导与支持力度主要都与政府在高等职业教育专业认证方面的政策、法规引导与保障设计息息相关。对于高等职业教育专业认证而言，如果没有以政府为代表的行政强制力的有效支撑与引导以及相应的配套保障政策的支持，要改变现有的缺失状态是相当困难的。

在深度访谈中，多数受访者都明确提及目前高职院校专业认证缺乏相应的政策制度保障。笔者借助"北大法宝"，以"高等职业教育专业认证"与"高职专业认证"为关键词进行精确搜索，所搜索到的政策性文件也只有2006年教育部印发的《关于全面提高高等职业教育教学质量的若干意见》与2020年9月教育部等九部门印发的《职业教育提质培优行动计划（2020—2023年）》，而与之相关的其他政策性保障文件几乎没有。

有受访者提出："实际上在2006年，教育部《关于全面提高高等职业教育教学质量的若干意见》最早提出了要构建专业认证体系，我们可以将这个看作是高职专业认证体系最早的政策支持，2020年发布的《提质培优行动计划》又再一次提到了要探索专业认证。除此之外没有任何文件详细说明我们应该如何探索、如何去做。在上述两个文件中，也只有指导性文句，这种政策支持显然是不够的。"(G1-M-May.29th.2020)

实践一再证明，在教育发展问题上，我国政府一直扮演着"积极政府"的角色。政府作为高等职业教育专业认证的利益相关者，与其他利益相关者相比具有绝对的权威性。政府一直承担着维护高等职业教育健康发展，完善国家职业教育制度体系，提升技术技能型人才培养质量等重任。上述两个文件的出台也说明了政府已经有探索和构建高等职业教育专业认证体系的想法。

从政府的利益诉求上来说，政府当前最为迫切的任务就是立足经济发展新常态对高等职业教育的高质量人才需求这一大背景，追求高职专业教育质量和人才培养质量的进一步提升，引导高等职业教育着眼于质量发展，规避粗放型与规模化发展中忽视专业质量建设的现象，健全教育标准体系，着力构建高等职业教育专业认证体系。政府这一利益主体所承担的主要职能则应该是通过"政府主导或引导"为高等职业教育强调以"质量发展为核心"的高质量建设与发展道路指明方向，为专业认证体系的构建与实施做好顶层设计与相应的政策、保障配套支撑，并通过实施一系列的相关激励措施促进高等职业教育专业认证的构建与发展。但方向引领与宏观管理都需要实施具体而积极的措施，需要突出问题导向，力图破解痛点问题。

尽管当下政府主导教育质量评价的态势已然发生深刻变化，但当高等职业教育专业认证的发展处于相对弱势且处于发展萌芽的情况下，政府的行政强制力与政策保障力的优势则表现得尤为突出和重要。其政策激励、配套保障、调节资源分配、规制发展方向、确保权益、督促监管的作用是任何其他利益相关者都无法做到的。同时国家法律法规的公共权威性与强大行政力也是平衡多元利益主体之间的不同利益诉求，推动多元利益主体共同参与的根本力量。

为此，在专业认证体系建构初期，没有有效的政策保障支持，没有相应的配套保障措施，没有政府的大力支持，高等职业教育专业认证缺失的现状是很难得到改变的。唯有得到政府的大力支持，唯有政府加大政策法规、顶层设计、配套保障等方面的支持力度，才能从根本上保障高等职业教育专业认证体系的构建与健康运行。

二、市场方面的制约

市场发展制约方面，市场机制尚未培育是一个十分重要的制约因素。这里的市场机制尚未培育意指目前尚未发展和培育出适宜高等职业教育专业认证发展的市场机制。美国学者伯顿·R.克拉克曾提出并建构了高等教育发展的政府、市场、大学"三角协调模式"[①]，随后英国学者加雷斯·L.威廉姆斯

---

① 克拉克.高等教育系统——学术组织的跨国研究[J].王承绪,译.杭州：杭州大学出版社,1994：118.

对这一模式进行了拓展与具象化①。可无论是克拉克还是威廉姆斯所提到的政府、市场与大学之间的关系从来都不是完全对抗的，不是只有利益竞争与冲突的。这三者之间的关系应该是动态的、相互作用的，而非是单向度的影响，三者彼此之间应当存在一种循环性互动。

我们常说的市场化，并非大学教育活动的市场化，而是针对大学教育组织中的非教育活动的市场化②。以高等职业教育专业认证为例，这种非教育活动的教育质量评价与保障方式应当针对市场需求，有所适应也有所调整。职业教育与市场之间的紧密联系导致了职业教育具有明显的市场需求的驱动性。高等职业教育专业认证的发展方向和动力在很大程度上也受到市场需求的深刻影响。满足市场需求是任何一个市场化行为的初始动力和最终目的，市场需求的不断演变也指导着市场化的方向。

市场对于高等职业教育专业教学质量的评价与认证是有相应需求的，从潜在受教育者及其家长对于专业的选择、产业界对于精准化招聘合适人才的需求、高职院校通过专业认证提升专业知名度以促进招生与就业、专业认证与相应的职业资格有效互通等多方面都可以窥见这一潜在市场。因此，高等职业教育专业认证应当与市场之间形成一种互动机制，积极参与市场行为，接受市场力量的调控与规约。

如果以专业认证为代表的专业教育质量评价能够主动地创造市场需求，更好地服务市场需求，那我们为什么不支持？为什么不加以培育？但目前针对高等职业教育专业认证的研究与实践主要围绕专业认证的内涵、特征以及体系建构等学理研究展开，而针对市场培育和发展的内在机制还没有形成较为系统化的理论，也未曾有相应市场实践行为的尝试。尚未培育的高等职业教育专业认证市场，实际上极大地制约了高等职业教育专业认证的发展。因此逐步培育一个成熟地、理性地接纳高等职业教育专业认证的市场机制，对

---

① WILLIAMS G L. The "marketization" of higher education: reforms and potential reforms in higher education finance[J]. Emerging patterns of social demand and university reform: Through a glass darkly, 1995: 170-193.
② 彭湃. 大学，政府与市场：高等教育三角关系模式探析——一个历史与比较的视角[J]. 高等教育研究，2006（9）：100-105.

于高等职业教育专业认证的发展至关重要。

除市场机制尚未培育这一制约因素外，信息传递反馈渠道不畅也是市场发展方面另外一个需要关注的制约因素。市场环境下，高等职业教育专业认证如果能够依据科学的资源配置规律，利用不同形式的配置手段，畅通沟通协作渠道，实现各种社会资源与高等职业教育专业认证之间的完美结合，则可以从整体上来提升高等职业教育专业认证的经济效益与社会效益。让高等职业教育专业认证更具市场适应性，也能更好地服务于专业教育质量的提升与保障。

当下，随着教育资源配置的市场化程度越来越高，资源配置更加的微观化。尽管拥有知情权、发言权与参与权，但不同的利益相关者对于高等职业教育专业认证需求是不尽相同的。在面对广泛而多样化的利益诉求时，如何去兼顾，从而规避利益相关者之间的利益冲突与博弈，如何实现沟通协作的渠道畅通是高等职业教育专业认证需要面对的问题。

但目前针对高等职业教育专业教育质量相关数据信息的公共服务属性尚未凸显，专业教育质量数据信息交流与共享的平台建设尚未展开，与之相关的各种教育资源有效配置的渠道也并不畅通，导致高等职业教育专业认证各种信息资源共享的有效机制尚未构建，无法实现相应的教育资源与社会资源建设之间的有效供给与衔接，也就无法形成各种信息资源之间的良性畅通与交流，从而导致资源要素之间无法有效地组合与调配并发挥其最大价值。

在深度访谈中，部分受访者表达了相关的看法，如"现在所谓的产教融合的形式太单一了，我们跟学校之间在信息还有很多资源方面是不对等的。我们为高职院校提供包括人力资源、物力资源在内的很多企业资源，希望能够培养出满足我们需求的学生，但很多时候我们是在做赔本买卖，并没有从中得到有效的反馈。赔本买卖做多了我们也不愿意再更多地参与了"（I2-F-Nov.9th.2020），"我们在高职院校的人才培养质量与培养过程上话语权不多，但你要知道人才的出口在我们这里呀，高职院校根本没有充分了解我们对人才的真实需求。而招聘时我们无法对学生的情况有个完全清晰的了解，有的学生进入岗位发现所学和所需之间存在很大差距，他们工作起来也累，我们教起来也麻烦，关系没处理好，学生走了，我们还要招人，不断的恶性循环"(I4-M-Aug.11th.2020)。

以此为例，我们看到的是现实中信息传递反馈渠道不畅与方式不合理导致了教育资源配置与现实供需之间所出现的某种程度的扭曲，这种扭曲最终导致了资源的优化配置及利用受阻。而资源配置与利用受阻则阻碍与抑制了市场需求的进一步增长，从而抑制了高等职业教育专业认证的发展，所形成的恶性循环模式最终导致目前高等职业教育专业认证缺失。

因此，对于高等职业教育专业认证而言，如果没有实现信息资源传递反馈渠道的有效畅通，就无法建立相应的专业认证资源配置优化机制，无法有效实现各种资源的合理配置与最大化利用，缺失的困局仍然无法有效解决。唯有在树立多元利益主体协同合作意识的基础上，循序渐进地推进高等职业教育专业认证资源共建共享的协同配置平台的构建，畅通渠道，通过资源配置的优化而推动相关利益群体各自利益最大化的实现，才能有效推动专业认证体系的构建与发展。

三、社会方面的制约

社会方面的制约主要体现在舆论宣传匮乏、认证文化缺失与社会认同感低三个方面。

首先，针对舆论宣传匮乏，笔者在调研中，曾问及访谈对象了解专业认证的渠道。其中有36.7%的受访者是通过本科工程教育与医学教育专业认证进而了解专业认证，26.5%的受访者主要通过《悉尼协议》的相关性研究得以了解，20.4%的受访者是通过2020年9月国家颁布的《职业教育提质培优行动计划（2020—2023年）》开始知道专业认证，仍然有16.3%的受访者对于专业认证的概念较为模糊。除上述三种方式之外，从其他渠道或媒体获取专业认证，特别是高等职业教育专业认证相关信息的受访者少之又少。

而在对高等职业教育专业认证的了解程度上，接近1/3的受访者并不是特别了解。受访者中只有来自教育行政部门、高职院校的行政管理人员，职业教育领域的研究人员、专业评价机构的部分工作人员以及部分教师对高等职业教育专业认证的了解较为深入。这也实际上反映出我国高等职业教育专业认证目前并未得到相应的社会舆论宣传，相应的社会影响力极为有限。

我们知道引导力是舆论宣传的核心竞争力，提升舆论引导力不但能够树立一定的权威性以占据有效的舆论阵地，同时还有利于提升影响力与社会接受度。舆论宣传与引导实际上能够在不同利益主体差异化的舆论环境下为民众树立一个共同的价值标杆，从而影响受众的意向与行为。

目前我国高等职业教育专业认证在舆论宣传与引导上的匮乏，导致在价值多元的文化生态下，高等职业教育专业认证与社会大众之间的距离无法拉近。高等职业教育专业认证与大众之间的心理距离一旦产生，大众就无法通过移情与高等职业教育专业认证产生相应的情感共鸣，无法激起社会大众对高等职业教育专业认证了解、理解甚至参与的热情。此外，我国教育界长久以来的教育行政部门自己组织、自己评估的教育质量评价模式，在很大程度上消解了社会公众、产业界在内的利益相关方对教育质量评价的参与意识与参与积极性。部分利益相关方尚未形成将教育的参与权与评价权当成是与自身利益切实相关的意识，导致其并不会主动去了解和参与专业认证，不会尝试主动思考如何在高等职业教育专业认证中合理表述自身利益诉求。这也在无形中阻碍了舆论信息的双向传递，导致对相应的社会舆论宣传的漠视。

其次，认证文化的缺失是导致高等职业教育专业认证缺失的另外一个制约因素。认证文化是一个国家或有着共同认知的群体所形成的与认证有关的所有文化现象的总和。认证文化并不是简单地将认证与文化的叠加，所形成的过程源于对认证背后所代表的深层次的质量意识与质量价值的深刻理解与认识。认证文化也不仅是对认证概念、程序、方法与结果的理解，而是需要深层次的剖析与付诸行动，才能形成一种共性的价值观。但当前社会对认证文化以及认证文化背后所代表的质量文化价值的认同与追求较为滞后，社会公众并没有意识到认证这一更具竞争力的价值传播信号。在整个社会的大氛围内，以认证文化为代表的质量文化与质量意识的氛围未能有效形成，导致认证文化与现有的质量保障实践之间存在着疏离与对立，以及高等职业教育领域认证文化相对缺失。

随着高等职业教育进入高质量发展阶段，高质量发展所映射出的质量建设内涵，实际上也是对包含认证文化在内的质量文化建设与培育的期许。高等职业教育专业认证体系的构建与良好运行必须寻求外部社会环境所给予的保障。而认证文化的生成与培育是促进认证文化建设及以专业认证为代表的质量文化建设与实践的重要前提。虽然本科高校专业认证已有较为成熟的发展，但目前在高等职业教育领域内这种可以聚焦于专业教育质量提升的文化力却并没有突破实践尝试与探索中的局限与偏差。认证文化的缺失导致培育与塑造认证文化的路径并不畅通，从而在一定程度上制约了高等职业教育专业认证的发展。

最后，囿于历史和现实原因，我国高等职业教育发展起步较晚，在高速发展实践取得成绩的同时，也存在问题和短板。高等职业教育整体专业教育质量仍然与世界一流水平存在一定的差距。高等职业教育并没有完全满足经济社会对高素质技术技能型人才的需求，处于就业链低端的现状并没有得到完全改善。在全社会知识型、学术型、研究型人才不断受到追捧，重知识轻技能，重视高学历的大氛围下，轻视职业教育，将职业教育看成是"低层次"教育的观念与现象还仍然存在。

《国家职业教育改革实施方案》开篇就明确强调了"职业教育与普通教育是两种不同教育类型，具有同等重要地位"[①]。虽再次明确了职业教育的类型定位与发展方向，但实际上我们仍然能从话语中窥得包括高等职业教育在内的职业教育在我国长期没有得到社会应有认可的一种窘境。高等职业教育作为一种特殊的类型教育，它与普通本科教育本就被定位为两种不同的教育类型。但两者在满足经济社会发展的人才资源供给与满足学生个人及职业成长发展方面所作出的贡献是同样的，所展现的教育价值也是相当的，理应得到同等的对待。

但当下社会重学历轻技能的观念导致了职业教育被普遍认为是"低层次"的教育，认为高等职业教育质量不高，毕业生竞争力不强，社会吸引力不足，高等职业教育仍然被认为是学生在高考失利后的二等出路。目前我国高等职业教育无论是在入口端还是在出口端都面临着困境。入口端生源数量与生源

---

① 国务院关于印发国家职业教育改革实施方案的通知[EB/OL].（2019-01-24）[2022-01-11]. https://www.gov.cn/gongbao/content/2019-02/content_5368517.htm.

质量的持续下滑同招生数量与规模扩大之间的矛盾仍然没有得到有效解决，而出口端技术技能型人才的不受认可和重视同部分毕业生职业胜任力低下而无法胜任职业岗位工作之间的矛盾也变得日益突出。这些都不可避免地导致了高等职业教育在取得社会大众的广泛价值认同上无比艰难，高等职业教育跳脱原有桎梏，改变固有印象并非易事。

社会认同感低下的高等职业教育，其发展专业认证难免受到相应的制约与影响。如受访者某高职院校二级学院的院长认为："专业认证当然好，但是高职再怎么做专业认证，它还是高职的专业认证，全社会对高职的偏见一日不改变，对高职的社会认可度一日不提升，专业认证做得再好，可能也只是高职自己的自娱自乐。"(C1–A5-Oct.9th.2020)某受访学生认为："我自己给自己的规划就是通过专升本，接着读本科，如果还有机会我可能会考虑继续努力考研究生。因为高职生现在要找到一个较为满意的工作太难了。现在的生存压力太大了，如果已经决定要专升本的话，那么我觉得专业认证对于我而言的意义可能不是特别大。"(S3-M- Nov.3th.2020)某高职院校行政管理人员提出："为什么大家不重视专业认证，我觉得一个很重要的原因在于社会对职业教育有一种天然的偏见，很多人自动将高职与高质量生硬切割，认为高等职业教育就是低层次的教育，低层次的教育只需要关注技能教育就可以了，那还谈什么专业认证呢。"(C3-M-Oct.13th.2020)

实际上，专业教育质量与高等职业教育的质量是融为一体的。社会对高等职业教育的偏见与低认同感都会直接或间接影响到高等职业教育一系列措施的实施及其实施效应。而对高等职业教育的偏见与低认同感从根源上来看还是源于社会大众对于高等职业教育的教育教学质量与人才培养质量的不认同或是不满意。教育部原职业教育与成人教育司司长王继平曾提出："人民群众和经济社会对优质、多层、多样职业教育的需要同职业教育发展不强、不优、不活之间的矛盾已成为新时代职业教育的主要矛盾。"①在这样的一种悖

---

① 王继平.扎根中国大地，奋力办好新时代职业教育[EB/OL].（2018-11-30）[2022-01-14] https://www.sohu.com/a/ 273948103_742018.

论下，无论是社会认同感低、认证文化缺失还是舆论宣传的匮乏所导致的高等职业教育专业认证缺失的现状实际上都是有迹可循的。

第五节 我国高等职业教育专业认证缺失的内部原因分析

在高等职业教育专业认证缺失原因分析模型中，内部构成要素制约包括了认证主体制约、认证标准制约、认证目标制约和认证程序制约这四部分。在整体编码参考点的覆盖中，内部构成要素制约占比达63.04%，远高于外部环境制约。这也说明了来自认证主体、认证目标、认证标准与认证程序这四个维度的制约是高等职业教育专业认证缺失的主要原因。其中认证主体维度的制约与认证标准维度的制约两者共计覆盖了342个编码参考点，高于整体外部环境制约因素覆盖编码参考点的总和。A10-主体缺位是所有的制约因素中覆盖编码参考点最多的制约因素，单个覆盖了77个编码参考点，A11-缺乏有效的组织体系建设（74个）、A08-功能定位不明（73个）、A13-缺乏成熟的标准指标体系（66个）则紧随其后。而认证程序维度的制约仅有A17-缺乏规范的认证程序设计这一个次范畴，仅覆盖了27个编码参考点，是内部制约因素中容易被忽视的地方。（见图4-7）

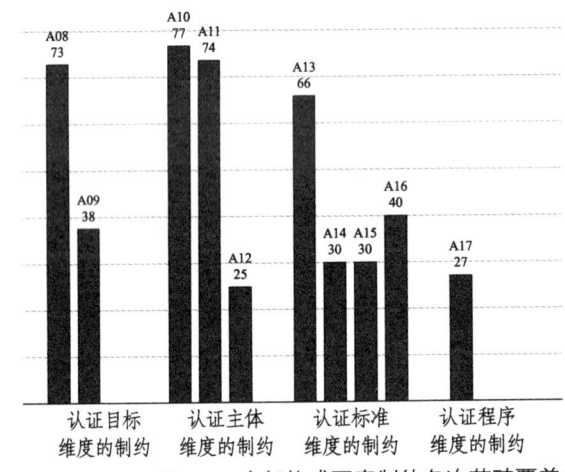

图4-7 内部构成要素制约各次范畴覆盖参考点对比图

一、认证目标维度的制约

认证目标维度的制约主要覆盖了功能定位不明与评价导向异化两个自由节点。深入分析对应的访谈文本可以明显发现，正是由于对专业认证内涵与目标把握得不准确，才会出现对专业认证的诸多认识误区，而这些也极大地制约了专业认证的发展。

（一）功能定位不明

高等职业教育专业认证的功能定位旨在回答"专业认证实施的目的及意义"这一问题。这也是对专业认证在高等职业教育质量保障中究竟应担任什么任务或者扮演何种角色的一种事先构想。它决定着高等职业教育专业认证体系的基础环节和关键步骤，决定着整体架构和具体的规划设计。

高等职业教育专业认证的功能定位应当在高等职业教育质量保障体系框架下充分体现出专业认证自身发展特点的特殊性，其功能定位应当与专业认证本身所能够发挥的作用与承担的职能相匹配和协调。只有明确专业认证的功能定位，才能真正厘清高等职业教育专业认证同经济社会发展、区域产业需求之间的深刻关系，才能真正厘清在高等职业教育领域开展专业认证的真正意义。因此功能定位的设计是一个繁复的过程，需要全面深入地分析，正确认识专业认证的理念依据、时代背景、目标价值、构成要素等重要问题，才能在功能设计的构想与设计实践之间进行科学配置，最终实现科学精准的功能定位设计。

高等职业教育专业认证的功能定位也直接决定了为什么要对高职院校所开设的专业进行专业认证，高等职业教育的专业认证要达到一个什么样的预期效果等问题。但是目前针对高等职业教育专业认证功能定位的看法与观点很多。在访谈过程中，笔者也发现有部分受访者并没有完全界定清楚专业认证对于高等职业教育发展的真实意义。

事实上，专业认证在功能定位上最大的特色在于它是专门针对具体某一专业教育质量水平的科学评定，是对专业教育质量的直接反映。这与目前现有的高等职业教育质量体系中的外部质量评估与内部质量保证还是有一定区别的。但在访谈过程中,有不少受访者不同程度地提到了"重复建设"问题,认为专业认证这种针对专业教育质量的评价在高职院校已经存在,推行专业认证可能会导致重复建设、制度机制冗余化。例如,"高职院校已经有相对完善的内部与外部质量保障体系,对于专业质量的评估从 2004 第一轮水平评估开始就在进行了,每年高职院校都会有相应的质量年报发布,我们也会每年上报专业建设的具体数据,并录入人才培养工作状态数据平台,去年我们学校才完成教学诊改的专业抽样复核,再进行专业认证是不是有点重复了"(C2-M-Spet.17th.2020)?又如,"专业认证主要是针对专业质量的评价吧,那相应的院校评估和需求能力评估不都已经包含在内了吗?如果是这样的话,那为何我们还要进行专业认证呢?这不是给老师增加负担吗"(T4-F-July.21th.2020)?

高职教育领域现有的教育质量保障体系的运行效用如何,能否替代专业认证所发挥的作用,取代专业认证在具体专业教育质量保障上的功能,现实状态还需进一步分析。

高职教育已经建立了外部质量评估与内部质量保证协调配套的质量保障体系。外部质量评估主要是以 2004 年与 2008 年全国高职院校人才培养水平评估工作、2016 年与 2018 年针对社会需求能力的全国职业院校评估工作为代表。以上 4 轮评估是目前我国高等职业教育领域适用范围最广的外部质量评估工作。

这 4 次全国范围内的教育质量评估实际上都将高职院校的专业教育质量纳入到了考察评估范围,这也是专业作为院校发展的基础单位的地位和作用所决定的。但是 4 次评估中针对专业教育质量评估的侧重点却各有不同,没有形成一套完整且科学的专门针对高职院校专业教育质量的评价体系,也没有对专业进行全方位且有深度的有效评估与界定。从评估中最为关键的评估标准指标体系分析来看(见表 4-7),两次人才水平评估的指标体系在一定程度上沿袭和借鉴了本科教学工作水平评估,忽视了高职教育自身特征与发展实际。2016 年与 2018 年的适应社会需求能力评估的指标体系虽由国务院教育督导委员会统一制定和设计,但评估更关注专业与社会需求能力之间的适应性问题。因此,针对高职专业教育质量的评价一直不是外部质量评估的重点,专业质量问题也未曾摆到突出位置,针对专业教育质量评价的深度与广度仍显不够。

高职院校内部的质量保证主要包括教学工作诊断与改进制度、年度质量报告等院校内部教育质量评价。教学工作诊断与改进制度是以高职院校为实施主体，对高职院校内部的质量保证体系建设、运作及成效进行全面诊断、并实施改进的动态过程[①]。诊改制度明确强调了专业教育质量的重要作用，在诊断项目及相应的诊断要素和诊断点中都明确提及了专业质量（见表4-7），强调不仅要自我诊断，还应有相应的改进措施。为此，笔者在诊改之后专设了"抽样复核"环节，其目的就是要检验院校自主诊断后进行自我改进的有效程度，强调诊改内生动力机制的形成。这实际上与专业认证中的"持续改进"是极为相似的。这在当前我国高等职业教育领域尚未开展专业认证的前提下，为专业认证理念的普及做了一定铺垫。但教学工作诊断与改进并非专业认证，其客体针对的是高职院校专业的集合，而非针对某一具体的专业。同时，教学工作诊断与改进无论是在实施主体、标准指标体系设计上都与专业认证有较大差距。专业认证所发挥的针对某一具体专业的质量监督、评价与持续改进等作用仍然是教学诊改无法取代的。

高等职业教育质量年度报告制度则是基于结果导向，围绕高等职业教育教学质量，通过数据分析、案例分析、图标呈现等多种手段对各院校一年来的教育教学工作进行全面的总结与系统分析，是加强内涵建设、建立健全高职院校质量保障体系的重要举措。通过质量年报向社会公布，高职院校积极接受社会监督，回应问责，有助于高职教育质量意识的牢固树立。但质量年度报告并没有对高等职业教育的专业建设质量进行实证式、数据化的评价与说明，更谈不上对于不同区域、不同院校、不同专业教育质量发展的详细分析与评价。作为公众了解高等职业教育发展质量的重要窗口，质量年报显然在专业教育质量这一块是有短板的。如果公众寄希望于通过质量年报获取我国高职院校专业建设发展情况与专业质量信息，以帮助其进行选择、判别，显然也是无法达成的。

---

① 教育部.关于印发《高等职业院校内部质量保证体系诊断与改进指导方案(试行)》启动相关工作的通知[EB/OL].（2015-12-30）[2022-01-25]. http://www.moe.gov.cn/s78/A07/A07_sjhj/201512/t20151230_226483.html.

表4-7 高职外部质量评估与内部质量保证各标准指标参数对比

项目	教学工作诊断与改进内部质量保证体系 诊断项目		高职高专院校人才培养工作水平评估指标体系（2004年第一轮评估）		高等职业院校人才培养工作评估指标体系（2008年第二轮评估）		高等职业院校适应社会需求能力评估指标体系		高等职业教育年度质量报告（2019）报告目录
	诊断项目	诊断要素	一级指标	二级指标	主要指标	关键评估要素	主要方面	具体指标	
具体指标参数	体系总架构	1.质量保证理念。2.组织架构。3.制度架构。4.信息系统。	办学指导思想	1.学校定位与办学思路。2.产学结合。	领导作用	1.学校事业发展规划。2.办学目标与定位。3.对人才培养重视程度。4.校园稳定。	办学基础能力	1.年生均财政拨款水平。2.生均教学仪器设备值。3.生均教学及辅助、行政办公用房面积。4.信息化教学条件。5.生均校内实践教学工位数。6.生师比。7."双师型"教师比例。8.课程开设结构。9.年生均校外实训基地实习时间。	学生发展：1.育人成效。2.就业质量。3.成长成才。4.创新创业。5.计分卡。6.育人成效50强。
	专业质量保证	1.专业建设规划。2.专业诊改。3.课程质量保证。	师资队伍建设	1.专业教师。2.兼职教师。	师资队伍	1.专业教师。2.兼职教师。	双师队伍建设		教学改革：1.教学资源50强。2.专业建设。3.教师队伍。4.院校治理。5.信息技术应用。
	师资队伍质量保证	1.师资队伍建设规划。2.师资队伍建设诊改工作。	教学条件与利用	1.教学基础设施。2.实践教学条件。3.教学经费。	课程建设	1.课程内容。2.教学方法手段。3.主讲教师。4.教学资料。	专业人才培养		政府责任：1.政策落实。2.专项引导。3.质量保障。4.经费投入。

续表

诊断项目	诊断要素	一级指标	二级指标	主要指标	关键评估要素	主要方面	具体指标	报告目录（2019）
学生全面发展保证	1.育人体系。2.成长环境	教学建设与改革	1.专业。2.课程。3.职业能力训练。4.素质教育	实践教学	1.顶岗实习。2.实践教学课程体系设计。3.教学管理。4.实践教学条件。5.双证书获取	学生发展	10.企业订单学生所占比例。11.年支付企业兼职教师课酬。12.企业提供的校内实践教学设备值。13.专业点学生分布。14.专业与当地产业匹配度。15.招生计划完成质量。16.毕业生职业资格证书获取率。17.直接就业率。18.毕业生就业去向。19.政府购买服务到款额。20.技术服务到款额	国际合作：1.国际影响力50强。2.来华留学。3.境外办学。4.服务"一带一路"倡议
体系运行效果	1.外部环境改进。2.质量故管控。3.质量保证效果。4.体系特色	教学管理	1.管理队伍。2.质量控制	特色专业建设	特色	社会服务能力		服务贡献：1.服务贡献50强。2.服务区域发展。3.服务市场需求。4.服务国家战略
		教学效果	1.知识能力素质。2.就业与社会声誉	教学管理	1.管理规范。2.学生管理。3.质量监控			面临挑战：1.高质量的大规模"类型教育"配套政策。2.院校技术服务能力
		特色或创新项目		社会评价	1.生源。2.就业。3.社会服务			

具体指标参数

由此可见"重复建设"的根源仍旧在于没有清晰地界定与辨别高等职业教育专业认证的功能定位。高职教育质量保障体系在针对具体专业教育质量保障这一方面仍然存在短板，并未给予高职具体专业的教育质量保障切实关照。开展高等职业教育专业认证并不是重复建设，相反，应当是对现有高等职业教育质量保障体系的积极补充与完善。

除却在教育质量评价与保障方面的基础功能外，高等职业教育专业认证在深化产教融合，传递质量共识、有效建立职业与教育对应关系、有效衔接人才培养供求侧与产业界人才需求侧、实现国际互认促进人才的跨国流动等方面所体现出来的功能同样不容忽视。

功能定位的模糊不清只能阻碍大众更加透彻地了解高等职业教育专业认证及其所能够带来的一系列现实红利，阻碍了利益相关者群体对专业认证的接受度和参与积极性，最终制约了高等职业教育专业认证的发展，导致其缺失现状的出现。

（二）评价导向异化

一方面，我国高等职业教育当下较为缺乏能够体现自身特色的教育质量评价体系，多数外部教育质量评估实际上是普通高等教育评价体系的压缩版，且带有明显的政府强制力色彩。这些外部教育质量评估其实质是一种竞优式评价，评估结果往往被裹挟进各种竞争、排名中，并与资源配置紧密关联。这导致了部分高职院校对教育质量评价的初衷产生了理解与认识上的异化，而评估结果也没有发挥其鉴定、诊断和改进的作用，导致院校及专业排斥教育质量评价、消极应对、消极参与等情况出现。在深度访谈中，有部分受访者表示："在部分高职院校经历了几轮外部评估之后，个人对于这种外部教育质量的评价方式其实是持一些保留意见的。多数教育质量评价的背后是高职院校乃至专业的被动参与和消极应付，这种现象目前还是比较普遍的，我们尚未找到能够有效激发高职院校参与外部质量评估的热情与主动性的方法与手段。"（G3-M-Sept.23th.2020）

另一方面，现有的教育质量评价往往成为评价者向高职院校进行问责的主要渠道，而评价结果多数时候成为问责的主要依据。建立在教育质量评价基础上的问责方式既加剧了评价者与高职院校之间的紧张关系，又让教育质量评价慢慢游离于提升教育质量这一核心出发点，而成为评价者与高职院校之间的利益博弈。这种局限性也加速了教育质量评价边际效应的产生，导致评价者与高职院校的角色开始异化。评价者们渐渐认为，通过自身单向度的问责与质量评价就可以解决高职教育质量问题，从而不断的发起质量评价与问责。而当高职院校在各种教育质量评价中成为被问责、被责罚的唯一对象时，质量评价的意蕴开始不断缩小，逐渐掩盖了质量评价的最终目的是质量改进和质量提升。长此以往，高职院校与外部教育质量评价之间关系恶化的结果往往会造成高职院校对各种教育质量评价产生倦怠甚至拒绝心理，随之而来的各种依据评价标准抓质量、临时应付、投机、弄虚作假等行为不断发生，最终消磨了高职院校参与教育质量评价的积极性与动力。

与外部质量评估不同，专业认证虽同样也是一种专业教学质量的评价方式，但它强调参与方式的自发性与自愿性，并非行政强制力要求。如果教育质量评价的导向不进行相应的改革，而高职院校延续对于教育质量评价的固有印象，当有机会可以自主选择是否参加教育质量评价时，多数院校的参与兴趣可能不会太高。一旦缺乏有效的参与对象，高等职业教育专业认证就丧失了培育与发展的空间，最终会制约高等职业教育专业认证的发展而导致缺失的现状。

二、认证主体维度的制约

如前所述，认证主体的制约是整个高等职业教育专业认证缺失原因分析中最为主要的制约因素。这实际上也是由认证主体在专业认证中的核心地位所决定的。作为专业认证的主体应当承担其构建专业认证组织体系架构、明确认证职能、拟定发展目标、组织专业人员具体实施认证等职责。为此，本书用认证主体制约来统摄"主体缺位""缺乏有效的组织体系建设"与"缺乏专业化的认证人才"三个制约因素。

（一）主体缺位

多数受访者在谈论专业认证缺失根源时，都提及专业认证主体缺位这一问题。例如:"我们要搞专业认证首先要搞清楚谁来搞,是政府还是高校还是第三方独立评价机构?如果政府来搞的话,这与之前的教育评估的区别在哪?如果是高校或者第三方独立机构来做,那么专业认证的效力怎么体现?谁是主角谁来做这个问题都没有想清楚,专业认证怎么推动?"(T5-F- Mar.26th.2020)"高职进行专业认证一定不是一件坏事,这对提升专业质量一定有帮助,但问题是谁来做专业认证呢?"(P5-M-Oct.19th.2020)"我觉得这么多年高职院校迟迟不开展专业认证的原因很复杂,但有一个主要的问题在于,专业认证究竟由谁来做?专业认证的主体究竟是谁?这个问题迟迟没有辨析清楚。"(C5-M-Aug.12th.2020)

制约高等职业教育专业认证发展的一个重要的因素就在于不曾明确高等职业教育专业认证的主体究竟是谁。多数受访者认为专业认证的主体就是直接参与专业认证,承担专业认证具体实施功能的组织或机构。但长期以来我国教育质量评价的主体大多由代表政府的教育行政部门来担任。这种政府主导的教育质量评价具有明显的行政强制性,在任何一个质量评价体系创建初期或教育系统处于相对弱势时,其顶层设计、统筹管理、资源配置与协调、实施效率等方面的优势是非常突出的。

但随着我国教育现代化的发展与教育治理化能力的提升,这种政府主导的教育评价弊端也日益突出。2015年,《教育部关于深入推进教育管办评分离促进证书职能转变的若干意见》明确强调,要实行"管办评分离",要求将质量评价的权利转移给第三方评估组织。2020年,《深化新时代教育评价改革总体方案》也再次提出要构建多元参与的评价体系,发挥专业机构和社会组织作用。教育质量评价开始转向培育并推动以独立评价机构为代表的第三方评价。同时,随着市场、社会大众参与教育质量评价的热情被唤醒,社会大众对教育评价知情权与参与权的诉求提升,以政府主导教育质量评价的模式开始逐渐向多元利益主体共同参与转变。

但是,多年来我国第三方评价机构并未有较为长足的发展,截至2022年,国家都未曾制定或颁布专门针对第三方评价机构或专业评价组织的相关法律法规,未曾有相应的政策法规对第三方评价机构或评价组织在机构性质、法人地位、职责权限、权利与义务、组织或机构管理等方面作出明确的规定。加之政府对第三方评价机构缺乏应有的重视、规范和监管,国内尚未建立相对成熟与完善的第三方评价机构。而目前由教育行政部门所委托进行的第三方评价，几乎都可以在这些第三方评价机构的背后探寻到其与教育行政部门之间的隶属关系。虽然多元利益主体的广泛参与已成为当下教育质量评价的发展指向，但是在教育质量评价实践中，产业界人士、社会公众的参与度实际上仍然相对较低，多元利益主体之间的差异化利益诉求而导致的矛盾也仍然突出存在。

随着教育质量评价主体的改革与发展，究竟谁将是高等职业教育专业认证以及专业认证体系的主体，这一主体能否科学、有效地集结现有社会资源，平衡不同利益相关者之间的差异化利益诉求，找寻最适合高等职业教育专业认证发展的路径，有效实施专业认证都是还未厘清的问题。

单纯借鉴国外或者照搬本科专业认证的做法从来都不是解决问题的方法论。唯有从高等职业教育自身发展实际出发，将专业认证融入高等职业教育这个特有的类型教育的背景之中，依据专业认证的目标、原则、功能和价值导向加以识别，衡量高等职业教育专业认证的各利益相关群体在专业认证中的差异化利益诉求、各自的权力边界与职能定位，才能有效确定最适合我国高等职业教育专业认证发展的认证主体，否则主体的缺位只会让高等职业教育专业认证发展及体系构建举步维艰。

（二）缺乏有效的组织体系建设

科学、合理的组织体系建设能够凝聚体系内各要素的内核与发展主线，在保障体系内各要素相对独立的同时，可以通过有效的约束、引导与激励来促使体系内各要素规范运行、创新发展，从而有效地激发体系内各环节和各要素的活力，为着共同的目标而系统协调发展。

访谈中部分受访者明确提及了组织体系建设的重要意义。如有受访者就认为："一方面没有发挥行业企业在职业教育评价中的主体地位，另一方面也没有完善同行专家评议机制，更为重要的是没有逐步形成专门的评价组织机构来推动职业教育评价的科学完善。我们所强调的由政府、行业、企业、学校以及社会等多主体参与职业教育评价的共同体最终还是要落脚到相应的评价组织体系建设上，有规划、有步骤的发展才有可能。但是现在我们缺的就

是这个。"（G2-F-July.26th.2020）

在部分受访者看来，高等职业教育专业认证的发展应当是一个系统化、规范化的发展过程，应当按照循序渐进的原则有步骤、有规划地渐进式发展。而当下正是由于缺乏这种体系化的构想与实施方案，高等职业教育专业认证缺失。

对于高等职业教育专业认证而言，组织体系建设具有高度的统一性与协调性，它就如同整体框架图，是高等职业教育专业认证这个统一整体的表现形式，决定着发展方向，调配着系统内部各构成要素的组织架构与运行，保障着专业认证的有效实施，是专业认证发展中最为重要的因素。有效的组织体系建设不仅能够协调好专业认证内部各要素之间的关系，发挥各要素功能、促使各要素规范运作从而有效保障高等职业教育专业认证目标的实现。同时有助于高等职业教育专业认证动态地应对来自内部运行机制与外部环境变化的各种需求，通过保障体系的健康运行来确保专业认证的具体实施。为此构建一个科学、有效的高等职业教育专业认证体系对专业认证在高职领域的发展有着至关重要的作用。

截至2022年，针对高等职业教育专业认证的组织体系建设尚未开始启动，尚未形成针对高等职业教育专业认证体系成熟且科学合理的顶层设计，也没有深入的科学论证与研讨。没有高效、有力的组织体系建设，高等职业教育专业认证的探索与发展也只能是空中楼阁。

为此，构建高等职业教育专业认证体系应当成为当下高等职业教育专业认证发展需要着力解决的问题。在高等职业教育专业认证及其组织体系建设的问题上迫切需要独立思考，以服务于经济社会发展与区域产业需求为目标的高等职业教育在专业认证体系的构建上不能脱离当下的经济社会发展的国情实际，需要独立创设既能体现高等职业教育自身特色又具有极强的社会适应性的专业认证体系。体系构建既需要保障专业认证在专业教育质量评价与保障上相应功能的实现，又需要彰显教育质量评价所应有的公正性与权威性，也应强调专业认证对于专业教育质量提升的改进与指导功能。同时还需要高职专业认证的利益相关者有效参与到体系构建中，承担在体系构建过程中各自相应的职责与功能，在利益博弈中实现利益协同，共同服务于高等职业教育专业认证体系的构建。

（三）缺乏专业化的认证人才

"我觉得专业认证没有开展还有一个重要的原因就在于我们没有专业化的认证人才。专业认证不同于专业评估，标准、实施过程的不同是一方面，而进行认证的人员构成也十分重要。回顾高职院校前几轮的评估，主要都是教育行政部门的人员以及各高职院校的行政管理人员参与在内，这种人员构成其实是不合理的。专业认证必须要有自己专业化的认证人才队伍，才能够保证认证实施的有效性，保证认证结果的权威性，否则专业认证开展的意义就没有了，它完全可以被各种类型的专业评估取代。"（J2-F-Aug.31th.2020）

专业化的认证人才队伍既是专业认证发展重要的人力资源支持，又是影响专业认证效果的关键因素。专业化的认证人才构成及其专业素养与能力，对专业认证实施及其结果权威性、公正性与专业性都有着极大的制约。从各国专业认证发展实践来看，成熟、专业、高效的专业化认证人才队伍建设是保障专业认证发展的重要支柱。但是我国第三方性质的专业认证机构尚处于初步发展阶段，专业化的认证人才队伍建设虽有一定成效，但是仍然存在着诸多问题，专业化认证人才不足的现象十分明显。

从我国本科工程教育专业认证与师范类专业认证中专业化认证人才队伍的结构分析来看，认证人员主要由教育行政人员与兼职专家构成。其中，教育行政人员长期身处教育管理一线，缺乏专业认证的相关理论与认证实施的技术、方法的系统化学习。而兼职专家虽是各自专业领域的知名学者、专家、研究人员，有着扎实的专业知识背景与娴熟的业务能力，但专业认证实施在政策、方法层面上仍然缺乏足够的熟悉程度。同时，由于目前本科专业认证的具体实施机构都带有鲜明的行政化色彩，认证过程中行政僭越专业的情况也仍然存在。

高等职业教育专业认证与其他的教育质量评价相比有其自身的特殊性与独特性，而这也导致参与专业认证实施的认证人员应当具有知识构成上的专业性与跨界性，认证实践技能上的多样性，个人品质的成熟性，同时还应该十分了解与熟悉高等职业教育。而专业认证人才的这种高复合性要求也决定了人才选拔与培养的难度,加之专业认证人才培养的基础工作也相对薄弱,人才培养与选拔机制的不健全,缺乏高素质的专业认证人才支撑已成为当下较为突出的矛盾。专业化认证人才缺乏这一窘境也直接制约着高等职业教育专业认证的进一步发展。

三、认证标准维度的制约

在认证标准制约这一维度中一共包括缺乏成熟的标准指标体系、标准缺乏适应性、与职业标准联系不紧密以及专业发展水平的差异四个制约因素。实际上,如果没有成熟的专业认证标准指标体系,那么去谈论认证标准是否具有社会适应性、是否与职业资格关联紧密其实都毫无意义。对于高等职业教育专业认证而言,尚未构建出科学、合理、规范的专业认证标准指标体系是专业认证缺失的核心关键因素。但专业认证标准缺乏适应性,与职业标准联系关联不紧密等都会影响到高等职业教育专业认证的良好实施,如若没有处理好这些问题,同样也会制约专业认证的发展。

(一)缺乏成熟的标准指标体系

专业教育的高质量发展是我国高等职业教育高质量发展的内核,而专业教育质量本身是一个复杂而难以得到普遍认同的抽象化概念,唯有引入规范化的标准才能进行科学的评价。

标准是我们衡量客观事物的参照与准则,规范化的教育标准指标体系的建立、培育、完善、发展与实施是目前世界多数国家提高教育教学质量的首要抓手。对于高等职业教育专业认证而言,专业认证标准是专业认证质量的保证,离开认证标准讨论专业认证只能是空谈。只有建立在科学、完善、合理的专业认证标准体系基础之上的高等职业教育专业认证才具有良好实施的可行性。为此,一个科学、合理且具有可操作性的专业认证标准应居于高等职业教育专业认证发展的先导与基础地位。

如受访者提道:"现有的高职教育评价实际上已经形成了多个以可测量、可观察的标准、指标体系与计量方式为主的评价方案。但是这样的评价方案更多遵循的是学科教育的评价逻辑。这就会一方面造成院校发展的'马太效应',另一方面更加聚焦和关注政府与院校的评价主体身份而不断缩小职业教育评价主体。这就会在无形中忽略外部社会及企业发展需求的考核,缺少关于高职特色的相关指标设置,因此对于高职专业认证而言,主要还是没有形成相对成熟和科学化的评价标准。"(J5-M- Sept.9th.2020)

当下高等职业教育领域虽有以外部质量评估为代表的评价标准指标体系。但这些外部质量评估标准往往针对的重点是院校的综合性评估,而非具体专业。其中即使针对专业评估的相关指标也多是将某一高职院校所开设的所有专业作为一个整体进行评估,并非某一具体专业的评估标准。而且评估指标体系的设计内容庞杂,评估者希望能够面面俱到,却忽视了专业特色的凸显。

而高等职业教育现有的专业教学类的相应标准虽然针对的是具体专业的指标体系,但是它主要围绕的是如培养目标、培养规格、课程设置及学时安排、教学基本条件及质量保障这样的达成性通用指标,在针对专业教育质量的评价上仍有缺陷。上述这些标准指标可以作为专业认证标准在设计时的参考依据,但不能替代专业认证标准。高等职业教育专业认证仍需依据专业认证本身的价值取向与功能定位合理设计适合我国国情的高职认证标准指标体系。

当前高等职业教育领域尚未形成一个广受认可的成熟化的专业认证标准体系,这既是我国高等职业教育领域专业认证尚未完全开始实施,专业认证的研究相对匮乏造成的,又是由高职专业教育的复杂性、动态性与不平衡性决定的。如果要使专业认证的结果具有可比性和权威性,就必须形成对高职院校专业教育质量水平的共同理解,就必须提供科学且易操作的指标体系及相关观测点,使专业认证在具体实施过程中有科学的参照标准。为此亟须设计出一个需要共同遵守、得到共同认可的专业教育质量基准,将其作为专业认证实施一系列活动的核心参照标准及依据,否则没有成熟的认证标准指标作为实施参照与依据,专业认证就无从实施,缺失的现状也无法改变。

(二)标准缺乏适应性

我们应该看到,专业认证标准指标体系的生成应该是建立在高职院校专业发展主观要求与经济社会发展客观需求之上的,涵盖高职专业认证利益相关群体的不同价值取向与价值期待。高等职业教育专业认证标准应当体现出一定的适应性，这种适应性既体现在认证标准指标体系应当与经济社会发展与区域产业升级对专业教育质量的需求相适应，又应当体现在与专业认证利益相关者的共同利益诉求相适应。

有受访者提出这样的观点："如果专业认证标准设置不合理，通过认证的专业的毕业生仍然不能很好地适应工作岗位的要求的话，那么认证的意义在哪？一定要保证专业认证真的能够适应我们企业和市场需求，如果它没有社会适应性，那这个认证的意义就丧失了，我们何必要开展。"(P2-M- July.30th.2020)

多元利益主体的共同利益诉求是驱动标准研制与开发的主要动力，为此专业认证标准设计在本质上是利益相关者差异化利益诉求的博弈与平衡。它需要去衡量高职专业教育与经济社会发展需求之间的关系、与教育质量评价机制之间的关系以及与不同利益主体在利益诉求上的博弈关系，从而找到共同的利益诉求，并通过利益协同而最终实现经济效益、社会效益与评价效益的有机结合。由此专业认证标准建构的逻辑应当是以"专业质量"为核心，以"社会适应性"为辅助，以"评价科学性"为验证，以此去构建整个认证标准指标体系的结构、指标维度、具体参考与观测点、赋值评分方式等内容。

同时，认证标准的设计必须要体现出专业认证与经济社会发展需求之间的紧密逻辑关联，要体现专业认证对高等职业教育与产业界人才培养合作机制的促进作用，要体现专业认证对于高等职业教育人才培养适应产业与区域经济发展的导向作用。目前我国高等职业教育领域还未制定出与经济社会发展和区域产业升级需求相一致的科学、合理的专业教育质量标准体系，多元利益主体广泛参与的多元评价机制也尚未形成。这虽然给高等职业教育专业认证标准指标的设计带来了发展空间，但实际在很大程度上也阻碍了专业认证标准的设计。缺乏适应性会造成认证标准与社会需求发展、利益相关者群体的诉求相偏离，既可能会导致某一方主体无限行使其利益衡量的自由裁量权，而致使专业认证标准丧失其权威性与公信力，又可能会造成认证价值追求的离散性，致使专业认证方向的偏离和认证结果效力的削弱，最终也会抑制专业认证的健康发展。

（三）与职业标准联系不紧密

国际上应用实践较好的专业认证标准几乎都与相应的职业标准做到了有效关联，将专业认证与职业资格获取或者执业注册有效结合，是世界上专业认证的惯常做法。我国本科工程教育与师范类教育专业认证也都与相应的职业资格证书进行有效关联。如我国《造价工程师职业资格制度规定》中一级造价工程师职业资格考试报考条件就明确规定"具有通过工程教育专业评估（认证）的工程管理、工程造价专业大学本科学历或学位，从事工程造价业务工作满4年"[①]，而师范类专业认证中，通过三级专业认证的院校专业毕业生可以直接获取教师资格证书。

高等职业教育的职业性特征决定了它与职业资格理应有深度关联。但我国高等职业教育并没有一开始走上职业资格与学历证书相结合的道路，导致目前高等职业教育领域存在着两套证书体系，即教育属性的学历证书体系和职业属性的职业资格证书体系。而这两套证书体系之间既没有建立对应关系，又无法实现互认或等值，既导致人才职业化发展存在壁垒，又使社会及用人单位对所需要的职业人才难以认定、"人职不匹配"的状况屡有发生。其根源还是在于教育评价标准与职业标准并没有深度兼容。

在高等职业教育领域开展专业认证，将其作为职业资格与学历资格有效衔接的桥梁，实践操作中是可以实现这一互通机制的达成的，而这也是高等职业教育专业认证的功能之一。但要实现职业资格与学历证书之间的有效互通，其前提是专业认证标准的设计应当融入职业标准，形成与职业标准对接良好的专业认证标准指标体系。一方面将职业资格证书所要求的职业领域对应的岗位及岗位群的任职要求转换成具体的指标参数融入专业认证标准之中，另一方面将专业学生在毕业时应具备的相应岗位及岗位群所需的职业胜任力作为评测专业教育质量水平的重要观测点。这种与相应的职业资格标准紧密结合、有效融合的专业认证标准才是高等职业教育专业认证利益相关群

---

① 住房城乡建设部 交通运输部 水利部 人力资源社会保障部关于印发《造价工程师职业资格制度规定》《造价工程师职业资格考试实施办法》的通知[EB/OL].（2018-07-20）[2022-01-25]. http://www.gov.cn/gongbao/content/2019/content_5355479.htm.

体所乐见的，也是专业认证功能实现所需要的。

如有受访者认为："专业认证要认也要证吧，证什么？证的核心在于有相应的资格与能力，但是目前看不到能够有效与职业资格要求相结合的高职教育评价，这其实是与类型特征下的职业教育评价方式相背离的，它忽视了职业教育评价的关键要素——职业与劳动的知识、技能或资格的获取。这样的标准是缺失的，缺失了标准怎么认证？"（T6-F-Nov.30th.2020）

但如果专业认证标准与职业标准偏离太远，没有有效体现高等职业教育的职业性特征，无法实现与相应的职业资格有效衔接，则无法对专业教育质量是否符合职业领域对应的岗位及岗位群的人才质量需求做出相应的质量保障。这样的专业认证标准实际上会对专业认证的发展造成相应的制约，阻碍其相应功能的实现。

四、专业发展水平的差异

作为区域经济社会发展与产业布局联系最为紧密的教育类型，高等职业教育自诞生起就具有地域差异性的特质，这种地域差异性既是高等职业教育区域化差异布局所导致的，又伴随着我国区域经济发展的不平衡而展开。高等职业教育区域化差异的形成因素也较为复杂，既与国家区域经济发展布局结构战略、人口和政策因素等高度相关，又与地方政府结合经济社会发展需求进行调整时所采取的不同方法、政策与思路有关。国家已通过一系列职业教育"东西协作行动计划"来不断推动优质职业教育资源向中、西部地区输出，并给予相对落后地区相应政策支持与资源倾斜，区域性差异已逐渐由极度失调慢慢向良好协调转变，但教育资源区域供需暂时性移位、局部不适应、调整不及时等现象仍然存在。

笔者以"双高计划"建设项目专业与院校数据分析为例（见表4-8），在入选"双高计划"的197所高职院校中，我国东部地区入选总数达101所，占到整体入选院校总数的51.27%，而中、西部地区入选院校之和仅为96所。高水平高职院校建设中，A档共计入选10所高职院校，东部地区独占8所，区域差异十分明显。在高水平专业群建设中，东部地区共计68所院校入选，中部地区 41 所，西部地区 32 所。高水平专业发展也存在一定区域差异，但小于高水平院校之间的差异。

笔者之所以选择"双高计划"数据进行对比，是因为"双高计划"代表着我国目前高职院校与专业建设的最高水平，所测算和公布的数据也是截至 2020 年我国高职院校及专业发展最新的数据。尽管"双高计划"遴选在坚持"扶优扶强、质量为先、效率优先原则的同时，兼顾教育公平，兼顾区域和产业布局"[①]，中、西部地区部分实力相对较弱的院校也进入了建设名单，但对比数据发现，我国东部地区高等职业教育整体发展水平明显高于中、西部地区。

表 4-8 高职院校"双高计划"建设项目情况一览表[②]

区域划分	省份	入选院校数	高水平高职院校			高水平专业群		
			A 档	B 档	C 档	A 档	B 档	C 档
东部地区（11省、直辖市）	北京	7	1	1	1	2	1	1
	天津	7	1	1	1	2	1	1
	河北	10	—	1	—	1	2	6
	辽宁	6	—	1	—	1	—	4
	上海	1	—	—	1	—	—	—
	江苏	20	2	3	2	1	7	5
	浙江	15	2	3	1	—	4	4
	福建	5	—	—	1	1	3	—
	山东	15	1	2	1	1	7	3
	广东	14	1	4	—	—	3	6
	海南	1	—	—	1	—	—	—
总计		101	8	16	9	10	28	30

---

① 教育部 财政部关于印发《中国特色高水平高职学校和专业建设计划项目遴选管理办法（试行）》的通知[EB/OL].(2019-04-16)[2022-01-25]. http://www.moe.gov.cn/srcsite/A07/moe_737/s3876_qt/201904/t20190417_378489.html.

② 中部、东部与西部划分依据我国行政区域惯常划分方式，表中数据依据《教育部 财政部关于公布中国特色高水平高职学校和专业建设计划建设单位名单的通知》文件整理。

续表

区域划分	省份	入选院校数	高水平高职院校			高水平专业群		
			A档	B档	C档	A档	B档	C档
中部地区（8省）	山西	4	—	—	1	1	2	—
	吉林	4	—	—	1	1	—	2
	黑龙江	6	—	—	1	2	2	1
	安徽	5	—	—	1	2	1	1
	江西	6	—	—	1	1	3	1
	河南	6	1	—	—	—	5	—
	湖北	8	—	—	1	2	2	3
	湖南	11	—	1	1	3	2	4
总计		50	1	1	7	12	17	12
西部地区（12省、自治区、直辖市）	四川	8	—	—	1	2	3	2
	重庆	10	—	2	—	1	3	4
	贵州	3	—	—	1	—	1	1
	云南	3	—	—	1	—	—	2
	西藏	—	—	—	—	—	—	—
	陕西	8	1	1	2	—	2	—
	甘肃	3	—	—	1	1	1	—
	青海	—	—	—	—	—	—	—
	宁夏	2	—	—	1	—	—	—
	新疆	2	—	—	1	—	—	1
	广西	4	—	—	1	—	2	1
	内蒙古	3	—	—	1	—	1	1
总计		46	1	3	10	4	14	14

在深度访谈中，受访者也提道："我国目前职业教育区域发展差异较为明显，可能不适宜采用认证达标评级等方式。"(C2-F-Spet.17th.2020)"高等职业教育强调服务于区域经济发展，不同区域专业的定位可能不一致，而且我国目前区域经济发展差距明显，这些都可能抑制了专业认证的发展。"(G4-M-Nov.16th.2020)

"高等职业教育地方性特征明显,发展水平与地方经济发展水平存在深度关联,会直接影响到高等职业教育专业发展水平。如何设置一条全国范围内都适用的专业质量基准难度极大。同时高职院校定位于服务区域经济发展,带有明显区域特征的专业教育如何进行质量基准衡量,同样不是一件容易的事情,这对于专业认证标准的要求太高了。"(J3-M-Oct.13th.2020)

我国高等职业教育服务于区域及地方经济的发展定位决定了我国高等职业教育发展的地域差异性,这也直接导致了专业教育质量水平的差异。当面对区域经济发展水平、区域专业布局与结构的差异化所导致的专业教育发展的不平衡问题时,专业认证如何兼顾不同发展层次、发展水平、发展定位的专业,兼顾专业教育与区域经济发展适应性,体现专业各自的发展特色绝非易事。如何科学评价专业教育质量水平,如何体现专业发展的特色与优势,如何衡量专业发展是否能够与区域经济发展相适应,这些问题都在一定程度上为高等职业教育专业认证标准设计与实施操作带来了难题,如果无法有效解决则会极大地抑制高等职业教育专业认证的发展。

但客观来说,不能因为区域不同、专业发展水平的不同而对专业认证有双重理解。如何在专业认证标准设计中,将区域发展不平衡所带来的差异化因素有效剥离,凸显专业建设与区域产业布局紧密结合的特色性才是高等职业教育专业认证标准设计时应予以更多关注的问题。

五、认证程序维度的制约

认证程序是认证主体依据认证标准实行规范化、标准化的技术认定与评判,最终获取认证结果的实践过程。专业认证的实施过程强调对全面真实的专业教育实际情况的了解和统一规范的认证标准体系的执行。这也说明了专业认证对专业基本事实的看重和对科学标准的把握,这是专业认证能够良性落地的前提。但是如果没有规范化的程序设计加以具体操作与执行,专业认证就无法将基础事实与认证标准指标进行有效的比对与评价,专业认证也就失去了其认证的根本意义。

长期以来,针对我国教育质量评价的研究与探讨多聚焦于评价主体与评价标准维度，反思评价程序在教育质量评价过程中存在的问题与不足的研究却较为缺乏，常常忽视了评价程序对于教育质量评价的有效实施与评价结果权威性、公平性的正向影响。这种惯性思维同样也深深地影响着高等职业教育专业认证的发展。深度访谈中提及认证程序维度的制约因素并不多，仅仅覆盖了"缺乏规范的认证程序设计"这一个自由节点，但这不代表认证程序维度的制约不是影响高职专业认证发展的重要制约因素。

认证程序是认证主体有效组织和实施专业认证的基础，是专业认证具体实施过程的指南与说明。专业认证实施过程中，认证主体如何依照程序步骤客观、公正地参与认证实施，如何有效地参照认证标准进行比对评定，如何通过协商研讨做出公正的认证结果说明，实际上都依赖于认证程序的引导与规范。认证程序极大地影响了专业认证的精准执行，如果程序实施不当则极易产生偏离基准价值等行为，最终造成专业认证效能及权威性的衰减。

科学的程序设计还能够营造一种"透明式"的互信氛围，保障高等职业教育专业认证利益相关者的平等参与权，并通过参与权的赋予有效缓解利益相关者之间的利益冲突与博弈，提升利益相关者对于认证结果的接受度与认可度。专业认证程序设计同时能够将专业认证实施过程中涉及的包括认证结论、专业教育信息、人才需求信息等在内的各种质量信息主动、公开地向社会及各利益相关方公布，有助于破除信息沟通阻碍，推进信息公开，以开放姿态坦诚回应各种质询，提升专业认证的公信力。

为此，没有科学、规范的认证程序设计，高职专业认证就如同失去了其"操作手册"，失去了其权威性与公信力的有效保障。缺失了规范良好的程序设计这一重要板块，高等职业教育专业认证无法真正落地实施，缺失的困局仍然难解。

第五章 我国高等职业教育专业认证体系的构建设想

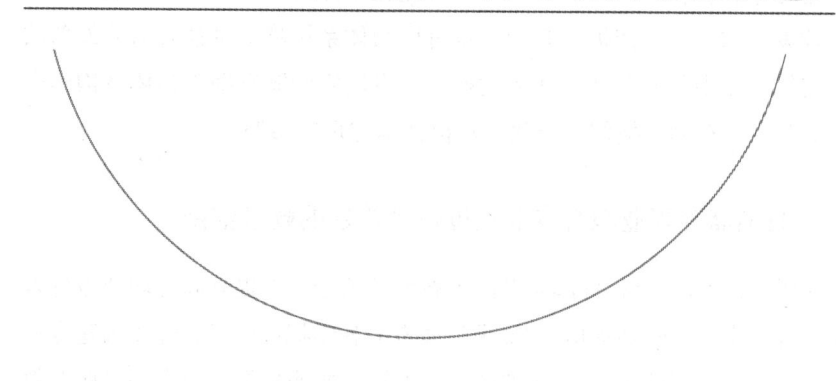

高等职业教育专业认证体系的构建，是一个系统化的工程，涉及构建目标、构建依据、构建原则、构建方式等一系列问题。这既是高等职业教育专业认证体系构建的基础性环节，也是明确这一体系架构的立论依据。本章在对高等职业教育专业认证制约因素阐释分析的基础上，尝试从支撑高等职业教育专业认证体系构建的政策与实践依据出发，明确体系的构建目标，探寻适合我国高等职业教育专业认证体系的构建原则与构建方式，并希望研究能沿着这一构建设想的具体指引，为高等职业教育专业认证体系的构建奠定良好的基础。

第一节　我国高等职业教育专业认证体系构建依据

构建高等职业教育专业认证体系，首先在于探析和找寻体系构建的理论基础、政策支撑与现实依据。政策依据可以为体系构建提供强有力的外部政策保障支持。而中外专业认证体系的构建与发展实践既有助于为体系构建提供参考借鉴，又有助于提供本土化的示范样本与现实参照。

一、我国高等职业教育专业认证体系构建的政策依据

如前所述，2006年教育部印发的《教育部关于全面提高高等职业教育教学质量的若干意见》明确提出，"要求加强专业教学标准建设，逐步构建专业认证体系"[1]。这应当是国家层面的政策文本第一次明确提出要在高等职业教育中探索并逐步构建专业认证体系。

2018年，国务院颁布《关于加强质量认证体系建设促进全面质量管理的意见》，要求"构建全国统一的、权威的、具有公信力的国家质量认证体系"[2]。

---

[1] 教育部关于全面提高高等职业教育教学质量的若干意见[EB/OL].（2006-11-16）[2021-03-27]. http://www.moe.gov.cn/srcsite/A07/s7055/200611/t20061116_79649.html.
[2] 国务院关于加强质量认证体系建设促进全面质量管理的意见[EB/OL].（2018-01-17）[2021-03-27]. https://www.gov.cn/zhengce/content/2018-01-26/content_5260858.htm.

2020年9月，教育部等九部门印发的《职业教育提质培优行动计划（2020—2023年）》再次明确提出要"探索高职专业认证，推进专科高职学校高质量发展"，并将其纳入了56项重点工作任务表。以上政策性文件是目前国家层面的政策文本中对于高等职业教育专业认证体系探索与构建这一目标任务最为明确、最为直接的政策支持。

此外，通过梳理政策文本可以发现，大量的政策文本都围绕着高等职业教育的教育教学质量的全面提升与教育质量评价方式改革这两个核心内容而展开，这些政策文本同样为高等职业教育专业认证体系的构建提供了大量的政策支持。

（一）教育教学质量的全面提升

随着《中华人民共和国职业教育法》与《中华人民共和国高等教育法》相继确立了高等职业教育的法律地位，我国高等职业教育的相关政策开始进入形成和发展期。但我国高等职业教育政策中围绕着教育教学质量以及高质量发展这一核心内容的相关政策主要是从我国高等职业教育进入内涵式建设与高质量发展阶段开始的。

笔者根据教育部相关门户网站、部分省市教育厅官方网站等对我国高等职业教育自2000年发布的国家层面的政策性文件进行了梳理与整合，并以"教育教学质量""教学质量""教育质量""人才培养质量"等为关键核心搜索词，对政策性文件进行了再整理。

沿袭亚瑟·M.科恩在《美国高等教育的形态：当代制度的产生与发展》（*The shaping of American higher education: emergence and growth of the contemporary system*）中所提出的关于教育政策变迁研究的方法，即"每一教育政策的出现都与当时教育发展趋势息息相关，都有相应的与发展趋势所契合的重大事件的发生予以对应"[①]，笔者对筛选出来的相关政策文本做了发展阶段划分与标志性事件梳理（见表5-1）。

---

① COHEN A M, KISKER C B. The shaping of American higher education: emergence and growth of the contemporary system[M]. John Wiley & Sons, 2009: 207.

表 5-1 关于高职教育教学质量的重点政策文本列表（2000—2021）

阶段	重点政策文件	标志性事件
内涵式建设发展阶段（2000—2015），特点：规模扩容与质量提升	1.《国务院关于大力推进职业教育改革与发展的决定》（国发〔2002〕16号）。 2.《关于大力发展职业教育的决定》（国发〔2005〕35号）。 3.《教育部办公厅关于全面开展高职高专院校人才培养工作水平评估的通知》（教高厅〔2004〕16号）。 4.《教育部关于进一步推进高职高专院校人才培养工作水平评估的若干意见》（教高〔2005〕4号）。 5.《教育部关于全面提高高等职业教育教学质量的若干意见》（教高〔2006〕16号）。 6.《国家中长期教育改革和发展规划纲要（2010—2020）》。 7.《教育部关于推进高等职业教育改革创新引领职业教育科学发展的若干意见》（教职成〔2011〕12号）。 8.《教育部关于印发〈国家教育事业发展第十二个五年规划〉的通知》（教发〔2012〕9号）。 9.《教育部关于全面提高高等教育质量的若干意见》（教高〔2012〕4号）。 10.《国务院关于加快发展现代职业教育的决定》（国发〔2014〕19号）。 11.《现代职业教育体系建设规划（2014—2020年）》（教发〔2014〕6号）。 12.《教育部关于深化职业教育教学改革全面提高人才培养质量的若干意见》（教职成〔2015〕6号）。 13.《高等职业教育创新发展行动计划（2015—2018年）》（教职成〔2015〕9号）。	1. 重点建设100所示范性高职院校。 2. 新增100所骨干高职建设院校

续表

阶段	重点政策文件	标志性事件
高质量发展阶段（2016至今），特点：提质增效与提质培优	1.《国务院办公厅关于深化产教融合的若干意见》（国办发〔2017〕95号）。 2.《国务院关于印发国家职业教育改革实施方案的通知》（国发〔2019〕4号）。 3.《教育部 财政部关于实施中国特色高水平高职学校和专业建设计划的意见》（教职成〔2019〕5号）。 4.《教育部 财政部关于印发〈中国特色高水平高职学校和专业建设计划项目遴选管理办法（试行）〉的通知》（教职成〔2019〕8号）。 5.《教育部等九部门关于印发〈职业教育提质培优行动计划（2020—2023年）〉的通知》（教职成〔2020〕7号）。	1.创新行动计划建设优质专科学校与重点专业。 2.中国特色高水平高职学校和专业建设计划（简称"双高计划"）

在政策文本的类型上，关键性、标志性政策文本的类型多为"通知""意见""决定""办法""方案"等，其他相关的政策文本多为针对之前某一关键性政策文本内容的细化补充或规范制定。在政策文本的效力级别上，政策文本大多以行政法规与部门规章的形式出现，专门法律的形式较少。

从政策文本的内容分析中不难看出，虽然处于不同的发展阶段，但是高等职业教育相关政策文本无外乎围绕着"对外服务于区域及地方经济发展，对内全力提升高等职业教育教学质量"这一核心主题展开。作为服务于经济社会发展与区域产业升级的高素质高技能型人才的智力支撑，高等职业教育必须正视并重视教育教学质量问题，这是不容忽视的工作重心。为此，提升教育教学质量一直是我国高等职业教育政策关注的重点，一直贯穿于高等职业教育相关政策文本的始终，而高等职业教育专业认证体系构建的根本目标也在于促进高职专业教育质量的全面提升。因此，这些政策文本都为认证体系的构建提供了强大的政策支持。

但是我们也应该看到，"扶强扶优""标杆管理（benchmarking）"思维一直是高等职业教育的政策导向。因此在围绕高职教育教学质量提升这一主轴中，每一阶段都会有相应的标志性质量工程的出现，希望通过示范、引领来带动高等职业教育质量的全面提升。这一系列政策及政策背后的质量工程实际上都反映了全面提升教育教学质量、促进高等职业教育高质量发展的内在需求。随着我国高等职业教育主要矛盾转为人民群众日益增长的优质职业教育需求与发展不平衡不充分的高职教育发展之间的矛盾,如何有效地提升高等职业教育的教育教学质量或许将在一个相当长的时间内成为我国高职教育政策的重要内容。

(二)教育质量评价方式的改革

在高等职业教育的发展历程中,推进教育质量评价改革既是完善高等职业教育质量保障体系的重要任务,也是我国高等职业教育政策重点关照的内容。教育质量评价与保障政策跟随着高等职业教育的不断发展呈现出逐渐完善、不断优化的发展特征。

早在2000年1月,教育部印发的《关于加强高职高专教育人才培养工作的意见》就要求"地方教育行政部门要根据国家有关法规,加强宏观管理,建立教学质量监控体系和教学评价制度"[1]。这一时期有关教育质量评价的政策的颁布主要源于当时高职教育教学质量开始得到广泛关注,包括其后开展的人才培养工作水平评估,都是推动高职教育质量评价改革的重要事件。随着2004年人才评估工作的深入开展,早期高职教育质量评价中的完全政府主导、过于量化指标等弊端开始显现。为此,2006年《教育部关于全面提高高等职业教育教学质量的若干意见》明确提出,要"吸收用人单位参与教学质量评价"[2]。2008年开始的第二轮的人才培养工作水平评估据此有了一定的修正与调整,但政府主导评估所带来的"行政化"倾向与评估价值的"异化"现象并没有完全改善。

随着社会大众对高等职业教育质量重要程度的认识日益深刻,对高职教

---

[1] 关于印发《教育部关于加强高职高专教育人才培养工作的意见》的通知[EB/OL].(2000-01-17)[2023-03-18]. http://www.moe.gov.cn/s78/A08/tongzhi/201007/t20100729_124842.html.
[2] 教育部关于全面提高高等职业教育教学质量的若干意见[EB/OL].(2006-11-16)[2023-01-28]. http://www.moe.gov.cn/srcsite/A07/s7055/200611/t20061116_79649.html.

育质量评价的参与权与知情权、教育质量评价透明度需求的进一步提升,2010年,《国家中长期教育改革和发展规划纲要(2010—2020年)》明确提出"管办评分离",要求全面"健全教育质量保障体系",并要求改进"高校的教学评估"。基于"管办评分离"大背景,如何建立科学、合理的职业教育质量评价,健全现有的教育质量保障体系就成为接下来一段时期内高职教育改革与发展的重要工作任务。一系列针对教育质量评价改革的相关政策法规陆续出台,极大地促进了我国职业教育质量评价的优化和完善。

笔者对2011年至2020年涉及教育教学质量评价改革的部分重点性政策文本进行了梳理(见表5-2),可以发现,高等职业教育质量评价的主体开始逐步由以政府为主向政府、学校、企业、社会等多元利益主体转变,而加强同产业界的紧密联系,引入职业标准、行业规范,积极发挥专业机构与社会组织的评价作用也是我国高等职业教育质量评价的发展方向与趋势走向。

表5-2 关于高职教育质量评价改革的部分政策文本梳理(2011—2020年)

发文时间	政策文件名	相关政策表述
2011	《教育部关于充分发挥行业指导作用推进职业教育改革发展的意见》	进一步提高对职业教育行业指导重要性的认识,建立社会、行业、企业、教育行政部门和学校等多方参与的职业教育质量评价体系,把行业规范和职业标准作为学校教学质量评价的重要依据。逐步建立以行业、企业为主导的职业教育第三方评价机制。
2013	《中西部高等教育振兴计划(2012—2020年)》	健全高等职业教育质量评价体系,把行业规范、职业标准和企业用人要求作为质量评价的重要依据。
2014	《国务院关于加快发展现代职业教育的决定》	完善职业教育质量评价制度,定期开展职业院校办学水平和专业教学情况评估,实施职业教育质量年度报告制度。

续表

发文时间	政策文件名	相关政策表述
2015	《教育部关于深入推进教育管办评分离促进政府职能转变的若干意见》	明确界定和全面理顺以教育行政主管部门为代表的政府与高职院校和第三方评价组织之间各自的职权及关系。支持专业机构和社会组织规范开展教育评价。大力培育专业教育服务机构，扩大行业协会、专业学会、基金会等各类社会组织参与教育评价。
2017	《国务院关于印发国家教育事业发展"十三五"规划的通知》	支持行业组织开展职业学校人才培养质量评估，完善学校、行业、企业、研究机构和其他社会组织共同参与的职业教育质量评价机制。
2019	《国家职业教育改革实施方案》	完善政府、行业、企业、职业院校等共同参与的质量评价机制，积极支持第三方机构开展评估，将考核结果作为政策支持、绩效考核、表彰奖励的重要依据。
2020	《深化新时代教育评价改革总体方案》	构建政府、学校、社会等多元参与的评价体系，并提出要积极发挥专业机构和社会组织在多元评价中的积极作用。

高职教育质量评价的改革是一项需要持续推动的工作，要实现高等职业教育的高质量发展，对现有教育教学质量评价方式的改革与完善就势在必行。专业认证作为一种国际公认的专业教育质量评价方式，在相关政策引导与大力支持下，理应结合我国高等职业教育实际得以不断发展，助力高等职业教育的高质量发展。

二、我国高等职业教育专业认证体系构建的实践依据

高等职业教育专业认证体系的构建虽有国家层面上的政策支持，也有相关理论的支撑，但这并不等同于现实的可行性。从现实依据来看，专业认证体系的构建是全面提升专业教育质量，促进高等职业教育高质量发展的现实需要。一方面，专业认证体系的构建与发展为我国高等职业教育专业教育质

量提供了一个规范化、标准化的质量标尺，高等职业教育的高质量发展需要借助专业认证这样的专业教育质量评价工具来推动专业教育质量的持续改进与全面提升。另一方面，其他国家专业认证的成功实践为我国高等职业教育专业认证体系构建提供了有益的现实借鉴，而我国本科工程教育与师范类教育专业认证的实践经验也为体系构建提供了本土化的示范效应。

（一）推进高等职业教育高质量发展的现实选择

在相当长的一段时期内，我国高等职业教育的教育教学质量水平都无法适应当时的经济社会发展需求，既缺乏社会吸引力，又无法达到高等职业教育发展所要求的水平。高职院校多数专业受限于自身发展水平，实际上并不完全具备参与专业认证的相应基础。加之高等职业教育早期发展的重心并未聚焦于专业教育质量提升，构建高等职业教育专业认证体系尽管得到了相关政策文件的支持，但并不具备在高等职业教育领域开展的现实条件与环境，从而造成了专业认证缺失的现状。这也在一定程度上解释了从2006年"构建专业认证体系"这一目标提出至今，高等职业教育的专业认证未能有效开展的原因。

随着我国高等职业教育迈入提质增效与培优阶段，以"双高计划"中的高水平专业群建设为代表，高职院校专业教育质量已经有了长足进步，高职专业建设开始进入重视质量、强调质量、践行质量的发展高速期。即便如此，我国高职院校专业的整体实力仍然与理想目标存在较大差距，提升专业教育质量的愿望日益强烈。

专业认证旨在确保学生通过专业学习后能够达到既定的质量标准，能够为高职院校专业教育质量提供了明确而规范的标尺。一方面，专业认证通过专业教育质量形成过程与出口端质量控制与保障，有效推动专业质量保障体系的健全与优化，有助于高职专业教育质量的全面提升。另一方面，专业认证通过认证标准导向作用与多元利益主体参与机制，将职业标准融入专业认证标准，将经济社会的发展需求渗透到专业教育中，能够有效地提升高等职业教育对经济发展人才支撑与智力支撑的精准度与有效性供给，提高高职教育与区域经济发展与产业升级之间的融合度，增强高等职业教育服务于区域经济发展的能力，进一步推动高职专业教育的高质量发展。

目前普通本科教育开始推行应用型本科转型发展，一大批本科院校转型为应用型本科，对本就处于弱势、尚需发展和培育的高等职业教育产生了相当大的竞争压力，高职教育的生存与发展空间被不断挤占。无论是在资源配置、招生生源、师资队伍还是在就业率等方面都受到极大冲击。专业认证有助于高职院校以此为契机对专业进行梳理和诊断，突出自我优势，扶弱培优，帮助专业提升竞争力，增强社会影响力，赢得更多的发展主动权与话语权。

正如全国高职高专校长联席会议主席董刚教授所说，"'提质'是高职教育永恒不变的目标，'培优'是高职教育回应当下的价值追求"。高等职业教育的高质量发展与全面提升需要重新认识和进一步明确高职院校专业教育质量的重要性，需要构建一套科学、合理的高等职业教育专业认证体系以加强对高职院校专业教育质量的评价与保障，从而促进高等职业教育高质量发展目标的有效实现。

（二）本科工程教育与师范类专业认证的本土示范

1992年，教育部委托当时的建设部在我国建筑学专业办学历史最早的清华大学、同济大学等四所高校的建筑学专业尝试开展专业认证与评估试点工作。随后按照国际通用的工程教育专业认证标准与程序相继对土木工程专业（1995）、城市规划专业（1998）、工程管理专业（1999）等6个土建类专业展开了专业认证工作试点，这是我国本土实行专业认证的早期尝试。

2006年，中国科学技术协会牵头与教育部一起，对电气工程及自动化、机械工程及自动化等4个试点专业开始实行专业认证。2007年，试点专业增加到了9个。也是在这一年，教育部总结前期试点工作经验，颁布了《全国工程教育专业认证试点办法》《全国工程教育专业认证专家委员会章程（暂行）》，随后召开了全国工程教育专业认证专家委员会全体会议，开始对工程教育专业认证标准进行修订。2010年，我国《工程教育专业认证标准（试行）》颁布。随着2015年中国工程教育专业认证协会（China Engineering Education Accreditation Association，CEEAA）正式成立，我国初步构建起本科工程教育专业认证体系。

2016年，我国成为《华盛顿协议》的正式成员，标志着我国工程教育专业认证体系成为世界工程教育专业认证体系中的重要组成部分，工程教育质量实现了国际实质等效，得到了世界的认可。随着工程教育专业认证向纵深发展，工程教育专业认证日渐受到高校与社会的广泛认可和高度重视，高校及专业主动参与的主体意识持续提升。截至2022年年底，全国共有321所普通高等学校的2 385个专业通过了工程教育专业认证，共涉及24个工科专业类[①]，我国本科工程教育全面进入专业认证时代。

  我国本科工程教育专业认证体系的发展是从专业试点的基础上逐渐向全国范围推广的一个不断探索与完善的过程。政府科学的顶层设计，有步骤、有计划的指导与推进是工程教育专业认证得以稳步快速发展的重要原因。由试点开始逐步推行，在此基础上不断总结经验与教训，最终推广至全国的探索模式也是我国工程教育专业认证的权威性得以保障的有效前提。而从国情出发明确专业认证的价值取向、注重认证程序过程与结果适用、强调与工程师注册的有效衔接、强化认证标准的国际实质等效性都是我国工程教育专业认证体系构建与发展过程中的宝贵经验总结。

  2014年教育部在本科工程教育专业认证实施的成功经验上，沿袭试点先行的做法，准备对本科师范类专业试行专业认证，并首先在江苏、河南与广西三地组织认证试点工作。2016年，教育部开始启动师范类专业认证的相关课题研究，广泛调研我国师范类专业详细情况以及国际师范类专业认证的普遍做法。在前期试点与广泛调研的基础上，2017年，教育部印发了《普通高等学校师范类专业认证实施办法（暂行）》[②]，正式开始施行本科师范类专业认证。

  本科师范类专业认证在认证定位上强调"分级分类、特色发展、追求卓越"，并依据我国师范类教育特点，分类研究制定包括中学、小学、学前等不

---

① 教育部高等教育司关于转发《中国工程教育专业认证协会 教育部教育质量评估中心关于发布已通过工程教育认证专业名单的通告》的通知[EB/OL].（2023-06-27）[2024-03-28]. http://www.moe.gov.cn/s78/A08/tongzhi/202306/t20230628_1066183.html.

② 教育部关于印发《普通高等学校师范类专业认证实施办法（暂行）》的通知[EB/OL].（2017-10-26）[2023-01-20]. http://www.moe.gov.cn/srcsite/A10/s7011/201711/t20171106_318535.html.

同专业的专业认证标准,"构建横向三类覆盖、纵向三级递进的师范类专业认证标准体系"①,规范引导师范类专业教育合理定位,在特色化发展的基础上追求专业教育质量的最优化。

本科师范类专业认证还形成了有效衔接、明确分工、整体设计的省部协同机制,由教育部负责整体顶层设计、总体指导,教育部高等教育教学评估中心负责开展第一级监测、中央所属高校的二级认证与第三级认证工作,而省级教育行政部门主要负责本地区高校的专业认证工作。同时还成立了师范类专业认证的专业认证委员会,在制定认证工作专家遴选标准的基础上,组建了包括1 300多名专家在内的师范类专业认证专家库。截至2020年11月,全国共计有6所高校的6个专业通过三级认证,83所高校的215个专业通过二级认证。

本科工程教育与师范类专业认证的良好实践,为我国高等职业教育专业认证体系的构建提供了可供借鉴与参照的本土示范。这也为立足当下国情与高等职业教育的发展实际,构建更为科学、合理的有高职特色的专业认证体系提供了良好的现实依据。

(三)专业认证实践发展成熟国家的现实参照

发端于美国的ABET工程专业认证以其对专业教育质量的科学评价与有效保障逐渐成为专业教学质量保障最为有效的方式之一,并通过国家层面的实践与合作在全球扩展开来,为多个国家所接受并得以广泛应用。

美国ABET工程教育专业认证(Accreditation Board for Engineering and Technology,ABET)的形成与发展是一个长期的过程。当时美国社会发展对高质量工程专业人才的需求、院校及专业为提升自身优势和竞争力的意愿共同推动了专业认证的形成与发展。美国工程教育专业认证体系的构建同美国独特的分权文化、自由发达的市场经济体制、所奉行的大学学术自治制度与社会力量的广泛参与紧密相关。美国这种发端于专业教育内部,由下至上自

---

① 实施师范类专业认证 健全教师教育质量保障体系——教育部教师工作司、高等教育教学评估中心负责人就《普通高等学校师范类专业认证实施办法(暂行)》答记者问[EB/OL].(2017-11-03)[2023-01-20]. http://www.moe.gov.cn/jyb_xwfb/s271/201711/t20171108_318641.html.

发建立起来的专业认证体系，历经多年的实践与完善，已形成了层次分明、内容完备、针对性强、多元利益主体参与度高的专业认证体系。

而以 ASIIN 专业认证（Akkreditierungsagentur für Studiengänge der Ingenieurwissenschaften，der Informatik，der Naturwissenschaften und der Mathematik，ASIIN）为代表的德国工程专业认证则完全走出了一条坚持特色化发展的模式。德国专业认证的发端源于欧洲高等教育一体化的持续影响，在德国高等教育改革与质量保障体系的优化调整中应运而生。德国采用外因催生，政府主导的"由上至下"强制性的体系建构方式，并通过在"政府管理转型时引入认证制度，构建公共治理认证体系；教育改革中保障质量呼唤专业认证，博弈中衍生多元化认证代理机构"[①]的发展模式，最终形成了极具德国特色的工程教育专业认证体系。德国工程教育专业认证在汲取国际先进理念，推进国际实质等效的同时保持本国特色，特别是在区域及国际教育一体化及国际化进程中由"跟跑"走向"领跑"，为我国高职专业认证体系构建提供了新的发展思路。

以美国、德国为代表的专业认证发展的成功实践为我国构建高职专业认证体系提供了有益的启示和现实参照，主要表现在：第一，认证体系构建要植根于经济社会发展大环境，要与本国国情与经济社会发展需求相协调，既要正面回应专业认证面临的社会现实和需求，又要遵循专业自身发展规律和专业特色。第二，坚持"以学生为中心""成果导向"和"持续改进"的认证理念，回归育人本质，改变过去专业质量评价只重视评价不重视改进，只贴"标签"不重视结果运用的弊端，把质量提升作为专业认证的逻辑起点和价值归宿。第三，注重多元利益主体的广泛参与，将专业认证作为社会需求与专业建设发展之间的沟通载体。强化市场导向在专业认证资源配置上的基础性作用，合理界定不同利益主体的权利边界，明确政府在专业认证体系构建中的积极作用，明确界定专业评价机构的职责权限，注重与产业界为代表的多

---

① 李亚东，朱伟文. 从"跟随"到"领跑"：高等教育专业认证发展道路探析——基于德国认证体系及 ASIIN 专业认证的因素分析与启示[J]. 比较教育研究，2019，41（5）：50-57.

元利益主体的紧密合作关系，鼓励利益相关方协同参与。第四，重视专业认证标准指标的导向作用，注重职业标准与专业认证标准的有效融合与渗透。认证标准既要注重国际实质等效，又要保持自身特色。

世界上成熟的专业认证体系建构及发展的实践为我国构建高职专业认证体系提供了有益的启示与现实参照。但是我们也应该注意到，我国高等职业教育有自身的实际情况与特殊性，体系构建既需要学习借鉴，又要立足本土实际。

第二节 我国高等职业教育专业认证体系构建目标

一、推进高等职业教育高质量发展

高质量发展是当下高等职业教育发展的主题，高等职业教育的高质量发展必然需要实现高职专业教育的高质量发展。专业是高等职业教育教学质量的基础载体，专业教育质量水平的高低将直接影响到高职的教育教学质量水平。

高等职业教育专业认证体系的构建有助于通过对专业教育质量的科学评价，将外部质量评估与内部质量保证有效贯通，建立以专业教育质量提升与改进为核心的全面质量管理体系来促使高职专业形成自我诊断、自我改进、自我约束和自我发展的专业质量保障闭环体系建设。这既是对现有高职教育质量保障体系的有益补充与完善，又能促使各专业以更加积极的态度应对与解决专业教育中出现的各种质量问题，全面提升专业教育质量水平。

高等职业教育专业认证体系的构建能够从专业本质属性来重新认识专业，科学评价专业教育质量水平，是发现高职专业教育质量价值的过程，也是专业教育价值增值的过程。它有助于通过对高职专业质量信息的全面梳理，帮助教育行政主管部门及高职院校进行专业的动态调整，有助于专业设置更加精准对接产业链，对新形势下高等职业教育的高质量发展、产业升级及经济新动能的培育具有重要意义。

二、促进高等职业教育职业性特征的彰显

产教融合是国家引导高等职业教育由规模化发展转向内涵式建设与高质

量发展的重要战略，也是优化专业结构与提升教育教学质量的重要途径。高等职业教育的类型教育特征决定了其与经济社会发展与区域产业升级的紧密联系，而产教融合则是这一特征的有力彰显。

高等职业教育专业认证体系的构建，所带来的针对高职院校所开设专业的具体质量信息的系统梳理，有助于教育行政部门通过动态化的专业质量监控与评价来推动专业设置的区域布局与优化，实现精准而有效的专业治理与资源配置，实现专业设置、专业调整与区域经济社会发展同产业升级之间的良性互动。

高等职业教育专业认证体系的构建也有助于通过专业认证的导向作用将经济社会与区域产业升级的人才质量诉求渗透到高等职业教育专业教育与人才培养全过程。通过双向育人机制的建立，准确把握专业人才培养对于经济社会发展需求，提升毕业生的职业胜任力，确保学生毕业后具备从事专业职业领域相关工作的能力，为区域及地方经济发展提供高质量人才保证。

高等职业教育专业认证体系的构建还有利于搭建与产业界有效沟通与协作的平台，加深专业同经济社会与产业发展之间的双向参与度与融合度，使高职专业建设与发展更加适应当前市场需求和区域经济战略发展要求，提升高等职业教育服务经济社会及区域产业升级的社会服务能力；有助于进一步发挥社会、市场、产业界对高等职业教育质量的监督与管理职能，在有效保障专业认证结果的权威性与独立性的同时，通过资源的优化与整合，实现最大育人合力。

三、提升高等职业教育国际竞争力

经济全球化与"一带一路"倡议的实施推进，加速了技术技能型人才的跨区域、国际流动日趋频繁。面对人才国际流动的强烈需求，构建对标国际认证标准的高等职业教育专业认证体系，有助于推动国际教育互认协议的达成，实现我国高等职业教育质量标准的国际实质等效，提高高等职业教育的国际认可度和国际竞争力，促进高等职业教育专业与人才在国际范围的交流与认可。

建立与国际对标的高等职业教育专业认证体系，还有利于开阔我国高等职业教育专业建设与发展的国际化视野，提升高职专业建设的国际化程度，为国际高等职业教育专业建设提供"中国经验"，促进高等职业教育专业人才培养的国际化发展，在增强人才培养的"国际话语权"的同时增强高等职业教育的文化自信。

高等职业教育专业认证体系的创新实践还有助于积极推进具有中国特色的专业认证模式、认证理论与认证标准的输出，积极探索具有中国特色的高等职业教育国际化的模式与路径，形成中国高等职业教育的话语体系，为世界提供高等职业教育高质量发展的中国方案，为打造一批世界一流高职专业提供可能。

四、助推现代职业教育体系的完善

高等职业教育现有的证书体系存在着教育属性与职业属性两套体系并行的局面，职业资格证书与教育学历证书的分离现状严重制约了现代职业教育体系的发展。高等职业教育作为一种跨界教育，它需要打破两者间的既有壁垒，促进教育学历证书与职业资格证书之间的对应与衔接，建立职业对应关系，实现职业人才的科学认定。

高等职业教育专业认证体系的构建能够"突破现有职业教育两套证书体系的定界束缚"[①]，有效实现基于学生学习成长与教学规律的学历资格证书制度与基于职业发展与技能形成规律的职业资格制度的有效衔接。通过职业标准与专业认证标准的有效融合，将专业认证作为职业资格制度有效实施的基础环节之一，建立专业教育与职业的对应关系，有助于促进高等职业教育专业人才培养与职业资格认定的一体化发展，实现学历证书与职业资格证书的互通与衔接，有助于推进现代职业教育体系的进一步完善与发展。

高等职业教育专业认证体系的构建还有助于搭建以职业教育人才培养为核心的技能型人才多路径发展的阶梯。通过学历证书与职业资格证书的互认与衔接，实现学习成果的相互认可，打破传统的仅以学历认定人才的既有人

---

① 姜大源. 现代职业教育与国家资格框架构建[J]. 中国职业技术教育，2014（21）：23.

才评价框架体系，构建多样化且相互贯通的人才培养与成长路径，实现习近平总书记提出的"人人皆可成才，人人尽展其才"[①]的教育目标。

第三节　我国高等职业教育专业认证体系构建原则

高等职业教育专业认证体系的构建如果仅仅只有构建目标的指引与理论、政策和实践支撑，就只能为体系构建指明大致发展方向和提供外部条件准备。如果没有遵从合理的构建原则，就会造成体系构建上的视觉缺陷，必然给构建效率与效果带来负面影响。高等职业教育专业认证体系的构建既需要遵循专业认证自身的发展规律，又要符合我国高等职业教育的实际。笔者认为我国高等职业教育专业认证体系构建时应当坚持目标导向原则、系统性原则、协同性原则与适应性原则。

一、目标导向原则

目标导向性是指在专业认证体系构建过程中应始终明确高等职业教育专业认证体系的构建目标，围绕构建目标科学选择体系构成要素，协调要素间以及要素与体系运行之间、体系与外部环境之间的关系以实现体系构建目标的达成。无论是专业认证体系构建参与的各利益相关方、还是体系构建过程中的分析、实施、应用过程都应始终围绕这一目标而展开。

高等职业教育专业认证体系构建的核心目标体现和反映了高等职业教育专业认证最根本、最真实的诉求和愿望，是体系构建的出发点和最终归宿点。为此，在体系构建过程中贯彻目标导向性原则是非常重要的，这是保证体系构建的方向性、实效性的切实需要。如果不坚持目标导向性原则，那么体系构建就会偏离既有的正确方向，就会因忽略核心目标无法达成专业认证的质量评价与质量保障的功能性效应。

同时，体系构建的意义在于保障专业认证的有效实施，唯有确定正确的目

---

① 习近平：在庆祝中国共产党成立 95 周年大会上的讲话[EB/OL].（2016-07-01）[2024-03-31].http:www.gov.cn/xinwen/2021-04/15/content_5599747.htm.

标导向才能让专业认证按照目标指引顺利实施。因此，坚持目标导向原则既是高等职业教育专业认证体系构建的需要，也是高职专业认证发展与实践的需要。

二、系统性原则

体系的构建本身是一项系统性工程，需要各要素协同合作、系统规划，这是任何一个体系构建所必须具备的。从这个意义上来讲，高等职业教育专业认证体系构建应当遵循系统性原则，以保证体系构建的科学性与合理性。

高等职业教育专业认证体系构建中需要采用系统性的思维及方式，辨析与明确体系、构成要素、外部运行环境之间的内在逻辑联系，由此站在全局角度对各要素进行系统化的设计与管理，同时应具有动态调适与可持续改进的整体规划意识。

高等职业教育专业认证体系同时也应当是多元利益主体广泛参与的一个动态化体系。体系运行的过程就是各利益主体因差异化的诉求由冲突与博弈转向沟通与协作的过程。唯有从系统化、整体化的角度来把握体系构建，才能消解利益冲突，平衡利益博弈，达成利益共识，才能保证行为指向的一致性，这也是体系构建目标实现的根本动力。

高等职业教育专业认证体系作为高职专业教育质量链中的关键链节点，有机嵌入质量链中，与其他链节点一起承担质量链上相应的质量职能，服务于质量链的整体运行。这是高等职业教育专业认证体系基于质量链运行所应当具有的系统性属性。为此在体系构建中应遵循系统性原则，正确处理与质量链整体、与质量链上各关键链节点之间的质量联系，协同发展、系统优化，基于共同的质量目标来推动质量链整体的良性运行与发展。

三、协同性原则

协同性原则强调和关注高等职业教育专业认证体系中各要素之间的相互逻辑联系与互动，注重多元利益主体的广泛参与，注重认证体系的共建与共享，注重资源合力在推动认证体系构建上的积极作用。

高等职业教育专业认证体系是一个全面开放的体系，体系的构建既需要构成要素之间的相互协同合作，又离不开来自外部环境等方面的影响。体系构建本质就是要让构成要素之间、构成要素与外部环境之间产生良性互动与质量信息的交互，从而在协同中完善、协同中优化以不断增强体系的自组织能力。

一方面，多元利益主体广泛参与体系构建的同时也带来差异化的利益诉求，因此体系构建的过程也是通过体系内要素间的设计与规范管理，实现要素间的沟通互动与协同合作以消除各利益相关方的利益冲突，加强各利益相关方积极合作以寻求共同利益目标的过程。唯有坚持协同性原则，有效协同各利益相关方以构建共享共建、互利双赢的良好环境才能提升专业认证体系构建的整体运作效率，进而确保专业认证体系构建目标的实现。

另一方面，高等职业教育专业认证体系与高职院校专业质量链上的其他关键链节点一起有机整合成一个紧密的"自组织"链式功能结构。唯有坚持协同性原则，在体系构建时正确处理与其他关键链节点、与质量链之间的相互关系，才能在体系构建时依据质量链共同的质量目标在"竞争中合作，合作中协同"以形成质量链整体竞争合力来快速应对经济社会发展与区域产业升级对高职专业教育质量的需求变化。

四、适应性原则

适应性是个体或组织为应对外部环境的变化及时做出回应与调整的过程，适应性原则的本质应当是主动适应而非被动接纳。高等职业教育专业认证体系构建的适应性在于认证体系的构建应当能够主动满足经济社会发展对高等职业教育专业认证体系所提出的要求与期待；应当在面对外在的环境风险与压力时能进行自我的不断调适与持续改进，以积极回应外部动态环境的变化；还应当能够与高职专业教育质量链上的其他链节点实现协同的质量联系，以共同推进质量链的有效顺畅运行。

为此，在构建高等职业教育专业认证体系时应当严格遵循适应性原则，一方面，体系的构建要积极响应经济社会与区域产业升级对专业教育高质量发展的需求，适时调整以降低外界环境变化对体系构建的负面影响。另一方面，应关注与高职专业教育质量链上其他链节点之间的质量联系，做到畅通渠道，减轻质量链波动可能会对体系构建所带来的排异或者负面效应。

体系构建还应充分考虑体系内部构成要素之间的适应性问题与多元利益主体的差异化诉求。体系构建时应当从要素间的逻辑联系出发，合理规划管理，促使要素间相互影响、相互作用、相互适应，形成良好的耦合效应关系来共同服务于体系构建目标的实现。体系构建还应当适应与协调各利益相关方之于体系构建的差异化利益诉求，通过沟通、协作来共同推进体系构建工作的顺利开展。

第四节 我国高等职业教育专业认证体系构建方式

体系构建方式主要是指在体系构建时依靠什么或者以什么方式构建的问题。目前世界上发展较为成熟的专业认证体系在构建时主要采用的是"社会主导型"和"政府主导型"两种不同的构建方式。选择正确的体系构建方式有助于研究沿着正确的框架指引开展具体的体系建构任务。但无论选择何种方式，都必须要符合我国高等职业教育专业教育发展的现实状况，也要符合体系构建的价值导向。

一、国外构建方式的比较借鉴

通过梳理与总结文献，我们可以发现以美国 ABET 专业认证体系为代表的"社会主导型"和以德国 ASIIN 专业认证体系为代表的"政府主导型"两种构建方式，是世界上专业认证体系的主要构建方式。笔者希望通过对这两者进行比较分析来探寻适合我国高等职业教育专业认证体系的构建方式。

（一）社会主导型

美国 ABET 工程教育专业认证是美国目前工程教育领域最为权威、应用范围最广泛的专业认证体系。ABET（Accreditation Board for Engineering and Technology）是工程与技术认证委员会的简称，该机构是针对应用与自然科学、计算机、工程学和工程技术领域的副学士（Associate）、学士（Bachelor）和硕士学位（Master）级别的专业教学计划进行非政府间认证的专业组织机构。

1862年莫雷尔法案（Morrill Land-Grant Act）的颁布与1876年霍普金斯大学的建立加速了美国工程专业教育的发展与革新，导致了20世纪前半段美国工程类学校的数量、开设专业、入学人数的较大规模增长，工程教育开始进入高速扩张与发展期。但数量与规模的扩张却没有与之相匹配的工程专业教育质量。1910年弗莱克斯纳医学报告（*Medical Education in the United States and Canada: A Report to the Carnegie Foundation for the Advancement of Teaching*）[1]所发出的有力诘问，引发了社会大众对专业教育质量与专业教育发展的普遍关注，促使了美国专业认证的起步。这也引发了工程教育专业内部对于专业教育质量与专业发展之间的相关性思考与探索，同时试图建立统一的工程专业教育全国性组织进行变革的意愿也日益强烈。1929年，美国工程教育促进会（Society for the Promotion of Engineering Education，SPEE）推出了著名的《威肯顿报告》（*the Wickenden Report*）。报告提出要"设立一个能够设置专业教学计划标准并能够对现有工程教育专业教学计划是否符合该标准进行评议与审议的全新的组织"[2]。1932年10月，以美国土木工程师学会（the American Society of Civil Engineers，ASCE）为代表的7家工程专业学会[3]

---

[1] DUFFY T P. The Flexner report—100 years later[J]. The Yale journal of biology and medicine, 2011, 84(3): 269.

[2] REYNOLDS T S, SEELY B E. Striving for balance: a hundred years of the American Society for engineering education[J]. Journal of Engineering Education, 1993, 82(3): 136-151.

[3] 这7家专业学会分别是美国土木工程师学会（the American Society of Civil Engineers，ASCE）、美国采矿和冶金工程师学会（American Institute of Mining Metallurgical and Petroleum Engineers，AIME）、美国机械工程师学会（American Society of Mechanical Engineers，ASME）、美国电气工程师学会（American Institute of Electrical Engineers，AIEE，现与IRE美国无线电工程师学会合并为Institute of Electrical and Electronics Engineers，IEEE）、美国化学工程师学会（American Institute of Chemical Engineers，AIChE）、美国工程教育促进会（Society For Promotion of Engineering Education，SPEE，现为American Society for Engineering Education，ASEE），以及州立工程主考机构全国理事会（The National Council of State Boards of Engineering Examiners，NCSBEE，现为National Council of Examiners for Engineering and Surveying，NCEES）。

宣布联合成立专业发展工程师委员会（Engineers Council for Professional Development，ECPD）。该组织旨在"通过组织间的合作性运动（cooperative movement），加强工程师专业地位，协调和促进应用与工程教育和实践的专业标准的拟定与实践"[①]。成立之初的 ECPD 仅仅只是 7 个专业学会之间的联合组织，发展到 1979 年时会员数已达 19 个。1980 年，为了更好地突出与聚焦组织的专业认证功能，ECPD 更名为美国工程与技术认证委员会（Accreditation Board of Engineering and Technology），简称 ABET，并于 2005 年再次更名为 ABET，Inc。目前 ABET 已发展成为一个拥有 35 个会员协会的国际性的非官方性质的专业认证机构。截至 2020 年 11 月，ABET 已对 41 个国家（地区）的 846 所大学中的 4 307 个工程专业教育计划进行了认证。

美国 ABET 专业认证体系的构建与发展深受当时美国特定的社会经济、教育发展与历史环境等的多重影响，体现出美国专业教育、经济发展与社会需求之间的交织借力。面对经济社会与工程领域的变革发展需求，ABET 专业认证体系的构建并不是政府强制力作用下的产物，而是以专业学会为代表的专业组织、专业教育机构为代表的工程专业教育内部主动适应社会变革与技术进步而不断自我调适所发起的根本性变革。ABET 专业认证没有依仗政府强制力的外力干预，而是选择了由内至外、由下而上，基于专业教育内部共同的理念与发展诉求，由利益相关者相互协作、自发革新的建构路径。这一路径的选择既与美国独特的政治生态与教育体制有着深深的关联，又依赖于美国当时工程专业教育水平的发达程度、学术的高度自治以及专业认证各利益相关方的高度协同与合作。

以美国 ABET 为代表的"社会主导型"构建方式的优势在于其动力主要内发于专业教育以及与专业教育紧密联系的经济社会内部，更多来自专业教育内部自省自觉，由下至上自发建立并不断完善与优化。从根本上来讲，这种构建方式是专业教育主动适应社会变革与经济社会发展需求而自我发起的

---

① Engineers' Council for Professional Development. As an audit of accomplishments, 1932-1947, and a rededication of plans for future action, HIRSHFELD C F. Engineers' Council for Professional Development[J]. Mechanical Engineering, 1993, 54: 633-634. June 1947[M]. Engineers' council for professional development, 1947: 65.

根本性变革，体现了其自发性的特点。

在近百年的历史发展中，美国外部宽松的政治环境、传统的学术自治氛围以及专业教育根据经济社会发展需求的自我调适与改革，都给予了专业认证体系构建与完善的时间与发展空间。因而这种由下至上、较为温和且时间充裕的构建方式能够适应美国工程专业教育质量提升的发展所需。同时，这种基于共同利益诉求而自发变革的路径是包括专业教育、专业学会、产业界、社会等利益相关方依据共同的理念与发展诉求在利益博弈后所做出的一致选择。为此在推行的过程中，阻碍较小，能够得到各利益相关主体的积极支持。

（二）政府主导型

20世纪80年代，全球工程专业教育改革与发展以及美国ABET专业认证在全球范围内的影响力持续提升，推动了以《华盛顿协议》(the Washington Accord)为代表的国际互认协议的不断达成。《华盛顿协议》及其后成立的国际工程教育联盟（international engineering alliance，IEA）旨在推进全球工程类专业教育质量提升，以美国ABET专业认证标准EC2000为基础准则，围绕着"实质等效性"与"国际可比性"这一原则，构建了基于成员国共同认可的国际工程教育专业认证及质量保障框架体系。这一框架的推出，有效地帮助了各成员国系统构建本国专业认证体系以推动工程教育教学质量的稳步提升，推动了全球范围内工程类专业教育质量的全面提升与工程类专业人员之间的流动与合作。德国制造闻名于世，作为支撑德国制造业发展的工程专业教育，理应成为全球工程教育专业认证体系及质量保障框架中的重要成员。为此，德国需要加入这一框架体系，但加入的前提是需要构建一套能够实现实质等效与国际可比的专业认证体系。

1999年，对欧洲高等教育影响深远的《博洛尼亚宣言》(Bologna Declaration)签署。这为后续欧洲工程教育认证网络（European network for accreditation of engineering education，ENAEE）的建立铺平了道路。德国深知要切实融入欧洲高等教育一体化进程，就必须要对现有的高等教育体制进行相应的调整与改革。在工程专业教育方面，要真正参与到欧洲工程教育认证网络并发挥积极作用，唯有参照ENAEE的认证标准，对本国现有的工程教育进行改革并构建相应的专业认证体系，才能够让德国相关的毕业生在毕业时获得EUR-ACE®标签[①]，更好地实现工程专业人员的学历互认与国际交流，德国的高等教育才能在融入欧盟一体化进程中迈出实际性步伐。

欧洲高等教育一体化进程与全球工程教育专业认证及质量保障框架体系的双重影响，迫使德国开始审视现有的高等教育体制及教育质量保障体系，以期尽快做出相应的调整与改革。但德国特点鲜明的地方自治与高校自律相结合的高等教育质量保障体系无法继续适应当前全球化与区域教育一体化的发展趋势。1998年，德国高校校长联席会议（Hochschulrektorenkonferenz，HRK）向德国联邦文教部长联席会议（Kultusministerkonferenz，KMK）提出构建德国高等教育专业认证体系的建议。在该建议的倡导下，全国性的认证专业机构——联邦认证委员会（Akkreditierungsrat，AR）[②]成立，并开始着手在联邦范围内开展全国性的高等教育质量保证体系的系统性改革与建设。联邦认证委员会（AR）作为专业认证机构的审核与管理机构，开始根据部长联席会议的相关决议，在德国高等教育领域开始指导并建构相应的专业认证体系，ASIIN专业认证则是这一大背景下的产物。

德国ASIIN专业认证体系的构建与发展更多的是外部因素所触发的德国高等教育系统内部的变革，有学者将这一现象解释为制度断裂期的"强制性制度变迁"[③]。这种变革的根本驱动力并不源于德国高等教育内部构建专业认证体系的自省与自觉。而是迫于外部因素，由政府作为教育行政权力机构主导并发起的一种自上而下的强制性的外部调控措施。面对外部因素的变化，继续墨守原有发展路径显然已不适应发展所需，如何在短时间内完成全国性

---

① EUR-ACE®Label是通过ENAEE认证的一种专业质量证明的标签。因为EUR-ACE®标签的授予遵循严格的认证标准与认证程序，为此，EUR-ACE®Label得到了欧洲高等教育区及国际工程教育相关认证机构一致认可，被视为高质量专业（专业教学计划）的证明文件。

② 德国联邦认证委员会Akkreditierungsrat，缩写为AR，德语全称为Stiftung zur Akkreditierung von Studiengängen in Deutschland，翻译成英语为accreditation council。

③ 胡德鑫.德国专业认证制度改革的行动方略与演绎逻辑[J].高教探索，2020(11)：58-65.

的专业认证体系的顶层设计与建构，只有国家行政强制力的实施才能得以实现，而这正是德国工程教育专业认证体系的一大特点。

以德国为代表的"政府主导型"构建方式的特点在于其动力来源于外部因素的诱导与刺激，是由政府主导的自上而下的外力构建，带有明显的"行政强制力"的典型特征。这种构建方式也有相应的限制条件。首先，它必须要求教育行政机构能够依据本国专业教育的发展实际情况拟定一个适切且明确的顶层设计方案，该顶层设计应当具有相当的操作性。其次，政府应当给予外部资源与相应的政策、资金、人力等保障其构建实施。最后，这种外部行政强制力实施可能会带来构建过程中来自各利益相关方的阻碍。因而政府还必须要面对如何处理好院校、专业、产业界、社会大众等利益相关方对专业认证本身的接受度与认可度问题。

这种构建方式可以在一个较短的时间内集中各方力量快速建立起相应的专业认证体系。通过顶层设计，政府可以准确地引导专业认证体系构建方向，做好各种资源统筹。因而德国能在当时"博洛尼亚进程"与国际教育互认协议的冲击下，在较短时间内快速构建与区域和国际接轨的专业认证体系，这都得益于政府所代表的行政强制力的积极作用。

于德国而言，面对欧洲经济教育一体化与以《华盛顿协议》为代表的国际互认协议的双重冲击，如果不能在短时间内构建与区域、国际接轨的认证体系，就会在后续的工程教育发展乃至国家经济发展中失去先机。为此，考虑到其建立的紧迫性与时限性，政府手段强制建设不失为当时最为合理的一种选择，这种由上至下的政府主导型构建方式是符合当时德国专业认证体系构建需求的。

二、我国高等职业教育专业认证体系构建方式的选择

两种体系的构建方式各具特色且在实践中都取得了巨大成功，我们不能简单地去评判这两种方式究竟谁更适合我国高等职业教育。深入分析，其实两种方式各有其特色。

在"社会主导型"的构建方式中，政府并非专业认证体系的主要构建者，

而是扮演着专业认证体系利益相关者的角色并积极参与其中。政府通过设置专门机构对相应的专业认证活动和认证机构予以外部监管，并给予相应的资源及政策支持。政府在专业认证体系构建中的角色可以归纳为三个方面：第一，颁布相应的法律法规为专业认证的发展做好政策保障支持；第二，认可专业认证机构、承担对非政府性质的独立认证机构的质量监督职责；第三，培育适应专业认证发展的市场机制，做好资源配置的相关工作。与之相反的是，高校及专业学会则扮演着十分重要的角色。专业内发自省、自愿参与，代表着产业界和市场需求的专业学会积极创建并自愿成立专业的认证组织，各利益相关方以提升工程教育质量为目标积极展开平等对话与交流，最终在不断的协商对话与优化完善中形成今天的 ABET 工程教育专业认证体系。

但这种构建方式也有相应的限制条件。首先，它要求专业教育自身应当具有足够的改革意识觉醒，这就要求专业教育应当经过多年发展积淀已到达一定水平。其次，它需要有来自社会范围内的各利益相关者予以积极的支持，这就需要专业教育与包括专业学会、产业界在内的利益相关群体之间的高度协作、沟通渠道畅通，信息反馈及时。再次，这种构建方式离不开高度自治的学术氛围与外部宽松的政治环境，它给予了院校以及专业教育高度的自治权。最后，这一模式需要得到以政府为代表的全社会的接纳与认可，得以保障专业认证结论的权威性与公信力。采用这种自下而上的"自发式"构建方式同时还需要给予一个较长的发展与完善的时间与空间，认证体系需要在长期运行过程中不断的调适、改革。因而美国的专业认证在近百年的发展过程中不断改进、完善，才得以形成今天的发展势态。

而在"政府主导型"的构建方式中，政府作为体系的构建者在体系构建之初能够有效地起到方向引导的积极作用。政府能够通过顶层设计与相应的政策支持、资源配置，统筹协调与通盘考量，快速地搭建起专业认证体系框架，集中力量快速制定出相应的标准、程序等体系构成要素，为专业认证体系的构建及有效运行提供了强大的行政力支撑。归纳来看，政府在专业认证体系构建中的职能主要集中在顶层设计、宏观规划、资源配置、支持保障上。

但"政府主导型"的构建方式所带来的诸如专业被动参与、积极性不高、认证效果不佳、认证结果的客观性存疑、认同度与接受度低等弊端也不容忽视。如果政府在体系构建中没有明确自身的职能定位与权力边界,就会退回到"政府主导构建、政府主导实施"的传统教育评价模式中,而这并不符合专业认证的价值导向。德国 ASIIN 专业认证体系的构建方式则有效地规避了这一风险。政府在构建初期通过外部行政强制力帮助构建出专业认证体系后,将专业认证实施与体系运行管理的职责交由独立的专业认证机构 ASIIN e.V.[①]来执行,而政府由构建之初的"主导者"逐渐退守成为"支持者""参与者"与"监管者"。政府角色更多被限制在对专业认证的宏观管理与监督层面,但同时也扮演着利益相关方参与专业认证的实施过程。如专业认证评议小组中必须要保证有一名政府人士的参与,政府应当作为协商小组成员来参与认证委员会成员的认定。

纵观美德两国专业认证体系构建方式的选择,实际上都是与当时社会经济发展水平、专业教育发展需求的现状相适应的,都是为促进专业教育质量提升所作出的不失为当时最为合理的选择。为此,我国高等职业教育专业认证体系在构建方式的选择时也应该结合我国国情实际做出更有利于自身发展的选择。

我国高等职业教育目前面临着与美国 ABET 专业认证体系建立之初几近相似的状况:走过规模扩张阶段开始转向内涵质量建设阶段,社会对高职专业教育质量现状不满而不断发起问责,同时也对高职专业教育的高质量发展寄予了很高的期望。但我国目前高等职业教育在专业建设与治理水平、与产业界之间的沟通机制、对专业认证的接受度等方面实际上尚未达到当时美国工程教育所具有的水平,也未完全形成适宜专业认证发展的外部环境。我国高等职业教育领域专业学会、行业协会的发展水平、产业界及社会大众对于专业认证的接受与认可度、高职教育与产业界之间的协同合作水平以及高等职业教育的影响力等都不具备采用以美国 ABET 为代表的"社会主导型"的构建方式的相应条件。

---

① e.V.德语全称为 eingetragener Verein,意为专业协会,该组织作为一个非营利的第三方专业认证协会,其成员主要由大学集团、应用科技大学集团、专业技术协会、行业协会及行业组织四方构成。

而"政府主导型"的构建方式吸引我国的地方在于,它虽是外部因素作用下的"强制性变迁",但是它能在短时间内借助行政强制力的顶层设计与宏观规划自上而下地快速建立起相应的专业认证体系,准确把握专业认证体系的发展方向和价值导向,而且这种效率也是适应我国高等职业教育专业认证体系构建需求的。为此,高等职业教育专业认证体系可能在构建之初更加倾向于选择采用"政府主导型"的构建方式。实际上,我国本科工程教育及师范类教育专业认证在体系构建时采用的也是这一方式。

但"政府主导型"的构建方式在具体的实施过程中可能会带来相应的风险。如:体系构建后,政府能否适时转变角色,退守监管者角色,进一步明确自身的职能定位,将专业认证的实施权力交由第三方专业认证机构以保持专业认证的独立性、权威性与公正性。专业认证机构能否切实承担起体系运行管理职能,能否有效集合多元利益主体共同参与体系运行,等等,这都是在选择构建方式时需要深入考虑的问题。

通过对比分析,笔者认为我国高等职业教育专业认证体系在构建方式的选择中,可借鉴"政府主导型"构建方式中的德国模式。体系构建之初,借助政府的行政强制力,通过科学的顶层设计,集中力量帮助高等职业教育尽快构建起专业认证体系,并在外部政策环境与资源配置上给予相应的政策保障支持。政府严格扮演好"引导者"与"掌舵者"的角色,把握高职专业认证体系构建的方向与价值导向。积极促进多元利益主体之间的沟通与协调,培育独立、权威且专业化的专业认证机构,促进高职专业认证体系的构建。待专业认证体系构建后,政府应当逐渐退守至"支持者"和"监管者"的角色,恪守其在高职专业认证体系中的权力边界,积极拓宽其他多元利益主体参与专业认证的渠道,有效发挥政府对专业认证的质量监管职责。

2021年3月22日,在教育部印发的《职业教育专业目录(2021年)》中,高等职业教育共设置19个专业大类、97个专业类、774个专科专业[①]。为此,高等职业教育专业认证体系构建工作将会十分繁杂。在具体的推进工作中,

---

① 教育部关于印发《职业教育专业目录(2021年)》的通知[EB/OL].(2021-03-12)[2023-03-21]. http://www.gov.cn/zhengce/zhengceku/2021-03/22/content_5594778.html.

政府可通过明确任务书、时间表和路线图来统筹体系的构建工作。政府可委托高等职业教育领域的专门研究机构、各省市的教育科学研究院、专业学会、行业协会等专业机构启动高等职业教育专业认证的相关课题研究和调研。一方面，针对我国目前专业教育的实际情况进行大样本调研，包括高等职业教育专业整体运行状态、分布状况、与区域产业对接状况、人才培养状况、招生就业状况等，综合各方调研意见和结果形成权威的关于我国高职专业教育质量情况的研究报告。另一方面，针对我国高职专业认证体系的利益相关者展开专项调研，全面掌握我国高职专业教育质量评价所涉及的包括认证主体、认证标准、认证程序与认证结果认定等内容在内的各种关键信息与数据，形成相应的调研报告。

在前期调研、专家研讨与学习借鉴国外成熟经验的基础上，政府组织由教育行政部门、专业评价机构、职业教育专家、高职院校代表、产业界人士、行业专家等组成的专家组，分批研制，广泛征集意见，反复修改完善，最终形成高职专业认证体系构建的初步研究报告并提出高等职业教育专业认证体系构建的框架设计。

完成体系的初步框架设计后，可考虑尝试采用试点先行的办法，从当前我国高等职业教育专业布局与产业对接的实际状况以及不同区域高职教育发展的特色出发，在全国范围内遴选认证试点，在区域特色明显且专业性、职业性较强的专业先试先行。试点工作着重强调要明确试点任务，主要针对认证主体、认证标准、认证程序、认证目标等方面展开可行性与操作性研究，以完成对高职专业认证体系框架的修正与完善。待经过试点试行与完善修订后，再在我国高职教育中分专业大类试行。

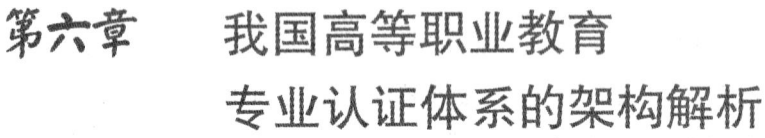

第六章 我国高等职业教育专业认证体系的架构解析

高等职业教育专业认证是科学评判高职专业教育质量水平高低的重要手段，是推进高职专业教育高质量发展及提升人才培养质量的重要路径，也是利益相关者积极参与、追求共同利益诉求的有效依托。目前关于我国高等职业教育专业认证体系的构建多是针对体系内要素个体的局部构想，缺乏规划并尚未形成相对完整的体系框架。

质量链理论认为高等职业教育专业认证体系作为高职专业教育质量链上的关键链节点，其本身也是一个相对独立的质量管理体系。体系所承载的质量评价与质量保障职能对专业教育质量的形成起到了关键性作用，并能通过体系内要素间良好耦合效应的生成对所形成的关键质量价值起到加速放大的作用。为此，高等职业教育专业认证体系构建本身也应当是独立于质量链上的一个质量管理体系的构建过程，体系的构建既需要关注体系内部构成要素及要素间的互动关系，又需要关注体系之于整个质量链运行所应承担的功能与发挥的效用。

我们知道，质量管理体系是依据确定的质量目标，指挥和控制组织的相互关联或相互作用的要素及其相互关系构成。质量管理体系职能的发挥需要进一步明确质量管理的核心内容，即在明确管理体系概念基础上围绕"质量管理的目标为何""由谁开展质量管理""依据什么进行质量管理"以及"质量管理如何进行"这一系列核心问题展开分析。其中，质量管理目标作为整个认证体系构建及运行的基础和依据，体系构建及运行过程中所有的质量管理活动都需要在目标下进行，这是体系构建的价值意义所在。质量管理体系所设置的组织和机构是质量管理体系健康运行的主体，即体系的质量管理主体。质量管理标准是为便于进行质量管理而对质量目标的具体化和量化的各种质量要素的合集。质量管理过程则是质量控制的过程管理，是依据质量目标进行质量管理和评估的过程。而这也正好回答了我国高等职业教育专业认证体系构建的"为何要进行专业认证""谁来进行专业认证""依照什么进行专业认证"以及"如何进行专业认证"这一系列问题，同时也映射了专业认证体系所应对的包括认证目标、认证主体、认证标准与认证程序在内的一般构成要素。

为此，笔者拟在高等职业教育专业认证体系构建中沿袭这一逻辑思路展开体系构建。希望从认证目标定位、认证主体解析、认证标准设计与认证程序构想四个构成要素出发，研究并设计出我国高等职业教育专业认证体系的基本框架及构成内容，并通过对要素间互动关系的深入分析与体系特征的揭示来促进高等职业教育专业认证体系的有效构建与良好运行。

第一节　认证目标定位：科学评价与改进

高等职业教育专业认证体系的认证目标不同于体系构建目标，它是通过体系运行以保障高等职业教育专业认证有效实施而应达到的具象化要求，是体系构建与运行的出发点。作为体系构建与运行的基础，所有与体系相关的质量管理活动都需要在这一目标框架内展开。因而认证目标定位强调要把握认证体系中质量评价的功能性目标，要促进所构建的体系质量保障功能的发挥，要从高等职业教育专业认证实施的具体目标达成度入手，凸显高等职业教育专业认证体系的运行价值与追求。

一、科学评价专业教育质量

对专业教育质量水平的科学价值判断，为高职专业教育提供明确而规范的质量标尺，促进高职专业的标准化建设，帮助专业对标认证标准查找缺漏、补齐短板，反思专业建设与发展过程中存在的问题，敦促并指导专业依照专业认证结论持续改进以不断追求专业教育质量的最优化，全面提升高职专业教育质量水平。

专业认证结论面向社会公布，一方面向各利益相关方展示和确认专业教育质量水平已经达到专业的质量标准要求，在各利益相关方之间达成并传递针对高职院校专业的质量共识；另一方面确保专业认证所设定的专业质量规范要求切实得到满足，保障该专业所培养的学生在完成系统、规范的专业学习与职业训练后能够达到专业对应的职业领域的职业准入标准。高职院校还可以此为决策依据对专业进行梳理和诊断，突出优势，扶弱培优，帮助专业提升竞争力，赢得更多的发展主动权与话语权。

二、改进专业质量建设

通过专业认证的实施改变当下的专业质量建设的思维定式，实现专业建设质量改进。依据专业认证标准的导向性作用，重新界定"教""学"之间的内涵关系，将专业教学的重心转移到"以学生为中心"上来，回归人才培养的价值本源。并依据经济社会发展和区域产业升级对专业化人才的需求，从专业认证结论出发，重新定位专业人才培养目标及培养规格。据此反向设计，重构专业课程体系，从学生的职业发展与学习规律出发，围绕学生职业胜任力的培养，改进专业教学各环节，重视专业人才培养质量的形成过程。同时在此基础上指导、帮助专业建立针对专业教育质量而形成的全面质量管理体系，形成院校、专业、教学三个层面不断循环的内部质量保证以强化专业质量建设的规范化、标准化，帮助专业走上持续改进道路。借此不断催生高职院校及专业形成自我诊断、自我改进、自我完善的质量文化氛围，推动高职专业的高质量发展。

三、增强专业教育的适应性

帮助高职院校搭建与教育行政部门、产业界、专业认证机构、社会公众之间的沟通交流平台，实现专业教育质量信息的顺畅传递与反馈，将经济社会与区域产业升级的人才质量诉求渗透到高等职业教育专业教育与人才培养全过程。进一步发挥产业界、专业认证机构、社会公众对高职专业质量形成过程中的相应职能，优化资源的配置与整合，实现最大育人合力。进一步梳理专业教育与职业领域岗位及岗位群之间的职业对应关系，促进基于学习认知规律的学历证书与基于技能成长规律的职业资格证书对应衔接，有效实现学历证书与职业资格的衔接与互认，实现人才与职业领域相关岗位及岗位群的精准匹配，提升高职院校对经济发展人才智力支撑的精准度与有效性供给，有效缓解社会对高素质技能型人才的需求与高职人才培养结构性供给之间日益尖锐的矛盾。

四、完善专业教育质量保障体系

一方面,通过专业认证的有效实施,密切与产业界的联系与合作,引入第三方专业认证机构参与质量评价,有效建立多元利益主体广泛参与的外部质量保障机制。准确定位教育行政部门、产业界、社会大众、高职院校等多元利益主体在专业教育质量保障中的职能,通过彼此间的分工、协作和沟通,保障多元利益主体共同参与高职专业质量评价与保障,优化高等职业教育现有的外部教育质量保障。

另一方面,帮助专业从专业认证结论出发,将专业认证理念贯穿于专业教育质量形成的全过程,围绕人才培养目标及达成度、课程体系架构、专业教学实施、质量反馈与改进等环节,对标认证标准,反向设计形成逻辑自洽的内部自我评估与改进机制,完善现有的高职专业内部质量保证,并通过推进内部质量保证与外部质量保障的同频施力以优化和完善现有的高等职业教育质量保障体系。

第二节 认证主体解析:界定与职能定位

任一质量管理体系本身都具有其特定功能与目标,发挥和实现这一功能与目标是体系构建的价值所在。因此,认证主体是高等职业教育专业认证体系的关键构成要素,是促进认证体系功能发挥、实现体系构建目标并良好运行的主导性因素。对于认证主体的界定是否科学合理,主体构成、职能定位的解析是否深入将会直接影响到我国高等职业教育专业认证体系的构建及其良好运行。

一、认证主体的界定

高等职业教育专业认证体系构建本身是一个复杂的系统化工程,体系构建及良好运行愿望的达成是任何一个主体都无法单独完成的。唯有多元利益主体广泛参与、协同合作,才能实现信息、资源的有效整合与体系构建。为此，多元利益主体成为高等职业教育专业认证体系的必然选择。

从广义上来讲，任何一个参与并能够影响高等职业教育专业认证体系构建与运行的组织或群体，都应当成为高等职业教育专业认证体系的利益主体。高等职业教育专业认证体系应当是基于多元利益主体广泛参与的专业认证体系，体系的各利益相关方都有权对认证体系的构建及运行提出差异化的利益诉求与价值需求，并通过博弈、沟通、协调与合作，激励和约束各自的行为表达，从而共同促进高等职业教育专业认证体系的构建及健康发展。为此，高等职业教育专业认证体系的利益相关群体共同构成了高等职业教育专业认证体系的多元利益主体。

从狭义上来讲，高等职业教育专业认证体系的构建及良好运行的根本目的在于保障专业认证的有效实施。为此，高等职业教育专业认证体系的认证主体应当是专业认证体系中的认证实施主体，即在专业认证体系运行过程中直接参与专业认证实施，通过规范化的专业认证程序，对照专业认证标准采用各种科学评价与认证方式对认证专业的教育质量水平高低做出科学价值评判的组织或机构。它本身也应该是专业认证体系中的利益相关者，理应是认证体系的多元利益主体之一。

通过前期的文献分析结果可知，大众普遍认为政府、高职院校（高职院校行政管理人员）、高职院校教师、高职院校学生、专业认证机构、产业界人士和社会大众七类组织或群体是高等职业教育专业认证的利益相关者。笔者认为我国高等职业教育专业认证体系的主体是由以上七类组织或群体所形成的多元利益主体。但因各利益主体在专业认证体系构建及体系运行上的利益诉求、利益关注点和其影响程度的不同，会产生与高等职业教育专业认证不尽相同的多元主体结构。

二、认证主体的构成分析

依据利益相关者理论，不同的利益主体对于高等职业教育专业认证体系构建及运行存在着差异化的利益诉求和不同程度的影响。体系中的任一单一主体都无法直接决定体系运行效果及最终的认证结果，唯有综合考虑并整合各利益主体之间差异化的利益诉求，并将其转化为共同的利益目标，通过形成公平、开放的合作氛围才能有效消解利益主体之间的利益冲突，实现利益协同，从而促进认证体系的构建及良好运行。

笔者拟借助较常采用且较为成熟的利益相关者理论中的米切尔评分法（score-based approach）对认证体系中多元利益主体加以分类分析。意在从认证体系利益相关者群体的权力性（power）、合法性（legitimacy）与紧迫性（urgency）三个维度出发，以动态的角度来类比分析不同利益主体之间差异化的利益诉求以及其在体系构建中的地位及影响力。

笔者认为，对于高等职业教育专业认证体系的利益相关者而言，其合法性应当表现为利益主体是否拥有在高等职业教育专业认证体系构建及与运行过程中个人利益诉求表达的正当性，是否是体系构建及运行中不可或缺的一员，能否主动关心并愿意参与体系的构建以及能否对体系构建及运行提出建设性意见。而权力性则表现为利益主体是否拥有影响高等职业教育专业认证体系构建及运行过程中的决策执行的地位、能力以及相应的手段，是否拥有表达自身正当利益诉求，并能够执行自我意愿的能力。紧迫性则强调了利益主体一方面能否及时表达自身对于高等职业教育专业认证体系构建及体系运行过程中的各种利益诉求，另一方面利益主体的相关利益诉求能否及时受到关注并能够被采纳。

多元利益主体中的政府是高等职业教育专业认证体系不可或缺的主体，它在体系构建的政策制定、措施推动、宏观指导、顶层设计等方面的积极主体地位不容忽视，对专业认证体系的构建及运行有着绝对的主导性与影响力。为此，政府这一利益主体在权力性、合法性与紧迫性三个方面都表现明显，依照据米切尔评分法，政府应当是高等职业教育专业认证体系中的"确定型利益相关者"。

对于政府而言，其利益诉求是立足国家及区域经济社会发展需求，通过专业认证体系的构建及良好运行全面提升高等职业教育专业教育质量，促进高等职业教育的高质量发展，同时有助于政府相关机构掌握全国范围内高职院校所开设专业的各种质量信息，为后续教育资源配置优化与有效利用，调整区域专业布局，构建优势互补、错位发展的高等职业教育高质量发展新格局提供了更为畅通与有效的信息渠道，其本身带有整体理性意识。

高职院校、学生、教师三者是高等职业教育的核心参与者，他们既是专业认证体系的多元利益主体，又应当是认证体系构建的推动者和落实者。这三方利益主体应当是专业认证体系的重要且直接参与群体，为此在合法性方面表现明显。在紧迫性方面，三者作为高等职业教育的核心参与者，自然能够较为及时地表达自身诉求，同时因所处地位自身的利益诉求也能够较为及时地受到关注。但在权力性方面，上述三者与政府相比，缺乏权威的行政强制力，且在利益诉求的表达上更多时候需要联合其他利益相关者共同表达，其权力性方面表现较弱。为此，笔者认为这三者在合法性与紧迫性两个方面表现明显，权力性方面表现较弱，应当是"预期型利益相关者"。

高职院校、学生、教师三者的利益诉求与确定型利益相关者的利益诉求较为接近，其诉求也是着眼于高等职业教育专业教育质量的全面提升而最终实现高等职业教育的高质量发展。但相较于政府从国家教育与经济发展整体全局考虑，这三者利益诉求更多的是高职专业教育质量提升与高职院校、专业、个体之间所产生的影响之间的兼顾。他们在某种程度上具有介乎于整体理性意识与个体理性意识之间的特点。

就我国高等职业教育以及职业教育评价的发展现状来看，专业认证机构、产业界和社会公众这三个利益主体在高等职业教育中的参与权、知情权乃至评价权都相当有限。他们并没有有效地融入高等职业教育的发展之中，与高等职业教育之间仍然存在着一定的距离，多元利益主体广泛参与职业教育评价的理想状态实际尚未达到。为此，这一类型的利益相关者的权力性和紧迫性较弱且权力性明显较低，需要通过职能的进一步确认与主体身份的认同才能实现其利益诉求的表达。但三者作为高等职业教育专业认证体系中多元利益主体的合法性表现无疑明显，职业教育评价共同体理想状态的实现一直是当下高职教育努力追寻的目标。为此，笔者认为，专业认证机构、产业界和社会公众这三个利益主体仅在合法性方面表现明显，权力性与紧迫性方面明显低于其他利益主体，是高等职业教育专业认证体系的"潜在型利益相关者"。

专业认证机构希望能够通过对专业教育质量的科学评定一方面引导专业教育积极追求质量的最优化，另一方面希望借此赢得更好的社会公信力，从而更好地开拓认证市场，促进自身的持续发展。企业希望能够借此引导高职专业教育质量不断提升，以培养更能适合岗位需求的高素质技能人才，并通过专业认证结果帮助雇主在人才招聘时筛选更能满足职业岗位需求的人才。公众一方面希望通过高等职业教育专业认证的实施所带来的专业教育质量的提升，推动社会及区域经济的进一步发展从而保护公众利益。另一方面则希望加强对高等职业教育的参与和了解，甄别信息，从而能够做出更加合理的选择。他们的利益诉求更大程度上是要求实现其个体本身利益诉求的正当化与最大化，具有个体理性意识的特点。高等职业教育专业认证体系利益相关者分类如表 6-1 所示。

表 6-1 高等职业教育专业认证体系利益相关者分类矩阵图

	政府	高职院校	教师	学生	专业认证机构	产业界	社会公众
合法性	●	●	●	●	●	●	●
权力性	●	○	○	○	○	○	○
紧迫性	●	●	●	●	○	○	○
归属类别	确定型利益相关者	预期型利益相关者			潜在型利益相关者		

同时，我们也应该看到，具有整体理性意识、个体理性意识以及介乎于两者之间的多元利益主体共同存在于高等职业教育专业认证体系之中，一定会带来相应的利益冲突与博弈（见图 6-1）。但每个利益主体的利益诉求都是该主体存在于高职专业认证体系之中的基础，也是其参与体系构建及体系运行的动力来源，肆意否定任一利益主体的利益诉求都是不可取的。

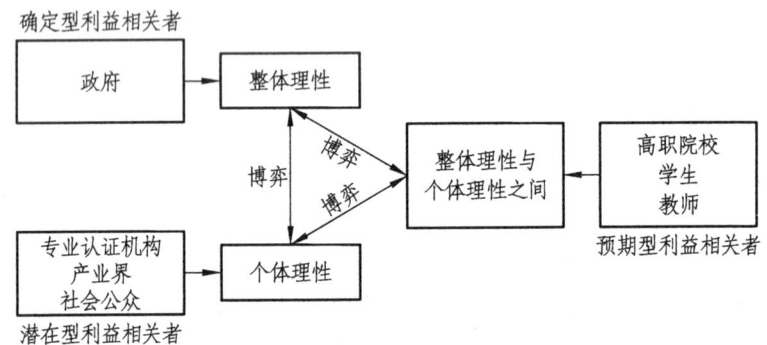

图 6-1 高等职业教育专业认证体系多元利益主体之间的利益博弈

专业认证体系的构建是一个结构化的工程，多元利益主体的任意一方都不可或缺，无论其以何种方式参与其中，都需要在利益博弈中探寻共同的利益平衡点以实现良性互动。如果多元利益主体无法调动积极性，定位模糊不清，置身事外，应有的功能无法发挥，那么就无法保证能够构建出一个权威、公正、良性运行的认证体系。如果多元利益主体能够基于专业认证体系的基础价值理念和体系构建目标而相互合作、彼此联系、明晰各自的职能定位、实现利益协同，就能够形成较为稳定的体系认证主体结构形态，并能够发挥集群效应以促成各利益主体在体系构建及运行过程中发挥各自最大效能。

三、认证主体的职能定位

要构建科学合理的高等职业教育专业认证体系并促成体系的健康运行，除明确分析认证主体的构成、充分发挥体系认证主体的主动性与主体意识外，还应当辨析不同认证主体的参与逻辑与角色定位。唯有在各利益主体的利益平衡点上来统筹考量、科学确定认证主体的职能定位，才能达成体系构建及运行的效益最优化。

（一）政　府

作为确定型利益相关者中的唯一主体，政府应当是高等职业教育专业认证体系构建的主导力量，这也符合本书在前期研究分析中选择的"政府主导型"的体系构建方式。政府的主导地位应当主要表现在顶层设计、宏观规划、资源配置与支持保障上。一方面表现在为做好顶层设计与宏观规划，为整个认证体系的构建及运行提供一套基础的规则体系。这套规则体系既为专业认证体系的多元利益主体所认可与接受，又奠定了我国高等职业教育专业认证体系发展及运行的基本格局。另一方面发挥其资源配置优势，为高等职业教育专业认证体系的构建提供适宜发展的宏观政策环境与配套保障措施，为相应的体系要素设计与制度安排奠定基础。

在具体的职能定位上，政府首先应当承担科学设计与规划引导职能。在高等职业教育专业认证体系构建过程中，中央政府应当不断强化自身的顶层设计、宏观规划的职能，科学定位高等职业教育专业认证体系的整体发展方向和发展目标。针对体系构建，应尽快明确体系构建任务的时间表，集聚多方力量搭建高等职业教育专业认证体系的框架，尽快完成体系中认证标准、认证程序等的科学设计。同时还应拓宽多元利益主体参与体系构建的渠道，引导多元利益主体有效参与体系构建，提升全社会对于高等职业教育专业认证体系的接纳度与认可度。

其次，政府应当承担资源配置与政策保障职能。政府应当科学设计与制定保障体系构建及良好运行的政策与制度安排。通过立法规范认证体系的构建，提供体系构建所需的政策支持。此外，政府还应当发挥资源调节功能，优化配置资源，为体系构建提供相应的资金支持与人力资源保障。政府应当落实针对体系构建的相应财政支持，加强专业化认证人才培养，强化高层次的认证人才队伍建设。地方政府也应该结合区域高等职业教育的发展实际，出台与之配套的地方性法规、规章，提供相应的财政配套支持，保障高等职业教育专业认证体系构建尽快落地。

再次，政府应当发挥针对专业认证体系构建过程中的监督、管理与规范职能。政府应当充分发挥自身在资源配置、信息畅通、合作协调等方面的独有优势，贯通体系构建各环节的政策、资源保障的有效落实，不断优化其为体系构建及运行服务的职能。规范监管多元利益主体的行为，协调冲突，保障多元利益主体在体系构建过程中的有序行为与共同利益诉求的达成。同时政府应当推行"元认证"制度，建立完善的针对专业认证机构的监督管理机制。政府应加强对专业认证机构的培育，积极维护专业认证机构的独立性与权威性以保障认证体系的实施效能与认证结果的权威性与公信力。政府应加强对专业认证机构的资质审查与认证，建立规范、透明的准入与退出机制。政府还应培育健康、公平、公正、透明的专业认证市场，加强质量文化的培育与建设，强化质量意识、认证参与意识的形成，在促进高等职业教育专业认证体系获得持续改进的内生动力的同时，形成全社会认可、共同遵守的良好质量文化氛围。

最后，政府应当恪守职能边界。政府作为体系构建的主导力量，在体系构建过程中应积极承担起"引导者"与"掌舵者"的角色，准确把握高等职业教育专业认证体系的发展方向与价值导向，发挥其职能优势，构建良好体系的规则框架、科学设计构成要素。待到体系构建落地后，政府应当逐渐退守至"支持者"和"监管者"的角色，恪守其权力边界，有效发挥政府对专业认证体系的质量监管与服务保障职责，作为体系的利益相关者积极参与到认证运行中。

（二）高职院校、教师及学生

作为预期型利益相关者，高职院校、教师、学生这一群体应当是认证体系构建与运行的基础力量。同其他主体不同，这一群体既是高等职业教育专业认证体系的积极推行者、落实者，同时也是认证体系的认证对象。高职院校所开设的专业、教师、学生都是专业认证中的核心认证指标，它们都对专业教育质量拥有发言权，对专业教育质量有着直接的利益诉求，理应成为认证体系的认证主体。

人才培养是高职院校的基本职能，教师是人才培养的关键要素，学生是人才培养的核心要素，而院校所开设的专业则是人才培养的基础载体。一方面，专业人才培养质量能否满足区域及地方经济发展需求、能否适应社会高速发展对人才规格的新要求最终都会直接影响到高职院校及其专业的质量发展水平。另一方面，高职院校要实现高质量发展，就必须要实现高职院校各专业的高质量发展，而专业的高质量发展最终又落脚到教师与学生这一基础层面。对于教师与学生而言，这两个群体虽然更关注自身的职业发展和个人成就感的获得，但是没有院校所开设的专业这一载体，教师与学生群体的相应利益诉求是无法得以实现的。为此，三方之间存在着牢不可破的质量逻辑联系。

对于这一群体而言，在高等职业教育专业认证体系的构建与运行过程中，其职能定位应当首先从明确对专业认证的正确认识开始。高职院校应当引导行政管理人员、专业教师、学生加强专业认证的认识与学习，提升对专业认证的认可度与接受度，矫正对专业认证的认识偏差，改变传统的消极面对外部教育质量评估的惯性做法，明确专业认证在专业教育质量保障与专业质量建设中的积极作用和重要意义。通过积极宣传专业认证，形成良好的专业教育质量建设意识，为专业认证体系的构建及运行树立良好的舆论导向、营造良好的院校内部环境氛围。

其次，应积极引导和鼓励专业主动参与认证，激发专业、教师、学生的主体意识，调动师生参与专业认证的积极性。引导专业认真自我评估，认真撰写专业自评报告，将专业认证视为对专业自身发展的一次"健康体检"，认真查找专业教育所存在的短板与不足。在认证实施过程中，积极配合认证实施，做好参与专业认证实施所需的各种准备与保障工作，为专业认证的具体实施创造一个公开、透明、和谐的环境。

最后，正确对待认证结果，学会科学运用认证结果指导现有的专业教学改革及专业建设实践，促进专业教育质量改进机制的形成，不断提升专业教育质量与人才培养质量，从而不断追求专业教育质量的最优化。并以专业认证体系为依托平台，加强同体系内部其他认证主体之间的有效沟通，共享质量信息，畅通沟通渠道，交流认证结果，提升专业认证结果的广泛适用性与社会认可度。

（三）专业认证机构

作为潜在型利益相关者，专业认证机构、产业界和社会公众三个利益主体是高等职业教育专业认证体系多元利益主体中社会力量的重要组成部分，这三者的有效参与是认证体系构建与运行不可或缺的重要力量。以专业认证机构为代表的社会力量的广泛参与实际上是对高等职业教育专业教育质量评价中"政府主导、政府评价"这一模式的一种修正，是当下职业教育质量评价由"一元"向"多元"，由"一方"向"多方"的一种积极转变。

专业认证体系的构建与良好运行是为了保障专业认证的有效开展，而专业认证的有效开展需要一个独立且专业化的职能机构来具体组织实施。之所以将专业认证机构从潜在型利益相关者群体中剥离出来单独讨论，源于专业认证机构在专业体系的运行过程中同时还扮演着认证具体实施主体的这一重要角色。

纵观国内外实践良好的专业认证体系，都明确将专业认证机构作为认证具体实施的执行机构。一方面源于专业认证机构所具有的第三方评价的特殊属性，客观、独立与公正是专业认证机构成为专业认证具体实施主体所表现出来的主要特征。另一方面源于"管办评分离"大背景下,教育行政部门颁布的一系列政策文件中所提出的"委托第三方机构开展教育质量评估,建立现代职业教育评价机制"的中心思想,第三方专业评价机构广泛参与教育评价将成为今后教育质量评价的常态,这实际上也决定了专业认证机构是专业认证具体实施主体的最佳代表。

但从分类研究分析中可以明显发现,专业认证机构无论是在权力性、紧迫性还是在合法性上都明显表现得较弱。这与当下我国以专业认证机构为代表的第三方评价机构的发展现状有着很大关联。我国目前多数第三方评价机构实际上都并不具有真正意义上的独立的第三方评价属性,往往与教育行政部门之间存在某种程度上的联系,独立性缺乏。同时第三方评价机构自身的专业评价能力有待提高,机构的合规性不足。以上这些都会导致评价结果的客观性、专业性与权威性受到质疑,从而阻碍了第三方评价机构的发展与壮大。

为此,如果将专业认证机构作为高等职业教育认证体系的具体实施主体,还应当强调需要具备相应的基础条件。首先,专业认证机构应当是依法设立并享有独立法人资格,具备独立承担民事责任能力,有相应专业资格的、非营利性质的专业教育质量评价与认证机构。专业认证机构应当与专业认证体系中的其他多元利益主体之间不存在任何隶属关系,应当具有高度的自治权,能够独立、客观地做出公正、科学的专业认证评判,所做出的认证结果能够得到体系内其他多元利益主体的认可与尊重。

其次,专业认证机构应当有健全完善的内部管理制度、相应的质量控制与管理制度、经费投入与保障制度等,应当具有从事专业认证所必需的法律法规框架范围的认证标准、认证评价技术等条件和相应的必要设施。

最后,机构的人员配置中,除去专门的机构行政管理及工作人员外,专业认证机构还应当建立由包括职业教育专家、产业界专家、高职院校代表、政府部门代表、社会公众代表以及专业认证从业人员在内的且具有国际思维与国际视野的认证专家库,为专业认证的有效开展提供有力的智力支持。

除应具备上述基础条件外,专业认证机构还应当运用自身第三方评价属性、所具备的科学评价技术、资源等关键性优势承担高等职业教育专业认证体系中相应的认证主体职能。专业认证机构在高等职业教育专业认证体系中的职责功能可以从以下五个方面来具体细化：

第一，评估认证职能，这是专业认证机构的核心职责功能。这一职能包括专业认证标准指标体系的设计与编制，认证专家团队的筛选与聘用，专业认证的具体实施组织，专业认证程序的设计与完善，认证结果的核定、公布与确认等。需注意的是，为了应对专业认证领域日益成熟的信息技术运用，专业认证机构应当广泛采用科学、高效的现代信息技术来辅助专业认证工作的开展，提升认证的专业化与信息化程度。专业认证机构还应当建立属于自己的全国高职专业认证信息采集与管理系统，建立基于高职专业质量信息监控和系统化分析的数据库平台来辅助专业认证过程中相关数据的搜集与分析。

第二，机构管理职能，这是专业认证机构的基础职责功能。专业认证机构应当建立和完善认证机构内部的治理结构，理顺机构内部关系，明确机构内部的结构设置、权力职责、内部组织机制管理与运行，机构人员配置等，这也是认证主体有效实施认证的前提条件。此外，专业认证机构还应当加强高等职业教育专业认证人才队伍的建设，加大高等职业教育专业认证人才的培养与开发力度，充实和完善专业化的认证专家库，这是确保专业认证机构专业性的客观要求。

第三，咨询服务功能，这是认证主体的衍生职责功能。这一功能主要是专业认证机构依据认证实施过程中所收集到的各种数据、信息，通过整合、分析、演绎，向认证体系的多元利益主体提供诸如专业教育质量信息传递、政策调研、区域专业结构优化配置、专业选择信息咨询、高职院校战略发展规划、专业持续改进指导性意见与优质人才推荐等相应的各种社会服务。

第四，科学研究功能，这是专业认证机构的拓展职责功能。专业认证机构本身也应该是专业从事教育质量评价研究的专业性机构。它应当具有掌握专业认证领域内最新科研动态、参与专业认证相关科学研究等能力。为此，专业认证机构应当针对专业认证实施过程中所遇到的问题及专业认证最新发展动态积极展开科学研究与研讨，一方面有助于对自身认证职能的不断改进与提升，另一方面也有利于专业化的认证人才的积极培育。

第五，监督自律功能，这是专业认证机构的保障职责功能。这一功能要求专业认证机构引导建立机构内部审查与核查机制，强化专业认证机构的认证主体自律意识培育和自我监管能力，有效形成透明、规范的机构内部的监督与规范机制，推动认证体系的良好运行，实现认证全过程的良性循环。专业认证机构的职能定位图如图6-2所示。

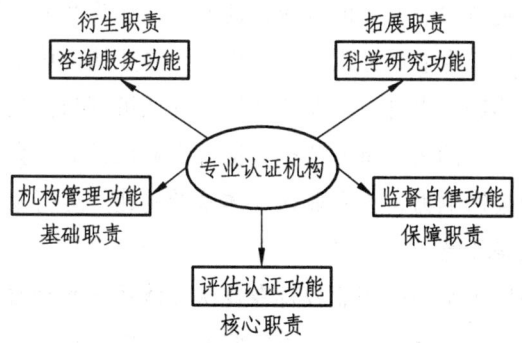

图6-2 专业认证机构的职能定位图

（四）产业界与社会公众

作为潜在型利益相关者群体中的另外两个重要的组成部分，产业界与社会公众是高等职业教育专业认证体系构建及运行的重要协同力量。认证体系的构建目标之一就是实现对专业教育质量水平的科学评定，实现高职人才培养供给侧与经济社会对人才需求侧之间的平衡与协调，实现专业教育质量信息传递渠道的畅通，提升专业认证的社会广泛适应性。而这些目标的实现必须有赖于产业界与社会公众的积极参与和支持。

产教深度融合，产业界积极融入高等职业教育已不鲜见，在人才培养方案的制订、专业课程体系架构的改革、实践教学改革、顶岗实习、毕业设计中都可以窥见产业界的身影。产业界作为高等职业教育人才培养的出口端，是高职人才的主要需求主体，对高职专业教育质量与人才培养质量有着当然的发言权。为此，产业界作为高等职业教育专业认证体系多元利益主体的重要组成部分，其职能定位可以从以下方面得以体现：

第一，厘清产业界在人才需求侧端的真实需求，将职业领域具体岗位及岗位群的人才质量规格等质量信息及时反馈给高等职业教育专业认证体系中的各利益主体，并通过产教深度融合畅通体系中各利益主体之间的沟通渠道，拓展深度合作，深化产学合作新模式的创新。第二，协同其他主体积极参与专业认证标准的研制与开发，并将产业界对人才需求质量标准与职业领域的相应职业标准、行业标准融入其中，引导专业认证能够更加科学、准确地评价专业教育的质量水平，并给予高职专业教育以正确的人才培养引导方向。第三，积极培育具有行业背景的专业认证专家，作为产业界代表积极参与专业认证的实施，扩充专业认证人才库建设，为专业认证体系的发展提供专业化的人才支撑。第四，提升对专业认证结果的认可度与接受度，将专业认证结果作为选聘人才时的重要参考依据，提升专业认证的社会广泛适应性，扩大专业认证的社会影响力，为专业认证体系的构建及运行发展提供更为宽松与健康的社会发展环境。

社会公众同样也是高等职业教育专业认证体系多元利益主体的重要组成部分。但由于长期以来社会公众在高等职业教育知情权、参与权乃至评价权的行使方面受到了不同程度的制约，这一群体参与专业认证体系构建及运行的意愿可能并不强烈。不过，社会公众这一群体在高等职业教育专业认证体系构建及运行过程中仍然承担着相应的参与职能，主要体现在：一方面，提升对高等职业教育专业认证的认可度与接受度，接纳、宣传与推广专业认证，将其作为自身了解高职专业教育质量信息的重要渠道与来源。另一方面，激发自身参与专业认证的积极性与主体意识，加强同认证体系的其他多元利益主体之间的互动，积极参与构建良好的质量文化环境，激发自身对于专业认证的价值共识，形成专业认证独有的质量文化的价值认同。

四、认证主体关系的建立与互动

政府、高职院校、教师、学生、专业认证机构、产业界及社会公众之间主体关系的建立是高等职业教育专业认证体系构建的基础，它一方面承认了多元利益主体在体系构建过程中的合理性，另一方面强调了多元利益主体协同参与高等职业教育专业认证体系构建及运行的可行性。

而主体关系的建立首先源于以上主体之间有着基于高等职业教育专业认证体系构建的共同目标与合作意愿。多元利益主体之间唯有依据共同的体系构建目标、共同的专业认证价值认同、共同的合作意愿而有机联系在一起，才能依据各自的主体特征与优势，在认证体系构建及运行的过程中承担相应的职能，相互依赖、相互支撑、相互影响，才能形成有机的逻辑统一体。

其次，主体关系的建立应当基于主体间差异化利益诉求与共同利益目标的双赢。实现自身利益诉求既是该主体存在于高等职业教育专业认证体系之中的基础，也是多元利益主体参与专业认证体系构建及运行的本质与动力来源。多元利益主体针对高等职业教育专业认证体系的构建及运行虽然有着各自不同的利益诉求。但是主体间差异化的利益诉求可以通过博弈与平衡最终化为一个共同的利益目标，即对高职专业教育质量提升的诉求，而这也是各利益主体在不断的利益冲突与博弈中所探寻的利益平衡点。为此，实现多元利益主体个体利益诉求与主体间共同利益目标的双赢是多元利益主体参与专业认证体系构建及实施的最大内驱力。唯有将各主体的差异化利益诉求与主体间共同的利益目标密切关联，各主体才能在体系构建及运行过程中形成良好的主体关系而平等参与、相互沟通、协同合作，最终实现个体利益的最大化。

最后，多元利益主体应按照体系构建及运行规则，自觉履行体系构建及运行中的职能与义务，围绕着共同构建目标、利益诉求与合作意愿而形成多元利益主体协同参与的合作秩序。这种合作秩序详细规制了多元利益主体参与体系构建及运行的参与方式、职能范围、沟通途径与冲突解决机制，有助于多元利益主体构建出健康、稳定、和谐的主体关系。在这种合作秩序中，一方面体系中的任一主体对于其他主体、对于认证体系之间的影响力与依赖性会随着体系的构建及良好运行随之增强，最终形成较为稳定的体系认证主体结构形态；另一方面合作秩序能够有效实现体系内各种资源的有效调配与整合、实现多元利益主体之间的优势互补与集群效应的发挥，而最终促进体系的构建及良好运行。

而多元利益主体之间所形成的上述相对稳定的主体间关系形态既需要依赖于主体间的良好互动与合作，又需要借助高等职业教育专业认证体系构建这一载体。为此，主体间的互动合作是有效实现从主体间协作关系建立到协同实践的关键。而从关系建立到协同实践，核心在于沟通与协作，这也是高等职业教育专业认证体系构建的根本发展动力。

沟通强调各利益主体之间的教育质量信息资源的共享与沟通渠道畅通。

教育质量信息资源的不对称与沟通渠道不畅是引发当下高职专业教育质量与人才培养质量不高的一个重要因素。为此多元利益主体之间的各种质量信息资源的交互与沟通渠道的畅通显得尤为重要。各利益主体之间能够基于高等职业教育专业认证体系这一平台实现质量信息资源交互与沟通渠道的进一步畅通，并在互动中消除信息不对称所引发的各种弊端，实现相关信息资源的整合与优化配置，提升认证主体的实施效能。

协作则强调多元利益主体之间的协同与合作，协作的关键在于激发认证主体的主体性意识。在尊重多元利益主体平等的主体性地位的基础上，积极发挥各主体的主体意识，强化各主体在高等职业教育专业认证体系构建中的自主性、能动性与创造性的发挥。唯有多元利益主体具有主体思维、主动思考，才能激发主体活力而更好地投入认证体系的构建及运行。各主体因自身特征与所扮演的角色在高等职业教育专业认证体系的构建及运行中承担了不同的职责与功能。主体间的高度协作能够有效协调职能差异，实现主体行为能力的优势互补，最终能够形成多元利益主体的合力。这也有助于多元利益主体在高度合作、有序参与中实现主体协作效能的最大化，最大限度地推进高等职业教育专业认证体系的构建工作。

第三节 认证标准设计：结构与指标要素

认证标准本质上是对体系质量目标的具体量化要求，是体系质量要素的合集。它作为专业认证体系运行过程中衡量与判断专业教育"质"与"量"的标尺，所形成的规范化标准指标文本是认证体系有效进行质量管理与质量活动的参照依据。

因此，认证标准设计与编制应当涵盖针对高职专业教育的关键质量要素，应当如实反映专业教育质量水平的具体要求，应当体现出对专业教育质量发展水平的导向作用。认证标准设计与编制的科学与否将直接影响到认证体系的质量效能的发挥以及认证结果的有效性、权威性。因此，专业认证标准的设计与编制是认证体系构建的核心环节。

一、认证标准设计的借鉴与反思

专业认证标准的编制设计本身就是个较为复杂的难题。它既需要借鉴目前世界上发展成熟的专业认证标准的成功经验，也需要合理吸收本土专业认证实践的经验总结，同时还需要对现阶段我国高等职业教育专业教育质量水平的总体认识和科学判断。结合国外借鉴与我国本土实践中认证标准编制的对比分析，可以看出，专业认证标准在设计时大多体现了以下特点：

第一，专业认证理念在标准编制设计中一以贯之。我国本科工程教育与师范类教育专业认证以及美国 ABET 认证、《华盛顿协议》等国际互认协议在认证标准设计的理念上都强调了"以学生为中心""成果导向"与"持续改进"的认证理念。德国 ASIIN 以及欧洲工程教育专业认证网络在认证标准设计时虽根据本国国情及区域教育发展的复杂多样性进行了本土创新，但也可以从其认证标准的编制中找寻到这一理念的身影。"以学生为中心"强调标准编制应紧密围绕学生培养，将学生发展作为认证标准编制的出发点与归宿点。"成果导向"体现的是专业认证标准设计应当从学生完成专业教育后所应具备的预期能力展开，强调对学生的学习成果与学习能力的科学评判。而"持续改进"则体现的是专业是否能够建立动态改进、可持续发展的质量保障闭环反馈系统以保障专业教育质量的不断提升。

第二，标准设计注重"通+专"结合。目前世界上所有的专业认证标准的编制都采用的是"通用标准+专业补充标准"相结合的组合模式。所谓的通用标准是对专业教育所提出的整体性一般要求，是所有的专业教育都必须达到的较为统一的标准。一般包括学生、教师、课程设置、教学软硬件设施、专业目标与定位、学生成果等方面。而专业补充标准则是在通用标准基础之上对具体专业自身特点的补充标准说明，是依据各专业的自身特点而提出的具有针对性、特殊性的具体要求。"通+专"结合的模式，在明确勾画出专业教育总体要求的指导性框架的同时，又给予专业特性化、多元化发展的空间。这种"通+专"结合的指标体系模式不失为高等职业教育专业认证应对不同专业特色化发展与多样化需求的有效办法。

第三，透过标准有效建立职业对应关系，与职业资格有效衔接。将职业标准、对应岗位及岗位群的要求和职业核心能力要求有效融入认证标准编制中，将专业认证与相应职业资格的获取有效关联是目前专业认证的惯常做法。如工程教育专业认证与工程师职业资格，师范类教育专业认证与教师资格之间的紧密联系等。通过对专业认证标准的合理设计，为学生建立起专业学习与未来就业之间的职业对应关系，有效规范即将进入工作实践领域的毕业生在知识、技能、素质上的一系列要求。这一做法也为学生进入相应的职业领域从业提供了教育质量保证，有助于相应职业资格的获取，增强了毕业生的职业竞争力。

第四，注重认证标准的兼容性与实质等效性问题。各国在编制与设计专业认证标准时，一方面，参考了相应专业教育标准方面的共性要求，预留了与其他标准衔接的接口，注重不同专业教育质量标准之间的融合与兼容问题。如德国 ASIIN 认证标准在制定时注重与欧洲高等教育区质量保障标准指南（European Standards and Guidelines for Quality Assurance, ESG）和欧洲资格框架（European Qualifications Framework, EQF）的兼容性，我国工程类专业认证标准在制定时，也十分注意与国际工程联盟（international engineering alliance, IEA）相应认证标准的兼容等效问题。另一方面，多国在制定认证标准时都采用"毕业生要求（graduate attributes）[①]"这一指标要素作为专业认证结果具备国际实质等效的关键。"毕业生要求"作为一个可以单独测评的结果，是经专业教育后对培养学生所应达到能力水平的要素集合，是对专业教育预期成果的清晰简洁描述。"毕业生要求"可以作为有比对性的共性特征标准而成为不同国家同一专业领域的学生学习成果与能力评测和判定的主要依据。"毕业生要求"因此作为专业认证实现国际实质等效的有效接口，成为各国专业认证标准编制时需要慎重考虑的核心指标要素点。如以《华盛顿协议》为代表的国际互认协议中所设定 12 项"毕业生要求"的基本参考点，

---

① 国内学术界的部分学者也将 graduate attributes 翻译为毕业生属性要求、毕业生职业能力要求、毕业生属性等。结合研究，笔者认为"毕业生要求"一词更能体现出所要表达的学生在毕业时能够达到的水平能力，故 graduate attributes 在此翻译为"毕业生要求"较为恰当。

EUR-ACE®框架认证标准和指南中的 8 项学习领域的设计实际上都是这一做法的体现。

上述经验总结对于体系构建过程中专业认证标准的编制与设计具有十分重要的指导意义。结合经验借鉴，目前我国高职专业教育发展所存在的一些现实问题也同样需要在专业认证标准编制的过程中加以注意与反思。

首先，高等职业教育中并非没有针对专业教育质量评价的相关标准，但这些标准能否替代专业认证标准却值得深思。《国家职业教育改革实施方案》明确提出要将标准化建设作为职业教育发展的突破口，高等职业教育领域也加大了对专业教育相关标准的研制与开发力度。实际上以《普通高等学校高等职业教育（专科）专业设置管理办法》、《高等职业学校专业教学标准》、顶岗实习标准等为代表的指导性政策文件能够为专业教育质量评价提供部分可以依照的质量标准指标。包括高职的几轮外部评估、双高建设遴选标准，内部教学诊改中也有部分具体针对专业教育质量的标准指标设计。但专业认证中针对专业教育质量评价的各项要素并未完全纳入上述质量标准中，尚未形成一个统一、系统化且针对性强的专业教育质量的标准评价体系。标准之间因标准编制主体的不同既存在着内容交叉重复也存在着相互脱节的情况，标准之间的衔接度与协调度也不高。同时，上述部分标准在实际操作中与经济社会发展需求、产业界人才质量需求并不能完全对接。标准编制更多体现学术性偏好，忽视了高等职业教育质量评价中最为重要的职业性特征，导致标准的社会适应性不强。这也造成专业教育质量评价的专业性与权威性饱受质疑的局面。

其次，现有专业质量评价标准运用得不合理，会对认证标准设计造成一定程度的影响。认证标准的应用导向问题是专业认证标准设计时应当审慎考虑的重要因素之一。现有的针对高职专业教育质量的相关评价指标在编制设计时主要指向了对专业教育现状的识别与评价，并常常与专业的评级评优、分类排名、合格评估等挂钩，更多地打上了"贴标签"的功能。这种标准编制实际上将质量评价标准的功能狭隘化，一方面过于强调标准的评价意义，忽视了标准对于专业教育树立动态发展、持续改进的整体发展理念所起到的引导作用。另一方面也忽视了标准对于专业教育的反向引导作用，容易将专业教育质量建设更多地带向迎合标准而忽视专业教育的内涵质量建设的误区。

再次，我国高职专业教育发展的不均衡，导致建立相对统一的认证标准的难度加大。笔者曾在高等职业教育专业认证缺失原因分析中探讨过我国高等职业教育专业发展的不均衡问题。专业发展的不均衡不仅表现在高职院校内部各专业之间发展的不平衡上，也表现在同一专业在不同区域存在着发展水平的不均衡问题。这既与我国不同区域经济发展水平的差异关系密切，又与国家在不同区域的差异化专业布局有关。这导致了目前在高职院校所开设的专业中，可能存在部分专业还处于"发展改进阶段"，有的专业已经进入了"发展提升阶段"，有的专业甚至已经进入了"创新发展阶段"的情况。这些都不可避免地导致了专业认证标准在编制时不可能采用"一刀切"的模式，需要客观而慎重地考虑这样几个问题：如何兼顾不同发展阶段的专业发展实际，如何体现因区域经济和产业布局差异而形成的专业发展特色，如何降低和缩小不同发展阶段的专业因主客观条件的差异而给认证标准指标设计所带来的影响和误差等问题。

最后，认证标准编制的过程实际上也是多元利益主体之间利益博弈与协同的过程。高等职业教育专业认证体系是一个多元利益主体广泛参与的认证体系，体系内多元利益主体在共同的利益诉求之外会存在着各自差异化的利益诉求，利益冲突与博弈不可避免。认证标准的设计与编制如何既能关照各利益主体的多重利益诉求，凸显专业认证这种多元评价的价值取向，又能遵循教育评价规律，符合高职专业教育质量发展需求，这也是认证标准设计时需要正面去回应的问题。

二、认证标准设计的逻辑方法

截至 2022 年，我国高职领域并未形成一个相对合理、科学且体系化的专业认证标准。这需要研究者在对高职专业认证深入研究的基础上，采用不同的研究方法进行比较分析，在多研究成果的基础上进行设计、编制、整合与论证，最终形成一套能体现我国高等职业教育特色的专业认证标准指标体系。

认证标准的编制与设计应当从明确专业认证标准的价值定位开始，这是高等职业教育专业认证体系构建目标与价值取向的根本体现，也是认证标准编制与设计的出发点。首先，认证标准的编制与设计应当体现对专业教育高质量发展的激励作用，激励各专业对于实现专业教育质量全面提升这一目标的积极追求与探索。其次，应当体现重视与加强专业教育质量建设的导向作用。通过标准指标的设计，引导专业教育关注"质量评价"与"质量改进"，不断加强专业教育质量内涵建设以追求专业教育质量的最优化。最后，应当体现专业认证标准回应经济社会及产业升级对于高素质人才需求的推动作用，提高专业建设与经济社会发展的融合度，提升专业人才培养质量与职业岗位人才需求之间的关联度。

明确专业认证标准的价值定位后，应当通过深入的调研、访谈，结合数据信息的整理进一步了解我国高等职业教育专业教育质量的"实然状态"。同时应当进行政策文件梳理与文献分析，结合高等职业教育专业认证体系的多元利益主体对于高职专业教育质量的诉求，最终明确高职专业教育应当达到的质量基准水平，即专业教育质量的"应然状态"。在专业教育质量的"实然状态"与"应然状态"的对比分析中，进一步确定专业教育质量的质量评价要素。

完成专业教育质量的质量评价要素的确定后，对质量评价要素进行要素识别与层层分解，并通过规范化的文字加工、逻辑梳理、概括整合等方式将质量评价要素转化为映射专业教育质量的一项项具体的认证标准要素。在认证标准要素形成的基础上，科学借鉴现有成熟的专业认证标准指标体系，同时与高职领域目前针对专业教育质量评价的标准指标进行关联比较以寻找共性特征与衔接入口，最终形成规范性的针对每一具体认证标准要素的描述性文本。根据逻辑对应关系，将描述性文本逐级分解为一级指标、二级指标及具体观测点，实现逐级对标与映射，并最终统合成为初步的高职专业认证标准框架。

在认证标准框架初步构建后，应选取高职院校的行政管理人员、一线教师，高职领域的职教专家、学者、认证专家，教育行政部门工作人员等组成专家团队从不同视角对认证标准框架进行多维智慧解读，并组织专家团队进行评估论证。

评估论证后的结果将会直接反馈到质量评价要素确定阶段的修改和完

善，而这一阶段的修改与完善又会引起认证标准框架确立阶段的修改，各阶段之间彼此相互关联。通过持续闭环系统的不断修正与优化，最终形成专业认证标准的试行稿。同时应选取不同发展水平、不同区域的试点院校及专业进行认证标准试行稿的试点认证。通过反复论证，优化与完善，最终形成专业认证标准的定稿，以突出其科学性和权威性。专业认证标准设计和逻辑路径如图6-3所示。

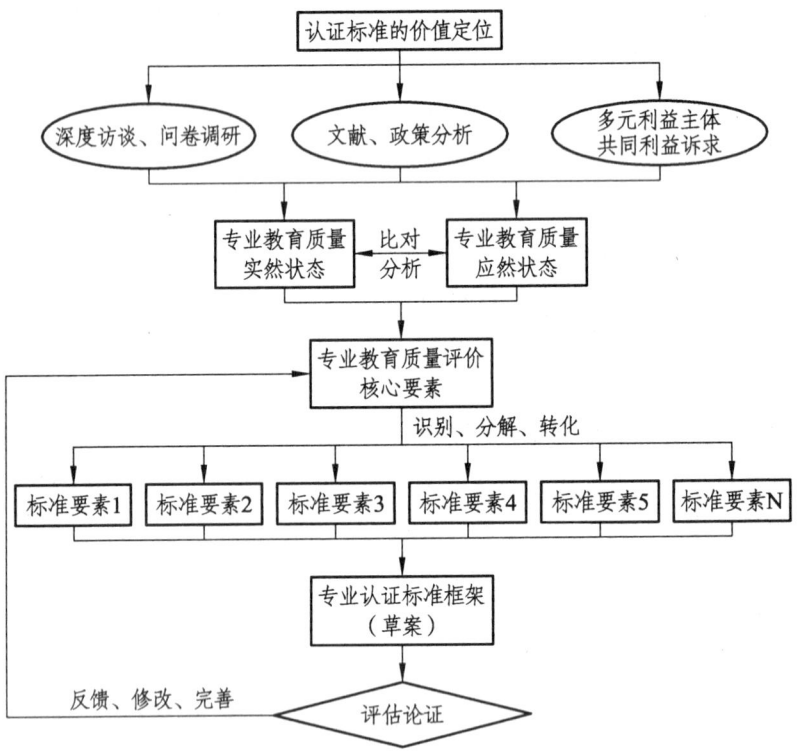

图6-3 专业认证标准设计的逻辑路径

三、认证标准的结构设计

目前我国高职院校所开设的专业数量众多且专业教育发展水平参差不齐，加之专业教育发展与区域产业布局之间的紧密联系，同一专业在不同区域也呈现出不同的专业发展特点，导致专业认证标准的设计相对复杂。

如果按照国际经验只设计单一认证标准的话，可能无法照顾到为数众多的专业，难以实现各专业之间教育质量水平的科学评判与区分，从而丧失体系构建的意义。专业认证体系构建的最终目标在于专业教育质量的提升，而质量提升是一个长期而艰巨的任务，当下我国高职专业教育发展参差不齐的现状导致无法在短时间内将所有专业教育质量提升到一个相当高的水平。为此，应当通过专业认证形成一个让质量水平相对较高的专业继续追求教育质量的最优化，而质量水平相对较低的专业继续努力追赶以实现专业教育质量持续提升的良性发展与竞争氛围。

针对上述现状，笔者认为，在专业认证标准设计时可以考虑建构一个多维分层的立体结构，依据分层的认证标准来实现不同质量发展水平的专业分级认证。这有助于鞭策和激励质量发展水平较高的专业，引导和鼓励质量发展水平相对较低的专业，也有助于增强认证标准的适应性，扩大认证体系的覆盖面，让更多的专业积极自愿参与，提升认证体系的社会影响力。

首先，在认证标准设计的横向维度上，可沿用目前世界上专业认证标准设计的通用做法，采用"通用标准+专业补充标准"相结合的二维形式。通用标准维度主要针对专业大类，强调专业大类的共性质量要求。在2021年教育部印发的《职业教育专业目录（2021年）》[1]中，高职专业目录中共计有包括农林牧渔、资源环境与安全、能源动力与材料、土木建筑、水利、装备制造、财经商贸、教育与体育等19个专业大类，97个专业类和744个专业。以《职业教育专业目录（2021年）》中的财经商贸大类为例，财经商贸大类下设5301财政税务、5302金融类、5303财务会计类、5304统计类、5305经济贸易类、5306工商管理类、5307电子商务类、5308物流类八个专业类，这八个专业类都具有鲜明的经贸财商方面的共性特征。为此，通用标准维度的设计强调财经商贸大类下设所有专业的一般共性要求。设计时应围绕着专业大类的适用性与可行性展开，强调共性质量要求是专业大类下设的各个专业类别所必须达到的基础质量标准。

---

[1] 教育部关于印发《职业教育专业目录（2021年）》的通知[EB/OL].（2021-03-12）[2022-01-21]. http://www.gov.cn/zhengce/zhengceku/2021-03-22/content_5594778.html.

专业补充标准实质是对通用标准的补充说明，专业补充标准的设计主要针对各专业大类下设的专业类别及方向。在设计时，需要考虑到同一专业大类下所属的不同专业类别及方向之间的个性差异与发展特色，强调对专业个性化与特色化发展的补充说明。如财经商贸大类下设的八个专业类中，除共性特征外，都有着自己的专业性特征。以财经商贸大类下设的电子商务类和物流类专业为例，电子商务类专业下设的包括530701电子商务专业、530702跨境电子商务专业、530703移动商务专业等6个专业方向都与电子商务类相关，相应学生通过专业学习所能达到的核心职业胜任力主要集中在电子商务平台的应用与相应电商数据的分析处理方面。而物流类下设的10个专业则都与不同运输方式下的物流运输与管理相关，学生通过专业学习所达到的核心职业胜任力主要围绕在相应的物流工程技术与管理能力的培养与锻炼方面。为此，在专业补充标准维度的设计上，只针对电子商务类专业和物流类专业类别分别设计，而不再细化到具体的专业方向。设计时应从各专业类别所对应的不同职业岗位需求和核心职业胜任力入手，兼顾区域专业布局及专业发展特色，同时应将高职院校的专业群建设要求考虑进去。

在专业认证标准设计的纵向层次上，不能忽略目前高职专业教育发展不均衡，所有专业并非处于大致相同的发展阶段的这一现实问题。我国师范类专业认证在认证标准的设计中采用了小学基本要求、质量合格与质量卓越三级认证标准的设计，较为有效地区分了目前我国本科师范类专业发展的不同阶段与层次。这一做法对我国高职专业认证标准的编制与设计极富指导意义。依据我国目前高等职业教育专业发展的不同阶段性特征，结合认证标准设计与其他高职专业教学类标准的兼容问题，笔者认为可以在认证标准设计的纵向层次上采用两级认证的设计方案。

我国高等职业教育领域针对新专业申报一直有专门的政策性文件《普通高等学校高职高专教育专业设置管理办法》（以下简称《办法》）予以指导，并在2015年进行相应修订。修订后的《办法》针对新专业申报主要采取的是"备案制"与"审批制"相结合的方式。针对医学、公安司法、教育等国控专业，教育部采用"审批制"，要求专业申请必须先行取得省级教育行政部门及相关行业主管部门同意后方可提出。在非国控专业的申请上给予了高职院校专业设置与调整的极大自主权，通过全国职业院校专业设置管理平台备案审批即可。但《办法》也明确了行业主管部门、行业组织在专业设置上的指导责任，省级教育行政管理部门应承担统筹管理责任。

  笔者曾在2014年和2017年参与过高职某一非国控专业的申报，并在2019年和2020年两次参与过某国控专业申报。在两次专业申报的过程中，笔者明显感觉无论是高职院校还是教育行政部门，对于专业申报都采取了较为谨慎与严谨的态度。国控专业申报首先需要在高职院校内部经过科学详细的可行性论证分析，不仅要得到省级教育行政部门的同意，还需要得到专业对应的行业主管部门的签字确认。这实际上是从院校发展、省级教育管理和区域经济发展三个角度对专业开设与否予以十分严格的论证与审查。非国控专业虽然申报程序相对简单，但高职院校专业招生、就业情况都与院校发展紧密挂钩，目前多数高职院校所实施的专业动态调整机制导致各院校在非国控专业的申报上也较为严格。甚至部分高职院校在新申报专业上采取"上一个新专业、下一个旧专业"的原则，明确提出申报新专业就必须从目前已开设的专业中淘汰一个。这种做法导致各高职院校在新专业申报和旧专业淘汰中都十分审慎，且多数高职院校迫于招生和就业的压力开始出现压缩现有专业数的趋势。

  自2000年开始，我国高等职业教育一直保持着高速发展的趋势，经历过几轮办学水平评估与社会需求能力评估后，高职院校的基本办学条件实际上已有明显改善，高职院校实际上具备相应的基础办学条件。根据国家在专业申报"入口端"严格的申请程序、谨慎的审批态度以及政策性文件的严格限制，结合专业认证的经济效益，笔者认为，目前多数高职院校所开设专业大都已经具备了专业教育质量中"基本办学要求"的相应条件。因此，笔者在高职专业认证标准的设计编制上采用"专业质量合格认证"与"专业质量卓越认证"两种层次，设计了"二维双层"的认证标准结构（见图6-4）。

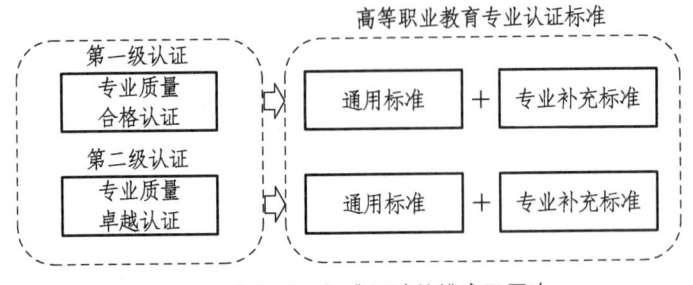

图 6-4 专业认证标准设计的维度及层次

专业质量合格认证主要定位于专业教育质量水平的合格要求,针对专业教育质量发展水平相对较低的专业。强调专业的内涵式建设与发展,要求通过强化专业教育质量建设的目标达成,建立专业持续改进机制来保证专业教育质量达到合格标准要求。希望通过以评促建,加快追赶高职标杆专业,不断提升专业的竞争力与影响力,尽快进入高质量发展阶段。

专业质量卓越认证主要定位于专业教育质量水平的卓越要求。针对专业教育质量发展水平相对较高的专业,强调专业的高质量建设与发展,要求在专业质量合格认证的基础上,认证标准内涵递进,建立健全专业人才培养体系和运行有效的质量持续改进机制。并通过以评促强,强化专业的引领作用,打造一流质量的高职标杆专业,提升高等职业教育的竞争力和国际影响力。在此基础上创造可复制、可借鉴的专业建设的经验和模式,引领高职专业教育的改革与发展。

四、认证标准的指标要素设计

(一)通用标准的设计

为保证认证标准的科学性、适当性和合理性,在认证标准的编制设计过程中,笔者充分沿袭前文所确立的设计逻辑及方法,按照设计方法层层展开。在聆听与收集高等职业教育专业认证体系的多元利益主体对于专业认证标准要素的建议和意见的基础上,笔者通过查阅相关政策及文献资料,对比分析现有实践较为成熟的专业认证标准文本及相关的文献(见表 6-2),以及咨询业内专家意见等方式对认证标准质量要素进行了较为科学的遴选。

表 6-2 高等职业教育专业认证标准要素设计参考依据

序号	所依据文本
1	《全国工程教育专业认证标准（试行）》（2007 版）、《工程教育专业认证标准（试行）》（2011 版）
2	《普通高等学校师范类专业认证实施办法（暂行）》（中学教育、小学教育、学前教育专业认证标准）
3	2004 年高职高专人才培养工作水平评估、2008 年高等职业院校人才培养工作评估中针对高职专业的相关评估指标
4	2016 年、2018 年高职院校适应社会需求能力评估中《高等职业院校专业情况表》中的数据采集项与评估指标
5	2015 年《高职院校内部质量保证体系诊断项目参考表》中的诊断要素指标
6	《普通高等学校高等职业教育（专科）专业设置管理办法》
7	《高等职业学校专业教学标准》（2018 版）
8	《高等职业教育专科英语课程标准》（2021 版）、《高等职业教育专科信息技术课程标准》（2021 版）
9	美国 ABET 工程教育专业认证标准 EC2000（2020—2021 版）
10	德国 ASIIN 专业认证标准
11	印度工程技术教育专业认证标准[①]
12	澳大利亚职前教师（initial teacher education）ITE 认证标准[②]
13	欧洲高等教育区质量保障标准与指南（ESG）
14	《华盛顿协议》《悉尼协议》中的毕业生要求（graduate attributes）所涉及的基本参考点（reference point）
15	欧洲工程教育专业认证网络中 EUR-ACE® 框架认证标准及指南（EAFSG 2015）

经分析梳理，可以看出当下专业认证标准要素的选取与编排大多遵循 IPO 模式，即"Input（输入）—Process（过程）—Output（输出）"模式。在综合比较分析了目前实践较为成熟的专业认证标准与评估指标的设计后，认证标准设计尝试在 IPO 模式的基础上借鉴斯塔费尔比姆的"背景（Content）、输入

[①] Accreditation Criteria of National Board of Accreditation[EB/OL]. (2019-05) [2021-02-17]. https://www.nbaind.org/ Uploads/General_Manual_V1.0.pdf.
[②] Accreditation of initial teacher education programs in Australia: Standards and Procedures [EB/OL].[2021-02-17]. https://www.aitsl.edu.au/tools-resources/resource/accreditation-of-initial-teacher-education-programs-in-australia---standards-and-procedures.

（Input）、过程（Process）和结果（Product）"CIPP 评价模型。以 CIPP 评价模型为参照，结合前期访谈中，访谈者对于认证标准设计时的要素建议，笔者尝试从目标要素（Target）、过程要素（Process）、资源要素（Resources）和成果要素（Outcome）四个方面设计与编制高等职业教育专业认证标准中的 TPRO 通用标准框架。

1. 目标要素

专业认证标准的目标要素实际上强调的是专业人才的培养目标及培养规格，是专业建设的起点和归宿，对专业建设与发展有整体导向作用。

首先，应当体现高职专业教育"以学生为中心"的教育理念，以学生的全面发展为核心，强调培养目标对人才培养的价值导向，强调有清晰的专业发展理念。

其次，应强调并体现专业定位在专业人才培养、质量建设、持续改进等方面的指导性作用，应强调专业定位与经济社会发展和区域产业布局之间的紧密联系，精准对接区域及经济社会发展人才需求，强调人才培养与产业链的匹配度。

最后，应当强调有科学、合理的专业人才培养方案，可以设计从知识、技能和职业素养三方面构建具体的人才规格评价标准，且应当能够反映学生在毕业后的 3~5 年内在社会专业领域所能取得的相应成就，还应包括对人才培养方案达成度的定期反馈与修订，既要及时反馈社会对人才的最新需求，又要体现出产业界人士在培养方案制定过程中的广泛参与。

2. 过程要素

过程要素实际上反映的是专业教育质量与人才培养质量价值实现与价值增值的过程。这一过程是为了实现与提升专业教育质量的整体目标，专业教育所采取的一系列相应的举措。

首先，这一要素应当包括专业课程体系架构与课程教学在内的课程要素，这是专业教育的基础。专业人才的知识结构、技能水平、职业素养的养成与专业所开设的课程及课程教学密切相关，课程体系应当能够支撑专业人才培养目标的达成。

其次，学生发展应当是这一要素的重要组成部分。专业认证体系构建的目标指向了专业教育质量的提升，而专业教育质量的全面提升最终落脚于专业人才的培养质量。为此是否拥有吸引优秀生源的相应制度与措施，是否具有完善的学生学习指导、心理辅导、职业规划及就业指导，是否对学生的学习过程进行了有效跟踪与评估，所产生的形成性过程评价能否有效测量以确保学生毕业达成度等都是过程要素中应当包含的内容。

最后，专业发展与持续改进也应当是过程要素的重要组成部分，而这也是"持续改进"认证理念的有机体现。专业发展应当包括专业的校企合作、协同育人、相应的实习实训基地建设、双创教育、专业的招生就业情况等，这是人才培养的重要载体。而持续改进则是要求建立相应的专业教育质量监控与反馈机制，以质量观统领专业教育的全过程。各教学环节与专业建设都应当有明确的质量要求，定期开展质量评价与反馈，并将评价结果应用于专业的持续改进，建立专业教育质量持续改进的闭环管理系统，这也是专业不断自我诊改，自我提升的重要保障。

3. 资源要素

资源要素是保证专业持续发展，实现人才培养目标，提升专业教育质量的必要保障条件。拥有良好的专业教育资源并不一定代表能建成高质量的专业，但如果专业教育资源配置过于落后，必然会对专业教育的质量产生影响。

首先，师资应当是资源要素的重要组成部分，包括专业教师的数量、结构，产业界专家及兼职教师数量，专业教师的科研创新、技术转化能力，等等。这些都是重要的评价指标。

其次，对于高职院校及专业而言，深度产教融合，加强与企业的深度合作，准确把握社会发展与产业界对人才的需求，实现资源共享是专业建设与发展所不可回避的。因而包括校外实习基地建设，专业与行业、企业合作开展的实践教学条件建设，产学合作与研发，师生技术服务与社会技能培训等在内的校企合作资源应当是资源要素的重要组成部分。

最后，资源要素还应当包括能够有效支持专业理论教学与实践教学的各种教学软硬件设施建设、信息化教学资源库建设等在内的教学设施。而教育经费的投入，院校相应的教学管理与服务等保障措施、教学监督及质量保障等制度建设在内的院校保障也都是资源要素的重要组成部分。

4. 成果要素

成果要素是专业认证"成果导向"理念的重要体现，这也是专业认证由关注"投入"评价转向强调以建设成效和以解决方案为核心的"成果性"认证的重要转变。

专业教育质量的最终形成直接体现在其成果——专业人才的培养质量上，即该专业学生在完成专业学习后所具备的相应的知识、素养与能力水平上。为此，笔者选择"毕业生要求"这一概念作为成果要素的重要组成部分。通过对"毕业生要求"，即毕业生在毕业时预期达到的知识、技能、素养水平的清晰描述，有效地反馈和评价专业教育在人才培养成果上的质量水平。如果高等职业教育专业认证体系想要加入以《悉尼协议》为代表的国际教育互认协议，要积极参与国际同层级教育专业认证体系规则框架制定，实现我国高职专业认证结果的国际实质等效性，就应该注意在认证标准的制定上为与国际接轨做好铺垫工作，而成果要素中的"毕业生要求"的设计无疑就是最好的衔接点与突破口。

专业认证标准在"毕业生要求"设计时应从高职人才培养的实际要求出发，强调专业教育与经济社会发展对人才质量需求之间的耦合性，找出针对毕业生知识、技能、素养上的共性要求，形成以"毕业生要求"为核心的成果要素标准。同时还应该研究国际同类型、同层级教育中专业认证标准、国际互认协议、区域范围内教育互认中与毕业生要求及其基本观测点相关的认证标准的拟定情况，为实现认证结果的国际实质等效预留接口。

除此之外，笔者认为，"专业建设成果"也应当是成果要素的重要组成部分。学者徐国庆曾提出，可以将教师在人才培养过程中所开发的诸如需求调研报告、人才培养方案、课程标准、以教材为代表的各类教学资源等开发成果认定为专业建设成果[1]。这一观点从高职专业教育特点出发，较好地区分了

---

① 徐国庆. 构建中国特色的职业教育专业认证体系[J]. 教育发展研究, 2018, 38(7): 21-27, 39.

高职院校与研究型大学在专业教育质量建设及产出之间的差异。笔者认为，"专业开发成果"与"专业建设成果"概念相近，都是围绕专业教育质量全面提升这一目标进行系统性的开发与建设过程中所形成的有助于专业教育质量价值增值的一系列成果，极具高职教育的特点，理应成为成果要素的重要组成部分。

综上所述，笔者从目标要素（Target）、过程要素（Process）、资源要素（Resources）和成果要素（Outcome）四个方面，围绕着专业教育质量的层层分解，最终编制形成 TPRO 专业认证通用标准框架（见图 6-5）。

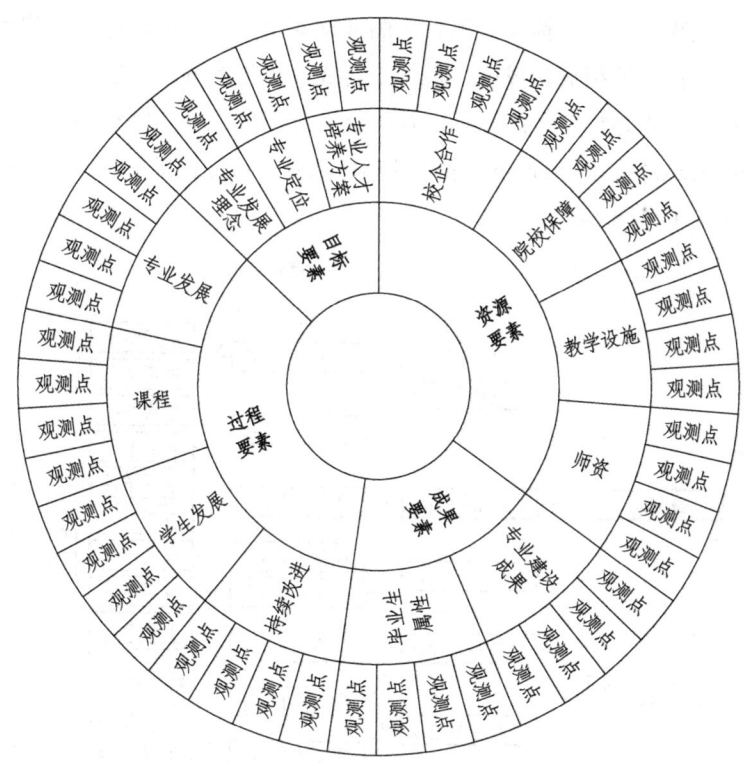

图 6-5　TPRO 通用标准框架图

由通用标准框架可以看出，依据认证标准构建逻辑，笔者将认证标准中的各质量评价要素进行梳理、组合、排列并逐级分解，按照逻辑关联与映射关系分别设计为一级指标、二级指标和三级指标（观测点）三个层级。其中一级指标由专业教育质量评价中的目标要素、过程要素、资源要素和成果要素这 4 个核心要素构成，二级指标是映射一级指标的分指标，是对一级指标的再分解，是认证实施的具体项目及项目描述。二级指标下设若干三级指标，即主要观测点。主要观测点是对二级指标做出价值判断的主要依据与立足点，是直接反映二级指标变化特征的观察测量点。一级指标、二级指标与三级指标共同汇集成为专业认证的指标池，能够较为全面覆盖和衡量高职专业教育质量评价的总体情况。

专业认证标准设计中还需注意，各级指标之间应当形成严谨的监测点对标（monitoring-site match），应强调事实举证的逻辑循证方式。通过事实举证的方式来实现对三级指标（观测点）的证据支撑，以三级指标（观测点）对标映射二级指标的指标达成度，最终聚合成一级指标的达成度效应分析。在一级指标、二级指标与三级指标（观测点）之间形成一个完整的证据支撑链条（evidence supporting chain）来提升和保障专业认证标准的权威性、逻辑性与可操作性（见图 6-6）。

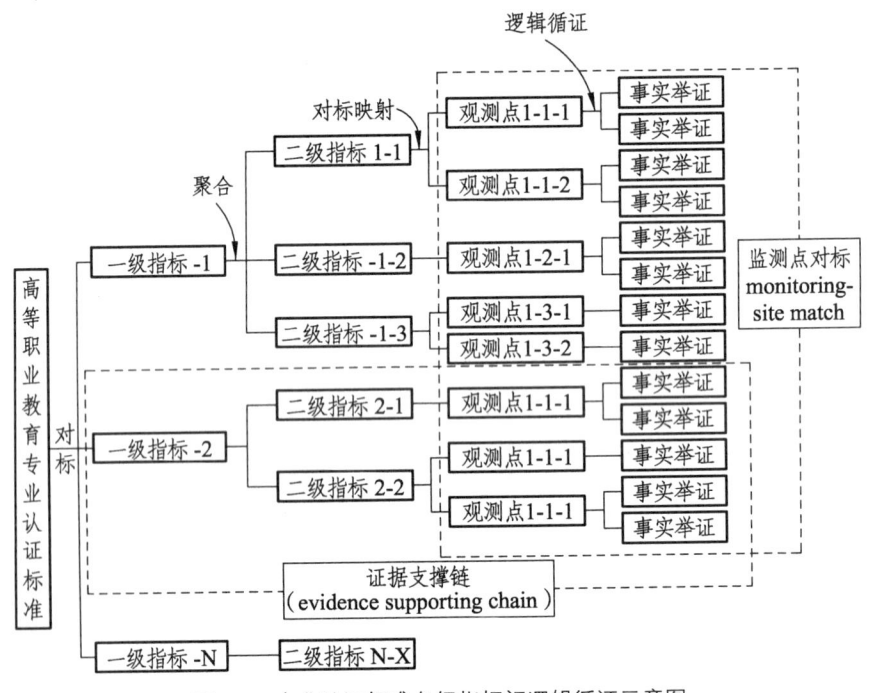

图 6-6　专业认证标准各级指标间逻辑循证示意图

（二）专业补充标准的设计

专业补充标准在指标要素的设计上，应当与通用标准设计有所区别，不同专业的专业补充标准在编制设计上不应拘泥于同一个模板，避免标准设计陷入"巴纳姆效应（Barnum effect）"。

专业补充标准设计既然是对通用标准的补充，又是对同一专业大类不同专业方向的进一步细化说明，在要素设计上应该更多地从专业特色出发，尊重不同专业类的专业特性，强调专业服务于经济社会发展与区域产业升级需求的服务力水平。为此，专业补充标准设计首先应当切实以区域与地方经济发展及产业升级转型对专业人才质量的具体需求为依据。其次，回应与职业资格的有效衔接。这就需要对专业所对应的具体岗位及岗位群的职业标准进行深入的分析。应注意将职业资格要求及职业核心能力要求融入专业补充标准设计，凸显认证标准的专业性与职业性。最后，随着专业群建设成为当下高等职业教育实现高质量发展的关键引擎，集聚相关多个专业有效对接产业链或职业岗位群的专业建设的新发展模式也需要引起关注。

目前，国际上通用的专业补充标准设计内容主要围绕相应专业在课程体系、师资队伍与教学设施三个方面的特殊要求展开。笔者认为，我国高等职业教育专业认证标准在专业标准的设计上除应涵盖以上三方面的各专业特殊要求外，还应该体现我国高等职业教育的职业性特色，体现高等职业教育与区域产业发展的融合与互动，体现高职专业教育在经济社会发展中、人才需求结构性调整中的积极作用。在专业补充标准设计时，可以考虑引入"目标关联度评价"与"职业胜任力达成度评价"两个概念展开设计。我国高等职业教育专业认证标准结构示意图如图6-7所示。

1. 目标关联度评价

高职院校在应对社会经济发展对人才培养质量的差异化需求时，专业教育一定有迎合区域经济发展及产业布局需求而形成的自身特色与优势。高等职业教育专业认证并非希望给所有专业套上一个统一适用的模板，而是希望能够通过专业认证强调专业优势与特色的展现。

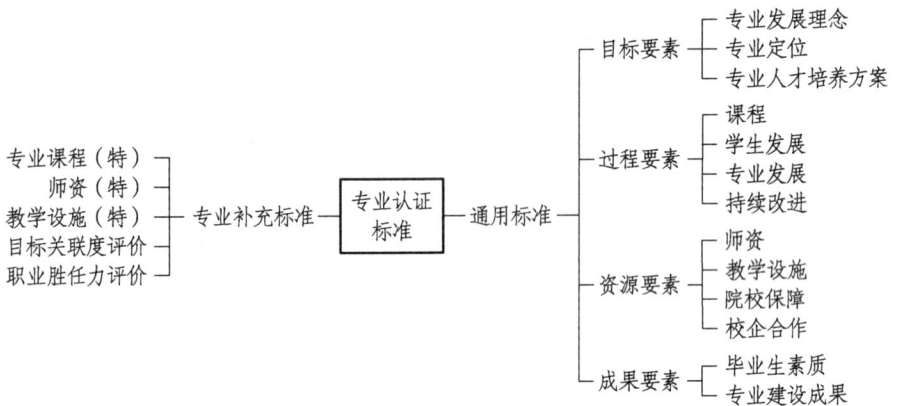

图 6-7 我国高等职业教育专业认证标准结构示意图

目标关联度评价旨在从专业定位、专业人才培养方案、毕业生要求、区域经济社会人才质量需求这四者之间的关联度评价分析入手,一方面能够有效评价专业能否锚定区域经济及产业发展中与专业自身最为适配的岗位及岗位群,突出专业教育及专业人才培养与区域经济发展之间的契合度;另一方面能够评判专业教育能否洞察区域社会经济发展及产业升级的走向,及时对专业教育做出调整以培养出适应经济社会发展及区域产业升级所需要的专业化人才。

这一质量评价要素的引入意在有效剥离区域产业布局的差异性因素与高等职业教育发展的区域不平衡因素对专业教育所造成的影响,从高等职业教育的地方性特征与专业建设及发展特色出发来评价专业与区域经济及产业发展之间的匹配度与关联度。这能够在通用标准所要求的专业教育质量的共性要求外,更好地评价与体现不同专业依据区域经济发展需求而形成的个性化特征。

2. 职业胜任力评价

职业胜任力是基于职业领域工作情境所应具备的各种职业知识、职业技能和职业素养的能力合集,是职业领域具体岗位及岗位群所需的胜任力要素的合集。学生经过专业教育后在毕业时所具备的知识体系、技能水平与以职业素养为核心的综合能力水平都将如实反馈到进入职业领域时所具备的职业胜任力水平的高低上。

在专业补充标准设计中引入职业胜任力评价,将专业对应的职业领域相关岗位及岗位群所需的胜任力要素融入标准要素设计中,可以客观评价专业教育与职业领域具体岗位及岗位群人才质量需求之间的适切性,评价专业人才岗位适应能力以及专业人才的人职匹配度,评价专业设置与对应产业链之间的精准匹配度,凸显高等职业教育专业认证的职业性特征。

同时,职业胜任力既有基于毕业生要求上的共性要求,又有针对不同职业领域具体岗位或岗位群的特殊性要求,而这实际上也是专业所对应的职业资格证书中的具体职业标准要求的体现。为此,职业胜任力评价还可以突出体现具体专业所对应岗位及岗位群所需人才的针对性、专业性要求,能够有效地将专业认证与不同专业所对应的职业资格要求精准对接,突出不同专业方向所对应的不同职业领域的相关岗位及岗位群的特殊性要求。

还需要注意的是,本书将高等职业教育专业认证标准划分为"质量合格认证"和"质量卓越认证"两级认证。在认证标准的编制与设计中,在保证两级认证标准系统性、一致性的同时,也应当体现出一定的层次性。两个级别的认证标准在通用标准与专业补充标准的质量构成要素(一级指标与二级指标)上可以通用,但在三级观测点上,应当根据认证标准要求的层次性而有相应的调整,两级认证标准之间应当形成一定的阶梯性,应当体现专业教育质量标准之间的递进要求。

第四节 认证程序构想:流程与过程要素

研究构思与认证技术、认证价值相适应的认证程序是认证体系有效运行的关键。高等职业教育专业认证体系质量评价功能的发挥需要有公平、公正的质量价值基准。但当下教育评价具体实施过程中因价值偏离而导致评价结果效能衰减的现象时有发生。对高等职业教育专业认证体系而言,要合理指挥和控制体系内相互关联和相互作用的要素,有效实现既定质量目标,实现科学化的质量评价与质量保证就必须依赖于规范、科学的专业认证程序。没有规范、科学的专业认证程序，专业认证只能停留在方案层面而无法具体实施，体系的有效运行也会失去良好的过程控制与规制保障。因此，专业认证程序的构想也是高职专业认证体系构建的重要组成部分。

一、认证程序的功能及意义

现行的教育质量评价的研究与实践大多倾向于将焦点投入对评价目的、评价标准、评价方法和评价结果的应用上。一些研究者认为采用先进的评价方法，遵照科学合理的评价标准就一定可以得出真实可信的评价结果。"程序虚无"现象实际上在教育质量评价领域内十分明显，缺乏对程序的正确认识与重视。即使目前的研究与实践都开始意识到程序问题的重要性，但也往往聚焦于程序的构成及执行，并不过多关注程序背后的价值与功能。

专业认证程序的设计是保障专业认证有效开展、合理运行的关键，是推动体系构建落地与有效运行的保障，它也直接决定着专业认证结果的权威性与有效性。认证程序可以通过各种技术化手段的配置以整合认证实施过程中的各种"碎片化"认证活动，统一赋予专业认证实施过程中执行效能的效率化。并通过运用认证程序中的诸如监督审核、程序救济等对认证实施过程中出现的技术性"偏差"予以纠正，保障认证结果的公正、权威。高等职业教育专业认证体系的建构与健康运行，既需要有科学、完善的专业认证标准，又应当以规范、严谨的认证程序为载体。认证程序与认证标准就如同体系运行的双保险，有效地保证了体系实际效用的发挥。这也从另外一个侧面表明高等职业教育专业认证体系的构建不只是宏观的政策导向，专业认证标准也不仅仅是书面性的文字，其背后有着系统、配套的认证程序予以保障实施。

认证程序还有助于激活认证体系中多元利益主体对专业认证的认知意识和行为意识，调动各主体参与专业认证的积极性，为专业认证的有效实施创造良好环境。专业认证体系能否实现其认证价值，在于认证体系中多元利益主体参与的深度与广度，其核心在于多元利益主体自身主体意志与利益诉求的实现程度。在一个规范、严谨的认证程序中，即便多元利益主体之间存在着差异化的利益诉求，也都可以通过科学的认证程序适度消解和平衡利益博弈与冲突，适时调适认证价值偏离，促进多元利益主体间通过沟通与协作达成共同的利益诉求与合意。同时，认证程序构想还有助于多元利益主体接受认证程序的规范与约束，依据程序规则各司其职，在体系构建及运行中相互配合而又彼此牵制，破除权力垄断行为的发生。

认证程序构想中还应当蕴含改进与反思。认证程序的功能不仅仅体现在系统规范认证过程活动、保障认证实施效率、纠正技术性偏差、规范认证主体行为等方面，认证程序同时还是认证实施与实施效果反馈之间有效关联的一种系统化联动。认证结论的科学性与权威性需要经由认证实施效果的检验，而认证实施效果的检验又能反馈至认证实施过程，成为完善认证实施、提升认证效能的重要依据，两者之间的关联往复是程序自身反思与改进的体现。这种反思与改进还体现在认证程序在体系运行过程中依据经济社会对高等职业教育专业认证体系的要求、国家政策方针的调适而不断对程序规则予以优化与完善之中。

二、认证程序的要素及流程设计

高等职业教育专业认证体系既是高职专业教育质量链上的关键链节点，又是质量链上的相对独立的质量管理体系。高等职业教育专业认证体系实质是体系内各要素依据严密的逻辑组织关系，为实现质量目标，围绕专业认证的具体实施而建立起来的质量管理系统。

为了更加有效地实现针对专业认证实施过程的规范化管理，必须构建出以专业认证实施过程为核心的科学认证程序来有效支撑认证体系的良好运行。认证程序的本质在于质量管理过程控制，其设计并没有一个标准化模式，通过对比中外专业认证在认证程序设计上的相关做法，结合我国高等职业教育专业认证的相关特性分析，研究援引质量管理体系设计的惯常做法将认证程序分解设计为认证计划（质量策划）、认证识别（质量识别）、认证实施（质量分析与控制）、认证结论（质量保证与改进）四个阶段，并细化为12项过程要素（见表6-3）。

表 6-3　认证程序过程要素构成

阶段	步骤	程序
认证计划阶段 （质量策划）	过程要素 1	认证计划
	过程要素 2	认证准备
认证识别阶段 （质量要素识别）	过程要素 3	事前评估与资格确认
	过程要素 4	资格审查与受理
	过程要素 5	自评报告
认证实施阶段 （全面质量分析与质量控制）	过程要素 6	审议自评报告
	过程要素 7	实地考察调研
	过程要素 8	结论研讨
	过程要素 9	正当程序响应
认证结论阶段 （质量保证与改进）	过程要素 10	认证结论公布
	过程要素 11	持续改进
	过程要素 12	申诉

认证程序设计流程图如图 6-8 所示。

（一）认证计划

认证计划阶段包含两项过程要素：认证计划与认证准备，强调做好专业认证开始前的认证实施计划、认证目标任务分解以及相应的准备工作。该认证程序的主要当事人是高职院校及其申请认证的专业。高职院校及其申请认证专业应当在明确参与专业认证前，针对整个专业认证实施过程做好详细的计划安排，包括时间安排、人员组织安排、后勤保障安排等。

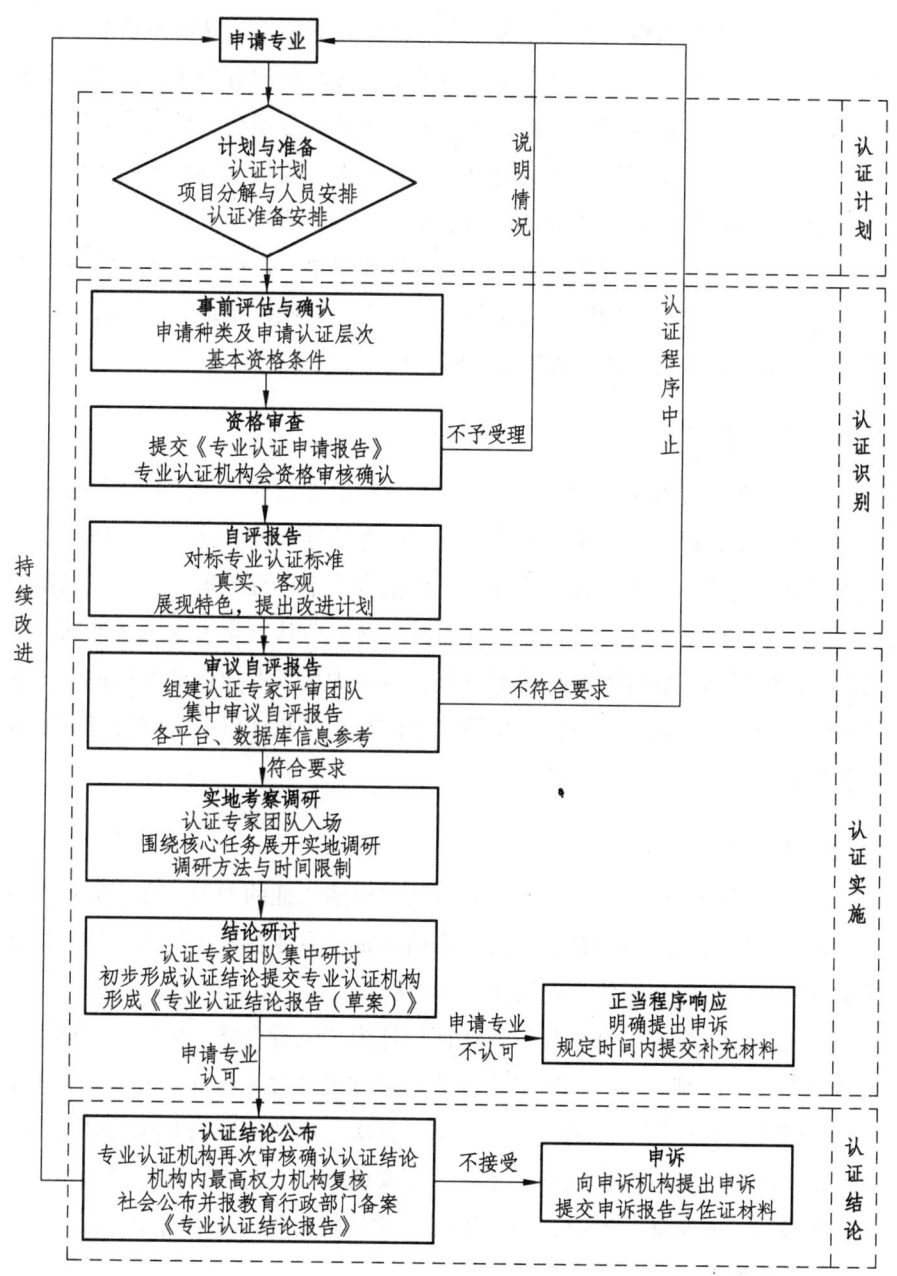

图 6-8 认证程序设计流程图

高职院校应当积极鼓励专业参与专业认证，做好申请认证专业的动员与统筹工作。而申请认证专业则应该全面了解高等职业教育专业认证及其实施的相关规程，并根据认证要求提前做好参与认证的各项任务目标分解以及相应的准备工作，包括拟定认证实施时间计划安排、逐级分解任务与人员安排等。目前通用的专业认证实施的持续时间一般都控制在12~18个月之间，专业认证过程中涉及的各种佐证材料、报告等相当繁复，同时还涉及实地考察调研等活动。为此，高职院校与申请专业一定要在确认申请前，做好详细的计划与准备工作，列明任务清单及时间安排。

（二）认证识别

认证识别阶段着重从对专业认证实施过程中涉及的关键质量评价要素识别与判断入手，以确认申请专业是否符合专业认证标准。这一阶段包括事前评估与资格确认、资格审查与受理、自评报告三个过程要素。该阶段强调通过周密的认证申请程序设计，帮助和引导申请专业认真学习专业认证的管理规程，积极对标认证标准进行自查自核，以减少后续专业认证执行过程中所带来的各种问题。同时也有助于申请专业的初步自我评价，为撰写自评报告打下基础。

1. 事前评估与资格确认

这一程序的主要当事人是高职院校及其申请认证的专业。高等职业教育专业认证采用自愿申请的认证方式，申请认证的专业在确定提出认证申请之前必须要有一个事前评估与资格确认的过程。

笔者在认证标准设计中将专业认证设计为"质量合格认证"和"质量卓越认证"两个级别。为此，申请认证的专业首先要对专业自身情况有一个事前评估以确认自己所要申请认证的级别。其次，申请认证的专业要确定本次认证申请的种类是"初次认证"还是"更新认证"。"初次认证"主要是针对第一次参与专业认证的专业，"更新认证"主要针对第一次申请专业认证未通过或认证周期结束的专业。

申请认证的专业还需要认真对照专业认证程序实施的相关文件说明，对照认证标准进行资格确认，确认自己是否符合专业认证申请的基本条件。针对各申请认证的专业，认证程序设计上应该严格规定相应的基本申请资格条件以设置申请门槛。同时不同级别的认证在基本申请资格条件上应有所区别，资格条件应当有所递进。笔者在认证标准设计中将专业认证分层设计为质量合格认证与质量卓越认证。

1）质量合格认证申请资格条件

质量合格认证的申请资格条件应当介于专业基本设置要求与质量卓越认证申请资格条件之间。质量合格认证强调专业教育质量应当高于专业基本设置的一般合格性要求，略低于质量卓越认证。为此可制定以下申请资格条件：

（1）专业教育质量水平应当符合质量合格认证所对应的专业认证标准（具有标准的可实施性）；

（2）专业能够按照专业认证程序要求在规定时间内提交相应的佐证资料；

（3）该专业须有至少3届应届毕业生；

（4）该专业的名称应当与《职业教育专业目录》（2021）上的专业命名一致。

2）质量卓越认证申请资格条件

质量卓越认证定位于专业教育质量的卓越发展，应当是通过了质量合格认证并在专业建设与发展过程中有相当积淀，形成了自身专业发展理念和专业建设特色的专业才有资格申请。为此，质量卓越认证可制定以下申请资格条件：

（1）专业应当通过质量合格认证3年后方可申请；

（2）专业发展状况应当符合质量卓越认证所对应的专业认证标准（具有标准的可实施性）；

（3）专业能够按照专业认证要求在规定时间内提交相应的佐证资料；

（4）该专业的名称应当与《职业教育专业目录》（2021）上的专业命名一致。

需要说明的是，高等职业教育专业认证的认证结论应当与高等职业教育领域现有的相关教育质量评价结果之间存在某种程度的融合与互认，以突显认证体系的兼容性与广泛适应性。为此，在设计时可考虑将"双高计划"中已获得高水平专业（群）建设A、B、C档的专业与质量合格认证结果进行有条件的实质等效互认，上述专业可自动申报质量卓越认证。

申请专业在完成事前评估与资格确认，确认自身条件符合基本申请基本资格后，应当按照要求撰写书面版的《专业认证申请报告》提交给专业认证机构。

2. 资格审查与受理

这一程序的主要当事人是专业认证机构。专业认证机构作为专业认证的具体实施机构应当组织工作人员对各专业提交的《专业认证申请报告》及其相关申请材料、佐证材料进行资格审查，确认申请认证的专业是否符合认证申请的基本资格条件，并做出相应的决定。决定包括"同意受理"与"不予受理"两种，并应及时告知申请认证的专业决定结果。

而专业认证机构在做出"同意受理"决定后，应当按照专业属性着手在认证专家库中筛选合适的认证专家组成专家认证团队，并做好后续认证实施正式开展的相应准备工作。专业认证机构如果做出"不予受理"决定，应当向申请专业详细说明原因，并提供指导性意见以帮助申请专业对照申请资格要求进行诊改，为下次认证申请做好准备。

申请认证的专业在收到专业认证机构的"同意受理"决定后，应依据认证机构的相关要求正式向专业认证机构提交专业认证申请，并开始着手准备后续自评报告的撰写工作。如果申请专业收到"不予受理"决定，则应当认真对照专业认证机构的意见说明，加强诊改，为下一轮专业认证申请做好准备。

3. 自评报告

完成资格审查，确认申请资格后，申请专业应当开始着手撰写自评报告。自评报告是引导专业进行自我评价与诊断的关键，是申请专业依照专业认证标准对自身专业教育质量水平的自我评估。自评报告也是后期专业认证机构组织专家团队实施认证的主要判断依据之一。

与其他教育质量评价有所不同，专业认证更加注重专业对自身的评估与检查，强调专业内部诊断与改进能力的培养。自评报告这一程序的设计实际上将专业内在自我诊断与外部认证进行了有效逻辑关联，既充分尊重了申请专业在专业认证过程中的自主性和主体地位，激发了申请专业的主体意识，又有效地实现了高职院校的内部质量保证与外部认证评估之间的有机结合。

在自评报告阶段，高职院校应当按照专业认证机构的自评报告模板，有计划地组织专业对照认证标准，通过撰写自评报告的形式对专业进行自我评估与诊断，反思专业在办学理念、人才培养、专业教学、校企融合等方面的优势与不足。在撰写自评报告时，首先要严格对标专业认证标准，采用循证方式，客观陈述专业对照认证标准的达成度，并应提供充分的支撑材料以作为证据支撑。其次，提交的自评报告内容应当真实、客观。申请认证的专业应当确保自评报告内容的真实性与客观性，不得有虚构、编造等弄虚作假行为的发生。最后，自评报告除了应当展现专业发展中的优势项目与特色发展外，也应该客观陈述专业自身存在的问题与不足，并应提出针对性的改进计划与改进措施。

需要注意的是，自评报告的撰写是建立在对专业认证标准的深度理解和对专业自身的正确评价基础之上的，所提出的针对性的改进计划应当有相应的实际举措，而这也是后期实地考察调研的重要观测点之一。为此，自评报告的撰写并非短期内可以完成的任务，可以考虑在程序设计中将自评报告阶段的时间设置为 9~12 个月。高职院校应当动员申请认证专业全员，积极参与专业自评报告的撰写及后续改进计划的实施。

（三）认证实施

认证实施阶段主要是认证专家团队依据专业认证标准对申请专业展开全面质量分析，并经充分研讨审议最终确定认证结论的过程。这一阶段是专业认证程序中的关键环节，认证实施阶段所作出的任何一项决议都可能影响到最终的认证结论，是支撑认证结论的关键要素。为此在认证实施阶段强调实施过程的公开性、透明性、公正性、专业性显得尤为重要。同时，多元利益主体的广泛参与、各种科学化的评价方式方法的采用也十分关键。这一阶段主要包括审议自评报告、实地考察调研、结论研讨与正当程序响应四个过程要素。

1. 审核自评报告

申请认证的专业应在规定时间内完成自评报告后，将自评报告和相关佐证材料一并提交给专业认证机构。专业认证机构依据专业属性及专业特点从认证专家库中随机抽取有相同专业背景的认证专家组成认证专家团队，针对申请认证专业所提交的自评报告进行审议。

自评报告审议过程是认证程序中非常重要的环节，在这一环节中，认证专家团队成员及专业认证机构的辅助工作人员主要运用各种科学评价方法，比对专业认证标准，对自评报告及佐证材料、专业认证机构所搜集到的申请专业信息数据进行系统化的分析与科学化的评价，强调专业认证标准的达成度。专业的信息数据除了来源于自评报告中的数据信息、高职院校人才培养工作状态数据采集平台等数据库信息外，专业认证机构也应当建立自己的全国高职院校专业认证信息决策数据库，以强化机构对专业信息数据的收集、整理与筛查功能。

如果自评报告经过审议后符合认证要求，专业认证机构将会召集认证专家团队准备进入实地考察调研阶段，并与申请专业及院校协商，确定实地调研时间表。若自评报告经审议后不符合认证要求，专业认证程序将会中止，专业认证委员会须及时告知申请专业，并附上详细情况说明。

2. 实地考察调研

实地考察与调研是专业认证机构根据自评报告的审议结果委派认证专家团队到申请专业所在院校展开实地考察与调研的过程。专业认证机构在认证专家入场前应当召集专家进行相关认证工作规则的学习，帮助专家明确工作任务分配，熟悉认证流程，端正工作态度。在专业团队实地考察期间，专业认证机构除为专家团队实地考察调研配备相应的行政工作人员协调工作外，也可考虑设计增设一名调研观察员，全面观察专家团队在实地考察调研过程中的活动是否符合认证工作要求。

专家团队进入专业实地考察调研时，其核心任务应当围绕以下四个内容展开：第一，比对认证标准，核实申请专业自评报告中所陈述内容的真实性与准确性。第二，对自评报告中无法以书面形式充分描述的因素予以现场确认。第三，对于在自评报告审议过程中出现的无法予以解答的问题，在实地考察中寻找答案。第四，核查专业针对自评报告中专业自身列明所存在的问题与改进计划，是否据此采取了相应的改进措施以及改进措施的实施效果。

在实地调研中，认证专家团队入场前应当与高职院校充分沟通，确认好时间安排表，不应打乱正常专业教学活动。认证专家团队成员及行政辅助人员的人数尽量控制在 7~10 人，且实地调研过程中的相关费用应该由专业认证机构全程负担，不应给高职院校带来财政负担以保证实地调研结果的公正性与权威性。整个实地调研持续时间应当合理控制在 1 周以内。在调研方法上，认证专家团队可以对学生、教师、行政管理人员等展开深度访谈，小组研讨，查阅专业及院校相关原始资料，专业关键教学设施参观，课程教学观摩，实习基地参观访谈等。

3. 结论研讨

认证专家团队应在实地调研结束 30 日内完成实地调研报告并提交给专业认证机构。专业认证机构应集中召集认证专家团队成员针对专业自评报告、实地调研报告、平台信息数据等进行充分研讨。研讨过程中，认证专家团队成员应本着公正、专业的认证态度，遵循专业认证的价值导向，对申请专业做出客观、公正的认证结论。

在完成研讨后，各认证专家应独立做出相应的认证结论，并采用无记名投票方式形成对申请认证专业的初步认证结论。在专业认证结论设计上可考虑按照目前认证结论的通用方式设计为："通过认证""有条件通过"和"不通过"三种。

专业认证机构在形成初步的认证结论后，应将认证结论及时告知申请专业，并应附上《专业认证结论报告（草案）》。结论报告应当对申请专业的专业教育质量水平进行全面、客观的书面评价，并应当明确列明申请专业所存在的优势与问题，同时提出相应的详细解决对策。"有条件"通过应当列明具体通过条件要求，而"不通过"则应当详细说明不通过理由并指导分析专业所存在的问题及相应改进对策。

4. 正当程序响应

申请认证的专业收到《专业认证结论报告（草案）》后，应当及时做出"认可"或"不认可"的认证结论确认。当申请专业对收到的"不通过"或者"有条件通过"的结论不予认可时，认证程序设计了相应的程序救济措施。在规定时间内申请认证的专业可以根据《专业认证结论报告（草案）》中的认证结论提出申诉或补充资料，以待专业认证机构进行进一步审核确认。

专业认证机构如果在正当程序响应期内收到申请专业的申诉或补充材料，应当再次召集认证专家团队成员针对申诉或补充材料进行研究讨论，并做出最后的认证结论。"正当程序响应"这一程序的设计是对专业认证过程中可能存在的技术性偏差的一种校正，有效地保障了申请专业的权益，给予申请专业一定的程序救济渠道。

（四）认证结论

认证结论阶段主要是专业认证机构完成对申请认证的专业进行全面质量分析后，对申请认证专业的专业教育质量水平做出科学评判的过程。这一过程既包括认证结论的公布与申诉环节，又包括基于认证结论的持续改进环节。

认证结论阶段的结束并不代表着整个认证程序的终结，相反它是申请专业针对认证结论进行持续改进、不断追求专业教育质量最优化的开始。这也是专业认证机构总结本次认证实施过程中的经验与教训，分析问题、查找对策，进行自我修正与改进，转入下一认证程序循环的开始。这一环节包括认证结论公布、持续改进、申诉三个过程要素。

1. 认证结论公布

专业认证机构在收到申请专业对初步认证结论予以确认的意思表示后，专业认证机构应当组织专业认证机构内部相应的学术委员会及监督机构对本次认证的全程认证过程资料进行再次审核确认，经专业认证机构内最高权力机构复核无误后向申请专业正式通报认证结论，并向社会公布。在结论公布的公示期届满无异议后，专业认证机构应将认证结果上报至省级教育行政部门和教育部职成司备案。

认证机构向申请专业提交最终认证结论的同时，还应当向申请专业提交一份翔实的《专业认证结论报告》。报告应当全面、系统地对申请专业的专业教育质量水平做出客观总结与评价，详细列明专业目前的发展优势及所需要改进的问题，同时应当给予科学的指导性意见以帮助申请专业的持续改进。

考虑到我国高等职业教育与区域经济发展、产业升级的紧密联系，同时也考虑到专业认证的成本效益、中期检查等问题，本书将认证结论的有效期设定为 5 年。

对于"通过认证"的专业而言，这一认证结果并非一劳永逸。认证结论在认证有效期届满后，通过认证的资格将终结，专业需要进入下一轮新的专业认证。而在认证规定的有效期内，认证结论也不是一成不变的。已认证专业在认证周期内定期接受专业认证机构的中期复查和不定期的抽样检查。复查与抽样检查主要围绕申请专业是否能够依据《专业认证结论报告》采取相应的改进措施以及改进措施的效果如何。如果发现问题没有得到实际解决，专业认证机构则会责令院校及专业在限期内予以诊改。如果限期内诊改后仍然无法达标，则应撤销其认证资格并向社会通报。

对于"不通过"的专业而言，认证机构会通过《专业认证结论报告》给予指导性的诊改建议和意见。如果专业需要再次申请专业认证，笔者认为应当设计 2 年的观察预备期方可再次提出申请。设计观察预备期并非人为阻断了专业合理参与下一次认证的机会，其原因在于它能够给予专业依据指导意见和对标认证标准进行不断改进与完善的时间和空间。如果盲目参与下一次认证，未能对专业自身存在的问题予以深刻认识并加以改进，则无益于下一次专业认证的通过，实际上也违背了专业认证的初衷。

对"有条件通过"的专业而言，认证机构同样会通过出具详细的《专业认证结论报告》给予改进建议和意见，并规定诊改期限。笔者建议将诊改期限规定为 2 年，并在诊改期限后加设一个复评环节，对申请专业进行第二轮复评。第二轮复评在程序设计上可精简为主要针对上一轮专业未通过部分进行有针对性的审核与确认。如果专业达到认证标准则给予"通过认证"资格，如果专业还是未能达到专业认证标准，则给予专业"不通过"决定，并向社会公布。

2. 持续改进

专业认证并不是一项终结性的教育质量评价活动，认证结论的公布并不意味着专业认证程序的终结，而是代表着申请专业持续改进的开始，这也是专业认证"持续改进"理念所一贯倡导的。在认证结论公布 2 年后，对申请专业进行中期检查，以核查认证专业是否依据《专业认证结论报告》对存在的问题做出有效改进以及改进措施的效果。通过中期检查这一环节的设计以敦促申请专业不断自我诊断、持续改进，敦促申请专业不断追求专业教育质量的最优化。

持续改进同样也适用于专业认证机构，专业认证机构在完成此次专业认证程序后，应当针对该次认证过程中出现的各种问题进行及时的总结分析，以规避下次实施过程中可能出现的各种偏差，从而促进认证质量与认证效能的持续提升，以满足多元利益主体的更高质量需求。

3. 申　诉

如果申请专业对最终的认证结论仍然抱持"不认可"的态度，申请专业可在规定时间内通过向专业认证机构中设置的申诉机构提出申诉，提交详细的申诉报告，列明申诉理由并提交相应的支撑材料。待由申诉委员会审核确认后，发起申诉程序。专业认证机构应当正确对待申请专业的申诉行为，对申请专业的合理诉求应当予以支持。

三、认证程序设计注意事项

在专业认证程序设计过程中，认证专家团队的人员构成，持续改进理念的坚持及与高职院校内部质量保证体系的融合等问题都应当引起关注。

首先，本书在 PDCA 质量循环理念的基础上将认证程序设计为认证计划（plan）、认证识别（do）、认证实施（check）与认证结论（action）四个阶段，各阶段之间相互衔接、互相促进，形成了一个闭环的专业教育质量管理体系。所形成的不断循环的螺旋式上升的动态模型，能够实现对专业教育质量的科学评定，促进专业教育质量的不断改进与提升。一方面，认证程序的运行并非一次性完结，一个循环的结束代表解决了在这一次专业教育质量水平评定过程中所发现的短板与缺漏。但实际上仍然可能存在未曾解决或未曾发现的质量问题，而且在专业教育质量不断形成的过程中仍然会出现新的质量问题。认证程序为此设计了中期检查与认证结论期限，在中期检查和结论期限届满时实际上又开始进行了一个新的质量循环，以此往复逐渐形成了一个持续改进、不断优化、不断完善、不断提升的专业教育质量管理系统，成为高职专业教育质量链这一质量管理体系中的子系统，承担着质量链上科学评价、敦促改进、质量保障等相应的职能。

其次，在认证专家团队成员构成问题上，部分学者倾向于采用同行评议（peer review）的方式，即强调团队成员主要由高职院校的一线教师、行政管理人员与职教界的专家学者组成。以上成员多数身处高职教育一线，对专业教育质量情况较为熟悉，这也是当下高等职业教育领域教育评估的惯常做法。但这种做法将产业界人士、行业专家、社会公众等认证体系中的部分利益相关方剥离出来，实际上将专业认证又带回到教育界自我圈定的评价范围中。而多元利益主体的广泛参与则能够将教育质量评价主体跳脱出来自教育界的单向度思维，更加贴近经济社会发展及产业需求，这正是高等职业教育专业认证体系独有特色的体现。

为此，认证专家团队成员一定要吸收高等职业教育专业认证体系中多元利益主体的积极参与，体现专业认证的评价多元性。专家团队成员应当根据专业属性在认证专家库中随机筛选，应当由资深专业教师、职业教育专家、高职院校的行政管理人员、专业对应的产业界资深从业人士、相关领域企业雇主代表、行业专家、政府教育行政部门代表等多方组成。这一构成也较好地体现了高等职业教育专业认证体系在认证实施过程中对于多元利益主体参与权与知情权的充分尊重。德国专业认证创新性地提出引入学生代表作为认证专家团队成员。高职院校的学生是我国高等职业教育专业认证体系的多元利益主体之一，是专业教育的直接对象，也是与专业教育质量联系最为紧密的群体。德国专业认证这一做法能够从学生的视角来审视与评价专业教育质量，实则是一种教育质量评价视角的创新。在程序设计时也不妨考虑将申请认证专业的在校生或毕业生纳入专家团队成员范围共同参与认证实施。

再次，"持续改进"是认证程序设计过程中一直秉承的理念，这是专业认证的核心价值所倡导的。在认证程序设计中，笔者认为认证专家团队实地调研中的一项重要观测点就是对照自评报告核查专业是否能够基于自我评估采取相应的改进措施以解决自评中所发现的问题以及改进措施的效果，这实际上强调了对专业持续改进能力的评价。认证专业认证结束后，认证专家团队每 2 年要对专业进行检查，核查专业根据认证结论报告中的指导性意见进行改进的效果，这意在强调专业持续改进效果的反馈。而认证结论并不代表专业认证的终结，相反是专业基于认证结论进行持续改进的开始，这也再一次强调了专业持续改进意识的培养。为此，认证程序的设计实际上一直在践行着"持续改进"的价值理念，专业认证的最终目的其实也不应当局限于专业是否通过专业认证，而是专业能否基于专业认证培养自身持续改进的能力，建立持续改进的质量保障机制而不断追求专业教育质量的最优化。

最后，专业认证作为一种外部教育质量评价，与高职院校的内部质量保证之间虽然有所差别，但两者的根本目的都是为了促进专业教育质量的全面提升。如何在尊重高校自身主体地位和激发专业自主性的同时又能与专业认证有机结合，专业认证程序设计中的自评报告这一环节给予了很好的答案。

一方面，自评报告是专业认证程序中的重要过程要素，在整个专业认证实施过程中发挥着重要作用，是专业认证机构及认证专家团队熟悉了解专业情况，对标认证标准进行审议评估，最终做出认证结论的重要依据。另一方面，自评报告又能有效引导高职院校带领专业进行自我评估与诊断，强化高职院校及专业主体意识的同时，明确了高职院校及专业在专业教育质量提升中的主体责任，催生高职院校及专业形成自我诊断、自我改进的质量意识，帮助专业通过自我评估发现自身存在的问题与短板，及时采取相应的对策加以改进与完善。而这一过程实际上也是高职院校内部质量保证体系的健全与完善的过程。为此，自评报告这一程序设计实际上将专业认证与高职院校的内部质量保证有机结合，共同服务于专业教育质量的提升与持续改进。

第五节　体系认证要素间的互动关系

本书所构建的高等职业教育专业认证体系，追求的是实现高职专业教育质量的最优化。而专业教育质量最优化的实现得益于体系内要素之间的良好互动所形成的耦合效应，实现认证体系作为质量链上关键链节点所承担的专业教育质量评价与质量保障职能的有效发挥。为此，体系的构建及良好运行除需要对包括专业认证目标、认证主体、认证标准与认证程序在内的体系构成要素进行科学设计与构想，还必须实现体系要素间的有效互动与协同。

体系内各构成要素的内在逻辑表现为：认证主体依照严格的认证程序，运用认证标准对专业教育质量水平进行科学的价值判断，从而为专业教育提供教育质量保障。同时也敦促专业教育的持续改进以最终实现体系运行所希望达到的认证目标。

其中，认证目标贯穿了高等职业教育专业认证体系构建及运行活动的始终，它反映了高等职业教育专业认证体系构建及运行的总体目标要求，决定了认证体系的深层结构，对于体系的构建起到了积极的方向引导作用。包括认证标准、认证程序与认证主体在内的其他构成要素都应当围绕认证目标展开互动，各构成要素要体现与适应认证目标。有了认证目标的方向性引导，一方面能够有效地将高等职业教育专业认证体系区别于其他专业认证体系，体现认证体系鲜明的高职教育特征；另一方面认证目标对体系内各构成要素之间的互动发挥了一种价值规约的作用，能够有效地纠正各要素在体系构建及运行过程中可能出现的各种价值偏离。为此，认证目标应当是认证体系中的核心构成要素。

而包括政府、高职院校、教师、学生、产业界、专业认证机构及社会公众在内的多元利益主体共同构成了我国高等职业教育专业认证体系的认证主体，他们是专业认证体系能够有效构建并良好运行的基础。缺乏多元利益主体的有效参与，体系的构建与运行就丧失了参与实施的主体，即使有其他要素的参与也不足以支撑高等职业教育专业认证体系的构建与良好运行。同时，高等职业教育专业认证体系的构建依赖于人力资源与各种专业教育质量信息资源之间的整合与协同。唯有多元利益主体的广泛参与及有效协同才能让体系的构建得以实现，才能保障高等职业教育专业认证体系的良好运行。为此，需要打破界别与机构界限、打破传统教育质量评价壁垒，推动要素间的相互协作、多元利益主体之间的相互协同，充分发挥多元利益主体在进行认证评价实施方面的跨界优势与专业优势。

认证标准是认证目标实现、体系有效构建及良好运行的有效保障，认证标准设计的科学与否、将直接影响到认证结果的专业性与权威性，影响到高等职业教育专业认证体系的实施效能。专业认证的有效实施，认证体系的有效运行都离不开相应的认证标准指标体系的引导与参照。本书所设计的"二维双层"认证标准能够从高等职业教育专业认证体系的构建目标与根本价值导向出发，科学规范高职专业教育的基本质量要求，凸显高等职业教育的类型教育的特征。而多元利益主体协同参与认证标准的制定则能有效平衡多元利益主体差异化的利益诉求，还能借助认证程序的有效实施发挥认证标准质量评价的价值判断作用，发挥认证标准对于专业教育质量的提升与改进作用。

认证程序是有效连接体系内各构成要素的黏合剂，多元利益主体需要依照严格的认证程序才能有效参与专业认证实施，认证标准需要借助认证程序才能发挥其评价与改进的导向作用，而专业认证目标的有效达成则需要借助认证程序提供的规范的实施路径。认证程序为认证体系的有效运行提供了良好的程序规制保障，直接关系到体系构建及运行效能的程度与认证目标实现的程度。为此，认证程序所形成的一套有效的认证程序规则贯穿于体系构建及运行之中，成为依托各种质量评价手段与技术实现体系内各构成要素之间有效互动的一种途径和方法。

以上体系构成要素以及构成要素之间的互动关系（见图6-9）能够影响并决定认证体系的发展走向以及体系运行的实践效果。高等职业教育专业认证体系的构建及良好运行必须要实现上述体系构成要素之间、要素与体系之间的良好互动。

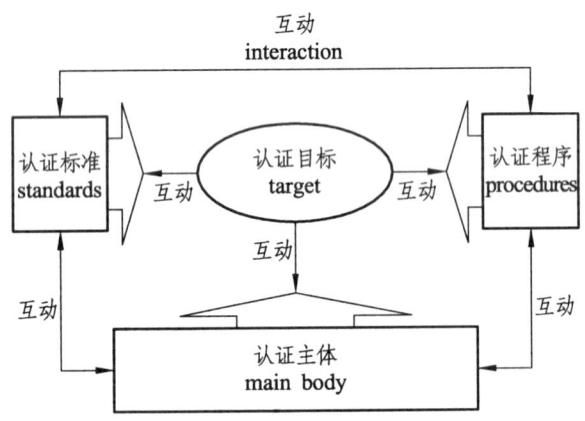

图6-9 体系内要素间互动关系

良好互动首先要求体系内部要素之间应当具有较强的系统性与整体性，各要素都应当能够基于高等职业教育专业认证的价值导向与构建需求，围绕着共同的认证目标实现有序互动与协同。要素间互动关系存在的必要前提是在明确的认证目标的指引下，需要有效协调多元利益主体基于专业认证实施的差异化利益诉求，需要确保所参照的认证标准的科学性，需要有规范的程序规约各要素之间的双向互动，唯有如此才能保障认证体系构建及运行的关键——专业认证实施效能的发挥。如果体系内各要素之间互动良好，所形成的内部驱动力会影响和促进认证体系的良性运行。但如果忽视要素间本该包含的各层面的逻辑关联，造成互动缺失，使得各要素以一种相互孤立样态存在于体系之中是无法保障体系的有效运行的，反而会对体系运行产生阻碍作用，会造成所构建的高等职业教育专业体系与专业教育质量提升的现实需求不相适应，无法体现认证体系之于专业教育质量评价与质量保障的积极作用，无法达成体系的构建目标等问题的出现。

此外，认证体系与要素间也应该形成良好的互动关系。体系内要素互动关系的生成过程中，要实现各构成要素功能的最大化，除了要确保要素之间能够达到形成合力的理想状态这一目标以外，还需要依赖于认证体系能否为要素间互动关系的生成提供合适的运行载体。如果所构建的体系本身能有效满足体系内部构成要素之间的互动需求，给予体系构成要素良性互动的环境，促进要素间良好耦合效应的生成，就会对体系运行产生积极的外在驱动作用。但如果所构建的体系无法满足构成要素互动的需求或与构成要素存在不相适应的情况，则会对要素间的互动产生制约作用，最终影响和制约体系的良好运行。唯有内部驱动力与外部驱动力共同作用，联动共生，实现构成要素与体系之间的契合与协同才能有效地保障体系的有效构建及良好运行。

第六节 我国高等职业教育专业认证体系特征的揭示

本书所构建的高等职业教育专业认证体系是由认证目标、认证主体、认证标准与认证程序这四要素有机组成的任务明确、职权清晰、结构完整的集合体。其中，认证目标是方向，认证主体是关键，认证标准是参照，认证程序是指南。高等职业教育专业认证体系中有了认证目标的引导、多元利益主体广泛参与的认证主体、科学合理的认证标准以及严谨规范的认证程序在内的构成要素间的良好互动与协同，才能更好地实现高等职业教育专业认证体系对于专业教育质量提升的保障功能，才能更好地显示出其对传统教育质量评价方式及高等职业教育质量保障体系的优化功能，从而使得专业认证体系能够通过教育质量评价改革上的创新与发展，回应并推动我国高职专业教育的高质量发展需求。

上述体系要素的设计及要素间的互动关系深刻揭示出本书所构建的高等职业教育专业认证体系是高等职业教育所独有的专业认证体系，具有区别于其他认证体系的独特体系特征，主要表现在：

首先，教育与职业跨界的深度融合是我国高等职业教育专业认证体系的首要特征。认证体系兼具职业属性与教育属性的跨界性质，这既是高等职业教育专业认证体系的基本特征，又是彰显高等职业教育专业认证体系所独有的高职类型教育特征的重要体现。

本书所构建的认证体系跳出了教育质量评价的原有桎梏，形成了政府、院校、评价组织、社会、产业界等广泛参与的跨界合作形式。体系构建围绕产教深度融合，希望通过对高职专业教育质量水平的科学评价有效实现专业认证之于教育与职业之间的跨界。体系构建本身所蕴含的跨界思考实现了由传统教育质量评价一元主体向跨界的多元评价主体广泛参与的结构形式的转变。它推动形成了多元利益主体广泛参与高职专业教育质量评价的共同体，将高职教育质量评价观落到多元利益主体的价值统一上。这在一定程度上有利于形成良好的高等职业教育发展的生态环境，一方面有助于高职各专业打开大门，全面深入地与社会、与产业沟通，积极适应经济社会及区域产业升级发展需求。另一方面有效促进了校企深度合作，深度推进高等职业教育与产业之间良性关系的发展。

本书所构建的认证体系一改传统教育质量评价多在教育系统内部结构框架下实施的做法，将体系构建置于由教育系统内部结构及其外部环境耦合联结的高职专业教育质量链上予以思考。这意味着高职专业认证体系不仅要关注院校、专业、教学等要素构成的教育领域，而且要关注产业、企业、工作等要素构成的职业领域。这也进一步表明高等职业教育专业认证体系既覆盖了以高职院校、教师、教学为代表的教育要素，又覆盖了以产业、企业、工作为代表的职业要素。这有助于推动高职专业设置与专业定位关注经济社会发展及区域产业需求对接，教学内容编排及教学组织与职业岗位工作要求对接，课程设计及内容与职业标准对接，毕业证书与职业资格证书对接，有效跨越了职业与教育脱节的鸿沟。这既为专业建设与发展锚定方向，实现"校企合作、产教融合"的深度"跨界教育"，为提升专业人才培养质量奠定基础，又为推动构建完整的我国高等职业教育质量保障体系，提供了多元化、独特性的实践路径。

其次，产业需求与专业发展需求的有效整合是我国高等职业教育专业认证体系的第二个特征。高等职业教育所开设的各类型专业应当是根据经济社会发展及区域产业布局的需求而设置的。本书所构建的认证体系反映了产业链、教育链与人才链之间的整合与衔接关系，进一步明确了高职专业教育不仅需要遵循产业需求与专业需求之间的逻辑联系，还需有效协调高职教育人才供给侧与经济社会发展人才需求侧之间的相互作用关系。认证体系通过对专业教育质量水平的科学评定，对高职专业教育产生积极的导向作用，促使长期游离于产业发展需求之外、职业胜任力培养不足的专业教育向满足产业发展需求与人才职业生存发展所需的专业教育转变。

传统高职专业教育质量评价源于利益关系的偏向性以及教育质量评价导向的离散性，导致产业界与高职教育之间缺乏基于人才培养质量的价值共识，其根本在于无法有效协调利益主体之间差异化的利益诉求。本书所构建的认证体系将多元利益主体间差异化的利益诉求进行有效整合，整合所形成的多元利益主体间的共同目标取向和利益需求，即全面提升专业教育质量及人才培养质量是整个体系构建的基础。这种整合有效形成了各利益相关方对于高职专业认证的相互认同以及共同的利益诉求和价值导向。

体系构建还有效整合了现有的高职教育质量评价的相关标准，将行业标准、职业资格标准、各种教育教学类的评价标准选择性吸收与融合，设计出针对高职专业教育质量评价的认证标准，使其更具针对性。而围绕全面质量管理要求所设计的认证程序能够有效整合专业教育质量水平评价中的各种人力、物力资源，认证评价的方法及手段等，使其更具有可操作性。它有效地实现了专业的内部自评与外部教育评价的有机结合，也将专业教育质量水平评价与专业持续改进相融通，将创造经济社会物质财富的产业需求与培养高素质技术技能型人才的教育需求整合为一体。

最后，共性与个性特征的有机统一是我国高等职业教育专业认证体系的第三个特征。本书所构建的高等职业教育专业认证体系既具有同本科专业认证体系一样的一般共性特征，又具有针对我国高等职业教育这一特殊类型教育的个性特征，两者有机统一于体系构建之中。

体系构建既借鉴了当下专业认证体系构建的共性方案设计，蕴含了体系设计的共性规律，从传统的教育质量评价中有效剥离而形成专门针对专业教育质量水平的科学评价方案设计，并通过"认"与"证"的有机结合赋予其质量评价与质量保障的双重功能。

在此基础上，本书所构建的认证体系还实现了基于高等职业教育现实发展需求的个性化创新。第一，它以职业教育的类型特征来界定我国高等职业教育专业认证体系所对应的教育层次与特点，更关注专业教育与经济社会发展需求之间的相互关系，更聚焦专业教育的职业技术技能的生成逻辑，更强调与职业资格的有效衔接，明确了以职业需求、产业需求、岗位需求、社会需求为导向的高职专业建设的发展路径。第二，体系构建在尊重多元利益主体差异化利益诉求的基础上，实现了由教育体系内部的封闭式评价向多元利益主体广泛参与的开放式教育质量评价方式的转变。第三，体系构建也立足于我国高等职业教育发展不平衡的现状，设计出"二维双层"的认证标准以帮助不同发展阶段的专业进行有效对标，有助于我国高职专业的错位发展。第四，体系构建同时还强调了自身基于高职专业教育质量链中关键链节点的功能作用，既通过对专业教育质量水平的科学评价来督促专业持续改进，又为产业界获取更为合适的专业化人才提供了质量保障。

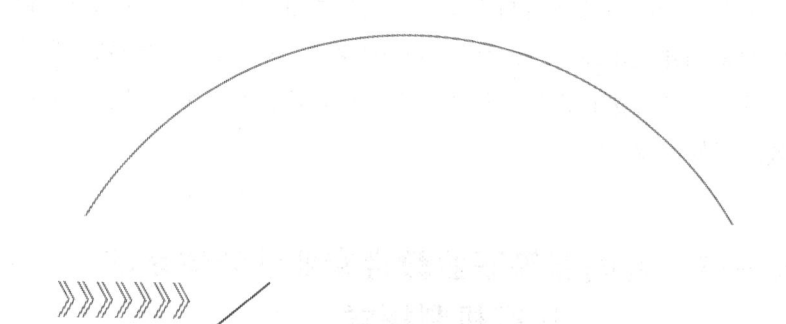

第七章 我国高等职业教育专业认证体系的运行机制及保障条件思考

高等职业教育专业认证体系效能的发挥离不开体系的有效运行。因此，在完成体系构建之后，应当进一步考虑体系有效运行的条件及可行性。需要将其放置于体系运行的内部环境与高职专业教育质量链上，从高等职业教育高质量发展的全局建设出发，针对体系运行的现实需求进行科学规划、整体考量，对体系运行条件进行设计和保障。而这也是确保高等职业教育专业认证体系有效运行的实现途径。

第一节 我国高等职业教育专业认证体系的运行机制探索

运行机制反映的是事物运动变化的客观规律，是影响事物运行各要素的结构、功能及相互关系的总和，是各要素发挥影响的作用原理及方式的集合。[1]高等职业教育专业认证体系是在体系内各要素相互作用基础上形成并发展起来的，要素间相互作用、逻辑联系，共同构成了一个有机整体。但高等职业教育专业认证体系本身是相对静止的，认证体系要有效运行必须得依靠运行机制的动态运转。良好的体系运行机制有助于实现体系内要素间良好耦合效应的生成，为认证体系的高质量运行提供具有张力的机制保障。

结合体系构建与体系内要素间的相互作用分析，研究认为高等职业教育专业认证体系的运行机制应当包括激励约束机制、市场竞争机制、质量共治机制、持续改进机制、风险防范机制与合作共赢机制，它们贯穿于专业认证体系运行过程中，在体系运行的不同阶段承担职能各有侧重。

在专业认证体系构建完成并落地实施后的运行初期发展阶段，专业认证体系整体的组织机制建设尚未完全成熟，运行环境条件不够完善与成熟，认证主体认证能力及效率还需提升，相应的认证市场机制尚未成熟，体系内各利益相关者关系还需要在信任与共识的基础上不断沟通、相互协作。为此，

---

[1] 张家年，卓翔芝. 融合情报流程：我国智库组织结构和运行机制的研究[J]. 情报杂志，2016（3）：42-48.

激励约束机制、质量共治机制、市场竞争机制在专业认证体系运行发展中发挥了主要作用。

而待专业认证体系良好运行并进入稳步发展阶段，专业认证体系经过初期发展已有一定积淀，各利益相关方的质量共治局面已初步形成，体系各要素在专业认证实施过程中配置趋于合理并逐渐发展稳定，开始谋求国际的良好合作以不断提升自身影响力。同时，经过一段时间的发展，体系在运行过程中也会暴露出相应的短板与缺陷，需要加以改进。在这一阶段，体系运行开始侧重于持续改进机制、合作共赢机制与风险防范机制作用的发挥。

一、激励约束机制

激励约束机制是专业认证体系良好运行过程中影响体系内各要素相互激励、相互制约的内在与外在关系的总和。体系运行发展需要充分调动认证体系多元利益主体的积极性以及参与度，通过激励引导与有效约束来共同推动专业认证体系的运行。

激励引导源于对专业认证的正确认识与认可度的提升。应当帮助高职各专业充分认识到专业认证在提升专业教育质量与人才培养质量、促进专业质量持续改进、系统梳理对接产业集群及产业链的人才需求等方面的积极作用。积极鼓励各专业自愿参与专业认证，积极主动接受社会各界的评价与监督，通过专业认证来提升专业在社会上的品牌效应及专业信誉。同时也应广泛引导高等职业教育专业认证体系的多元利益主体积极参与专业认证，展开高职专业教育的质量共治，加强对高职专业教育的全面质量管理，构筑良好的认证质量文化氛围，共享专业教育质量提升成果。再者，推进产业界、教育界等领域广泛采信专业认证结果，提升专业认证结果的社会认可度，扩大专业认证结果的适用领域与范围，实现认证结果的互认互信。

在加强激励引导机制的同时，也应该强调以行业自律与社会监督为代表的约束机制的形成。首先，应当不断建设和充实专业认证的监管力量。加强对专业认证机构的监管能力建设，推动以利益相关者为主体的多部门联动监督。从严落实各专业认证机构针对专业认证结果的主体责任，对专业教育质量的连带责任，尽快配套建设专业认证全过程追溯机制和认证参与人员的全过程责任追究机制。其次，加强行业自律，推行专业认证机构及认证参与人员的信息公示制度，建立针对专业认证机构及认证人员的从业诚信档案，推行准入与退出机制，尽快构建"法律规范、行政监管、社会监督、行业自律"全方位的专业认证监管体系。最后，充分利用现有的"互联网+信息技术"共享平台，推行信息化认证监管方式，对专业认证全过程进行透明化监督，及时向社会公开专业的质量认证信息。

二、市场竞争机制

市场是高等职业教育专业认证体系运行及认证质量的有效评判准则。引入市场竞争机制的根本目的在于通过良性市场竞争来激发和提高专业认证的认证质量与认证效率，促进高等职业教育专业认证能够更加适应市场需求。这也代表着对高等职业教育质量评价的重新审视，要打破传统带有强烈行政色彩的教育质量评价的垄断局面，开始重视市场调节的作用。

但引入市场竞争机制并不代表着要忽略高等职业教育专业认证的第三方评价的独立性，并非将经济利益作为高等职业教育专业认证的追求目标。加快培育专业认证市场，其出发点一方面在于认证效益和效率，强调资源的合理调配以获得认证质量最优化，而非简单认为专业认证市场的培育必然导致专业认证参与市场竞争而最终走向追逐经济利益的最大化。另一方面，市场竞争的出发点在于激励多元利益主体积极参与专业认证，通过市场调节信号来传导、反馈经济社会发展对人才的最真实需求，促进专业认证供需的有效对接。为此，充分发挥市场在资源配置中的作用，积极探索市场竞争机制下高职专业认证体系运行的新路径，是推动高等职业教育专业认证体系有效运行及发展的必然选择，而市场的力量也必将成为推动我国高等职业教育专业认证体系构建的动力之一。

引入市场竞争机制，首先应推动认证行业与专业认证机构的改革发展，去行政化、去政府化，强化专业认证机构的第三方属性，确认专业认证机构相对独立的市场主体地位，赋予认证机构在专业认证实施过程中充分的自主权。健全专业认证的市场化运行机制，打破多部门之间的垄断与行业壁垒，实现专业认证结果的互认与互通。

其次，营造认证行业良性竞争环境，尊重认证市场的发展规律，运用市场调节手段有序开放专业认证市场，积极鼓励多元利益主体有序参与高等职业教育专业认证。积极引入先进的认证技术、标准和配套服务，倡导专业认证与其他高职教育质量评价方式诸如高职年度质量报告，各种高职排行榜等之间的良性竞争，逐渐形成成熟的专业认证市场体系，营造公平竞争的市场环境。

最后，将专业认证体系构建作为推进教育供给侧结构性改革的抓手，进一步强化政府职能的转变，加强政府对于专业认证的多方支持与引导，通过建立相应的激励与服务机制，在培育良性认证市场的同时，激发专业教育质量提升的动能，扩大以专业认证为代表的教育评价服务的市场供给，通过良性市场竞争来全面提升专业认证行业的整体水平。

三、质量共治机制

我国高职专业教育质量与人才培养质量水平不高在很大程度上源于高职专业教育质量链上利益相关方各行其是、条块分割，缺乏彼此间的实质性沟通、协调与合作。高等职业教育专业认证体系的构建离不开多元利益主体的广泛参与，各利益主体应当为实现共同的质量目标而相互合作、协同参与。

质量共治的本质在于打破壁垒、聚集合力。应突出专业认证体系在质量链上的资源整合与技术优势，打破原有组织界限，突破"信息孤岛"与"质量黑箱"的相对束缚，实现基于专业教育质量形成全过程的质量链上各关键链节点、要素、环节的质量共治，加速放大专业认证体系在高职专业教育质量链上的质量保障功能。

同时，应突出多元利益主体在专业认证体系运行过程中所承担的质量管理职能，通过对多元利益主体的质量管理活动广域整合，进一步明确体系内各利益相关方的主体地位与角色定位，由博弈转为合作，强化监管，实现体系内多元利益主体之间的良性互动。在此基础上形成体系内良好的质量共治秩序，最终形成规范化的质量共治合力，积极促成多元利益主体有效参与的质量共治新格局。

强化认证体系内部的质量信息的传递与反馈也同样重要，这有利于增进利益相关方之间的信任度，消除沟通鸿沟，整合质量信息资源，构建基于专业教育质量信息的高职专业认证信息决策数据库。通过促进体系内的信息资源的协同共享，保证信息数据畅通与高质量认证服务的实现，消除信息不对称，促使质量共治机制能够对专业认证体系的运行产生持续性的正向促进作用，从而使专业教育质量在质量链的良性循环运行过程中逐渐实现最优化。

四、持续改进机制

在高等职业教育专业认证体系构建中，本书多次提及"持续改进"在专业认证体系构建及运行中的重要作用。持续改进机制是认证体系能够健康运行并向既定发展方向前进的重要保障。认证体系运行过程中可能会出现偏差与问题，如何基于认证体系运行过程中的信息反馈，及时了解专业认证实施的质量状况，依据认证体系的目标达成度，对专业认证全过程实行动态调控与改进才是认证体系健康运行的保障。

为此，首先，应在高等职业教育专业认证体系内建立基于持续改进的质量全过程管理闭环运行系统，深化质量管理意识。制定一套科学合理的体系运行绩效的评估指标体系，强化以持续、常态化的认证目标达成度为核心的绩效评估，对专业认证体系运行的实践效益进行客观、精准的评价。并将评价与内部诊断改进相结合，对认证体系各环节各要素不断优化、改进，以提升专业认证体系运行的规范性、效益性。

其次，强化各种信息的传递与反馈渠道的畅通。实行专业认证信息定期披露制度，明确规范认证信息的披露内容、披露方式以确保专业认证信息的公开、透明。畅通各类信息之间的传递与反馈，建立信息反馈回应机制，及时将评价反馈信息分解反馈至各环节，定期跟踪各环节各部门的改进措施的落实效率。

最后，强化认证后核查改进。积极开展对被认证专业的认证后核查与监督，在认证结论公布后定期对被认证专业进行中期检查，监督其是否对照认证结论及时改进、有效整改。同时注意强化认证后的科学研究分析，及时分析认证结论报告是否有利于促进专业教育质量的提升，能否为后续的专业建设与改革提供较为科学的改进依据。在此基础上认真研究现有认证标准指标、认证程序等在认证实施各环节存在的问题，并及时调整、改善。

五、风险防范机制

风险防范机制是指有效识别专业认证体系运行过程中可能存在的风险，采取科学有效的防范措施以维持体系的正常运行。专业认证体系在运行过程中存在着高度的复杂性与不确定性，这些复杂性与不确定性也会带来相应的风险。如在认证实施过程中因程序使用不当或评价技术使用偏差可能会带来技术使用的风险；在认证过程中各利益相关方因利益诉求无法达成一致而造成的利益博弈甚至利益冲突所引发的价值导向或实施效能偏离风险；因质量链上信息流传递不畅而导致沟通失效等带来沟通协调的风险；等等。这些风险贯穿于专业认证体系运行的全过程，处理失当则会对体系运行带来相应的阻碍效应。为此，需要通过相应的沟通协调、质量监督、运行过程监控、问责制等方法对风险予以有效防范，保障体系的正常运行。

为此，应不断完善和健全专业认证实施的操作流程，加大对认证体系运行过程的监督力度，加强规章制度管理与建设，坚持依法、依规按照认证程序规范化操作以确保决策的合法与合规。建立问责追究制度，加大对风险防范的责任追究力度，对因防范不力或处置不力而导致风险发生的相关责任人进行严肃问责。同时也应强化体系各利益相关者的主体意识，认证体系中多元利益主体应当基于认证价值导向形成对专业认证的普遍性认知与认同，通过培育形成多元主体之间在专业认证上的共同认识，达成专业认证价值的共识与认可，增强彼此间的信任共识。还应加强认证人才队伍建设，积极调动体系内成员的积极性，建设一支专业化、规范化、高效精干的认证从业人员队伍，不断提升其业务水平和认证能力，提升专业认证服务的高效性与精准性，以确保能有效解决认证实施过程中遇到的各种技术性问题。

六、合作共赢机制

引入合作共赢机制以加快高等职业教育专业认证体系面向未来发展的国际化合作，是高等职业教育专业认证体系纵深发展的积极指向，也是认证体系持续健康运行的发展路径。这不仅有助于提升专业认证结果的有效性与权威性，也有助于我国高等职业教育的专业教育质量得到国际认可，最终促进我国高等职业教育的国际竞争力与国际影响力的提升，是我国高等职业教育追赶并建设世界一流高职教育的着力点。

为此，首先，应加强与国际认证机构、认证组织之间的交流与合作，强化合作共识的达成，不断拓宽双边及多边合作领域，畅通合作渠道。在利益互赢的基础上进一步加强深度合作，通过制定系统化、规范化的双赢互认安排，加大针对高职专业认证的政策沟通、标准互认与协调、技术合作与人才交流，加大多领域之间的互认进程，激发相关合作机构和利益群体的合作力度，提高对外服务能力以积极促进双边、多边互认、互信协议的达成。

其次，有序提升专业认证市场的开放程度，鼓励国外专业认证机构进入国内高职专业认证市场。[①]积极引入国外先进的专业认证机构、认证标准、认证技术与相应的认证服务，可以有效改善国内高职专业认证缺失的现状。积极鼓励国内专业认证机构借鉴学习、消化吸收，依据我国高等职业教育专业教育发展实际进行创新管理，可以提高认证质量和水平，积极培育出具有国际影响力的认证品牌。

最后，应加快推进高等职业教育专业认证体系"走出去"，主动走出国门，积极参与相应教育层级的专业认证标准、认证规则的制定，打破现有职业教育国际化合作领域的局限。鼓励支持国内的专业认证机构积极拓展国际业务，也鼓励高职专业有针对性地参与国际认证，探索双边、多边认同的专业教育

---

① 以 UKNARIC 为例，英国国家学历学位评估认证中心（the National Recognition Information Centre for the United Kingdom，UK NARIC）2019 年起开始推出高等职业教育领域国际专业标准评估认证计划，为中国高职院校提供职业教育国际专业标准评估认证业务。国内已有多家院校参与该计划，并作为试点院校试点专业开始国际专业认证评估。

质量认证新模式,加快推动国际相应教育层级之间的专业教育质量的互认,激发专业认证合作互认的内生动力,逐步完善我国高等职业教育专业认证体系的国际化发展,向世界提供高等职业教育专业认证的中国方案。

高等职业教育专业认证体系的良好运行依赖以上各机制之间的相互作用与影响。如图 7-1 所示,激励约束机制是认证体系得以持续运行与发展的动力来源与秩序规约,持续改进机制则是体系逐步优化与不断完善的有效基础。质量共治机制是整个体系的核心运行机制,它有效地整合体系内多元利益主体及要素资源形成协同效应,是体系良性运行的关键及根本。市场竞争机制和风险防范机制是体系得以良性运行的基础保障,合作共赢机制是体系向纵深发展的积极指向。以上运行机制相互作用、相互影响,在认证体系的不同发展阶段各有侧重,有力地促进了专业认证体系高效运行与协调发展。

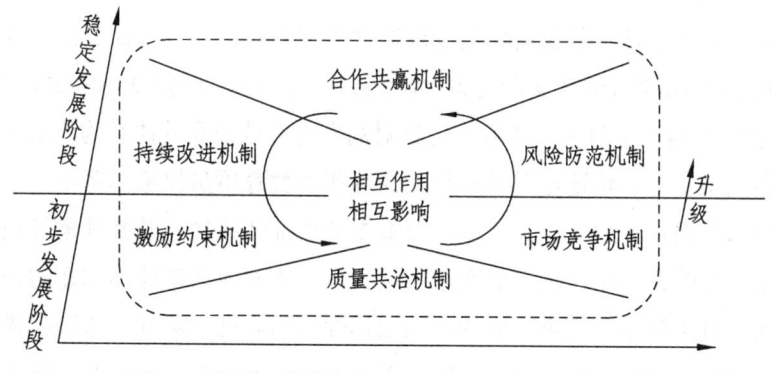

图 7-1 高等职业教育专业认证体系运行机制分析图

第二节 我国高等职业教育专业认证体系的保障条件构想

2021 年 1 月,教育部职成司在《关于公布〈职业教育提质培优行动计划（2020—2023 年）〉任务（项目）承接情况的通知》中列明了相应的重点项目承接表。其中国家在"探索高职专业认证"这一重点任务中预计投入经费 16 430.00 万元。这也表明国家加大了对于高职专业认证体系构建研究与实施的经费投入力度，给予了经费投入保障。但相应的财政投入不应该只是阶段性的，应该依据高等职业教育专业认证体系的发展需要而持续性、针对性供给。笔者认为除经费投入保障外，还应当从完善政策供给、加强规范监管、合理制度设计、激发参与积极性、加快专家库建设、质量文化建设与培育等方面强化支持保障。

一、完善高等职业教育专业认证的政策供给

我国高等职业教育政策的变迁沿袭高等职业教育的发展路径，表现出由"规模扩张"到"质量提升"的发展逻辑。但高等职业教育专业认证的政策供给却表现出严重不足的现状，相关政策文本几近空白。近 20 年来在政策法规层面上缺乏开展高等职业教育专业认证的相应政策支持，明确提及要求探索和建立高职专业认证的仅有的两个政策文本《教育部关于全面提高高等职业教育教学质量的若干意见》和《职业教育提质培优行动计划（2020—2023 年）》之间也相隔 14 年。目前尚未有专门针对高职专业认证及其体系构建的相关政策颁布实施，专业认证也并没有作为高等职业教育质量保障体系中一项重要的组成部分而加以落实，高等职业教育专业认证体系构建及其规范管理的相应政策支持明显不足。现有的两个政策文本对于专业认证体系构建的相应规定描述也过于简单、模糊，实践中的操作性与指导性并不强，迫切需要相应的政策文件予以解释与指导。我国高等职业教育专业认证体系的构建实际上在很长一段时间内处于无章可循的状态，这也是导致我国高等职业教育专业认证处于缺失状态的重要因素之一。

以上这些都充分说明了政府在高等职业教育专业认证政策设计层面上的主动性严重不足，相关立法仍相对滞后，急需加强对高等职业教育专业认证的政策供给。将高职专业认证体系的构建与运行发展放置于政策法规的框架内，进一步对专业认证体系的构建及其运行实施予以明确指导和解释，是高职专业认证发展的大势所趋。

积极的政策支撑是高职专业认证发展的重要驱动力，强有力的政策供给支持是保障高职专业认证体系规范与稳定运行的必要条件。高等职业教育专

业认证体系构建的相关政策编制应当是一个综合性与系统性很强的政策领域，涉及部门众多。高职专业认证体系的构建既需要教育主管部门的综合施策，又依赖于与其他多部门主体的协同参与、协同合作。首先应强化政府的规划引导、顶层设计，广泛调动多部门之间的协调沟通，发挥各部门的业务职能，打破部门壁垒。同时也应明确中央政府、省级政府、高职院校各级主体的权责分工，建立责任清单，既要加强针对性的政策设计与系统规划，也应建立政策问责机制，明确各部门在政策落实过程中的责任，切实强化各级主体作用的发挥。各级各类主体应当共同围绕高等职业教育专业认证体系构建、实施与运行的各环节科学设计具有针对性且切实有效的政策法规及规章制度，以此增强政策实施的有效性，化解体系构建及运行过程中可能出现的问题，优化完善运行环境，促使高职专业认证体系在良好的政策法规环境中有效运行。

同时，应该加强对高等职业教育专业认证政策实施过程中相应政策工具的科学配置，综合运用多样化的政策工具。一方面加强运用能力建设工具在专业认证体系构建中的使用，强化在认证人才培养、认证标准设计、专业教育信息化管理平台建设等方面的政策供给；另一方面也应该在重视高职认证文化建设、增加专项经费支持、提升专业认证政策的知晓度等方面多采用激励策略工具，优化政策结构。

二、加强对专业认证机构的规范与监管

我国现有的以专业认证机构为代表的大部分第三方评价机构发展不成熟、不完善，"究其原因，既有自身机制不完善的'内忧'，也有制度环境不健全的'外患'"[①]。作为高等职业教育专业认证体系的认证主体，专业认证机构存在法律主体地位不明确，责权利不清晰、资格审查与行业准入标准缺失、监督与管理机制不完善、相应的激励与培育政策供给不足等问题。这些问题都会直接影响到高等职业教育专业认证体系的构建与良好运行。为此，

---

① 黄明东，陶夏. 高等教育第三方评估机构的法律身份及其适用逻辑[J]. 大学教育科学，2018（3）：51-56.

应当进一步加强对专业认证机构的规范与监管。

第一，要建立和完善针对专业认证机构权利保障的相应制度。为更好地发挥专业认证机构在高等职业教育专业认证体系中的认证实施主体的地位，政府及相关部门应当正确评价专业认证机构的法律地位，并在认证主体作用、主体资格、人员结构、专业认证要求等方面予以明确且清晰的界定，并将其作为专业认证机构在认证实施过程中的行为准则。

第二，加强对专业认证机构及人员的资格审查与资质认可。建立和加强专业认证机构的准入与退出机制，完善认证机构的审查审批程序，严格审查认证机构的专业资质认定标准、条件与从业人员的认证素质标准，建立行政许可与专业技术评价相结合的资质审查制度以确保专业认证机构认证资质能力的合法与合规。

第三，制定专业认证机构的培育与帮扶政策。通过与财政专项奖补资金挂钩、政府购买服务、专项资金投入等方式，加大对专业认证机构的投入保障，建立针对专业认证机构的资金保障机制。加强专业认证机构的资金扩展来源，强化机构的资金管理与运作，降低对政府资助的依赖。同时也应加强专业认证专职队伍的建设，储备认证紧缺人才，健全认证人员职业资格制度，提升认证队伍的专业化实力，减少与政府及高职院校的交叉影响，避免认证价值判断的偏离。

第四，提升专业认证机构的信息公开程度，建立与高等职业教育专业认证体系各利益相关方的信息沟通与传递机制，加强认证结果运用的有效性。建立常规性、常态化的信息交流沟通渠道，搭建针对专业认证结果的信息公示、监督反馈的信息网络平台，让专业认证过程、认证结果信息公开、透明化，接受社会各界监督与检验。

第五，提升监管能力，创新监管约束机制。加强对专业认证机构的监管能力建设，充实现有认证监管力量，严格落实对专业认证机构的科学监管。推动多部门之间针对专业认证机构的联动监管，确保专业认证结果的有效性与公信力。同时，创新与健全现有的约束、监管机制，加强对以专业认证机构为代表的第三方评价行业的监督管理与行业自律。充分运用现有的"互联网+"信息技术共享平台，推行信息化认证监管，建立严格的过程管理与问责机制，建立元认证制度，完善专业认证的全过程追溯机制，形成良好的全社会监督的格局。

三、推进与职业资格证书有效衔接的制度设计

与职业资格证书的紧密结合是保障专业认证持续发展的动力之一，世界上专业认证体系较为发达的国家大多是在专业认证体系构建之初就走上与职业资格证书、与国家资历框架相结合的发展道路。基于学生学习及认知规律的学历证书与基于职业成长与技能形成规律的职业资格证书的有效融入，有助于建立专业教育与职业之间的对应关系，保障专业学生毕业时的基本能力资质，能够为专业学生通过专业学习和职业训练而达到本专业领域的职业准入门槛提供质量保证。由此，加强专业认证与职业资格证书之间的有效衔接与深度融合既是我国高等职业教育发展改革的重要方向，也是高等职业教育专业认证体系有效运行的积极动力。

我国高等职业教育领域所倡导的"双证书毕业""双证融通"其实也有类似的指向。但源于我国职业资格证书市场的乱象、"双证融通"在实践中的随意性与无序化，产业界对于职业资格证书的认可程度低，我国高等职业教育职业资格证书与学历证书两者之间尚未真正建立起有效的衔接路径，相应的制度设计也处于空白状态。这也致使高职学生的职业能力水平与职业岗位适应性较差，产业界对于岗位职业要求的知识、技能需求也无法有效反馈到教育环节，导致高职学生的职业发展路径相对模糊。而专业认证作为确保受教育者在进入专门职业领域前能够达到职业准入标准的质量保证，如果能够实现与职业资格证书的有效衔接与互通无疑是提升高职专业教育适应性、保障高职专业认证体系的有效运行的重要保障。

为此，首先应当进一步深化产教融合，理顺专业教育与职业岗位之间的对应关系，有效建立专业认证与职业资格之间的衔接机制。将专业认证作为获取相应职业资格证书的教育门槛，为职业资格证书的获取提供相应的专业教育质量保障，实现职业能力与学历文凭之间的互通、"学历"与"资格"并重。

其次，将基于专业知识认知规律的教学标准、基于职业技能形成规律的

职业标准有效融入专业认证标准的设计编制中，实现专业认证与职业资格评定之间的互认。并敦促高职院校广泛采纳产业界对于人才培养的指导性意见，基于专业认证标准反向设计，对现有的专业课程体系和课程教学内容进行相应的调整和改善，以不断增强学生在能力素养上的职业岗位适应性，全面提升学生的职业胜任力。

最后，积极推动职业资格证书与专业认证之间相互衔接的制度设计。2019年4月，《教育部等四部门印发〈关于在院校实施"学历证书+若干职业技能等级证书"制度试点方案〉的通知》颁布实施[1]，在职业院校中开始全面推进"1+X证书"制度。"1+X"证书制度明确提出要"鼓励职业院校学生在获得学历证书的同时，积极取得多类职业技能等级证书"[2]，实则是对现有的学历证书与职业资格证书两套体系实现互通互融的一种制度设计。目前高等职业教育领域全面推行的"1+X"证书的颁布机构多为培训评价组织和企业，而专业认证的具体实施主体为专业认证机构，两者在一定程度上有着相似之处，都为独立的法人机构，且具备相应的评价能力，其成员都包括相应的产业界及教育界人士。可考虑加强两者之间的沟通与衔接，通过建立联络小组，全面建立相互沟通的长效机制，对现有的管理机制进一步理顺，简化相应的机构设置，提升运行效率，设计相应的制度安排。可将职业技能等级证书的认可权力与专业认证有机整合，统一到专业认证体系的管理之下。专业认证机构与职业技能等级证书的培训评价组织协同合作，共同完善职业技能等级证书的设计路径与开发理念。将专业认证作为获取职业技能等级证书的学历条件要求，并将职业技能等级证书的证书评价标准有机融入专业认证标准的设计中，逐步拓展高等职业教育专业认证体系中针对职业资格证书的开发与认定功能。通过规范化的制度设计安排最终打通专业认证与职业资格证书获取的一体化通道，实现职业资格证书与专业认证之间的有效衔接。

---

① 教育部等四部门印发《关于在院校实施"学历证书+若干职业技能等级证书"制度试点方案》的通知[EB/OL].（2019-04-04）[2021-01-27]. http://www.moe.gov.cn/srcsite/A07/moe_953/201904/t20190415_378129.html.
② 国务院关于印发国家职业教育改革实施方案的通知[EB/OL].（2019-01-24）[2023-01-27]. http://www.gov.cn/gongbao/content/2019/content_5368517.htm.

四、激发高职院校参与专业认证的积极性与主动性

专业教育质量是院校办学质量的根本体现，当下以外部质量评估与内部专业教学诊断与改进为代表的高等职业教育质量保障体系还不能有效地保障我国现有高职专业教育质量，高职专业仍然存在着社会认可度不高、专业建设特点不鲜明，专业区域发展不均衡等问题。截至 2021 年 5 月，经各省级教育行政部门备案的高职专科共计有 733 个，全国专业点数已达到 61 648 个[①]。面对数量如此庞大的专业群体，专业认证这一国际通用的专业教育质量评价与保障的有效手段也应当同外部评估，内部专业教学诊断与改进一样，成为我国高职专业教育质量保障体系的重要组成部分。因此，唯有有效调动高职院校参与专业认证的积极性与主动性，充分发挥高职院校在专业认证体系中的主体意识，才能有效保障认证体系的良好运行。

首先，应从高职院校明确对专业认证的正确认识开始。从笔者的调研分析中可以看出，我国高职院校普遍存在着对高职专业认证的认识不够深入的问题。这既源于现有教育质量评价方式所带来的"惯性思维"的影响，又源于对专业认证的认识偏差。为此，高职院校应当从专业认证的价值导向与认证理念出发，组织院校行政管理人员、教师、科研人员乃至学生对专业认证相关政策、理论进行学习，进一步明确高等职业教育专业认证对于提升专业教育质量、促进院校专业质量保障体系优化等方面的重要意义。培育专业主动参与、自愿参与的认证意识，将主动参与认证作为专业回应外部问责与提高专业教育质量的必然选择。

其次，高职院校加大推广与宣传专业认证的力度，为专业认证的实施营造良好的院校内部环境。高职院校应当加强与专业认证相关的内部规章制度建设，对专业参与专业认证予以规范化管理，在院校内部营造接纳认证、鼓励认证、积极参与认证的良好氛围。鼓励和引导专业对照专业认证程序要求制定出参与认证的总体目标和实施计划安排。帮助专业对标认证标准梳理与

---

① 教育部关于公布 2021 年高等职业教育专科专业设置备案结果的通知[EB/OL].（2021-05-07）[2022-05-31]. http://www.moe.gov.cn/srcsite/A07/moe_953/202105/t20210514_531574.html.

查找专业的问题与短板，帮助专业准备认证申请材料与自评报告的撰写。提前预判专业认证实施的难点和可能遇到的阻碍，做好迎接现场调研考察的各项准备工作，保障专业认证在高职院校的顺利实施与有序开展。

再次，积极认可并科学运用专业认证机构的认证结论。将认证结论作为院校进行专业调整与资源优化配置的主要依据，实施专业分类管理，建立高职院校自身的人才培养成效反馈机制与专业预警机制。科学运用专业认证结论，帮助专业对标认证标准持续改进，凸显专业认证在专业教育质量提升上的积极意义。高职院校还应将专业认证的专业外部质量评估与内部质量保证有效结合，将专业认证融入专业教育质量保障体系中，成为专业教育质量保障体系的重要组成部分。

最后，加强专业化的认证人才的建设。高职院校应积极加强专业教师、科研人员的认证知识与认证技术的学习与培训，为专业积极参与认证，熟悉认证规则、全面了解认证程序，有效规避专业认证中可能出现的风险提供有力的智力支撑，同时也应给予专业化的认证人才库建设支持。

五、加快高质量认证专家库建设

认证专家库是专业认证的质量保证，是专业认证体系高质量运行的人才智力保障。专业认证结论是否科学、合理，能否得到各利益相关方的一致认可，在很大程度上取决于认证专家团队的集体认证决议。为此，认证专家在专业认证实施过程中的"裁判员"身份是毋庸置疑的。高质量、高素质、高水平的认证专家对于专业认证结论的最终效力有着至关重要的作用。

认证专家的作用也不仅仅局限于做出专业性的认证结论，认证专家的评审工作贯穿了整个专业认证的实施过程，从自评报告的审阅、现场实地考察的亲身参与、认证结论的研讨、认证结论报告的编制以及针对性的改进意见的提出，包括认证结论之后的中期检查与监督，专业认证整个质量的形成过程中都可以找寻到认证专家的身影。

认证专家的整体质量水平关系到专业认证实施过程的效率与效益，关系到最终专业认证结论的公正性与权威性，关系到专业认证体系运行过程中的质量形成。具备较高专业技术水平、较强职业素养的专家队伍不仅能够为专业认证体系的运行提供强大的人才智力保障，而且能有效满足日益增长的认证市场需求，有助于营造更加公平、高效、专业的认证环境。为保障专业认证体系的良好运行，应当加快专业认证专家库的建设。

首先，制定全国范围内统一的认证专家选聘标准规范体系。依照高等职业教育的专业大类划分原则及标准，构建各专业及专业群大类的规范化认证专家库。认证专家的选聘不应局限于特定的职业教育及研究领域，应当将产业界的技能大师、能工巧匠以及高等职业教育专业认证体系的其他利益相关者都纳入认证专家的选聘范围。积极探索区域间的认证专家的资源共享与交流机制，为实现全国范围内的认证专家的交流与互动奠定基础。

其次，建立认证专家的分类管理与绩效考核制度。明确规定认证专家入库的资格审查方式，制定严格的认证专家全过程考核机制与动态调整机制，依据认证专家在专业认证实施过程中的参与效果定期进行绩效考核，并依据绩效考核、认证专家自评与认证机构评价实行认证专家的动态调整。认证专家在认证实施过程中的不良行为记录将被纳入专家数据库信息，成为其清退出库的有效依据。

最后，认证专家库建设是一个循序渐进的过程，借助信息数据技术，建立全国认证专家云端信息数据库，加强认证专家信息数据的充实与完善。通过各种形式的宣传营造良好的认证环境来吸引各行各业的高技术、专业化人士加入专家库，不断充实与更新认证专家库。同时应定期举行认证专家的学习交流以帮助认证专家及时掌握最新认证市场发展动态及专业认证技术手段。

六、推动质量文化的培育与建设

高等职业教育专业认证体系中的各利益相关方通过利益博弈与利益协同形成了相对稳定的质量共同体。而一个真正高效的质量共同体的构建应当从以"质量观"为核心的质量文化的培育与发展开始。唯有营造质量文化的氛围，高等职业教育专业认证体系才可能有效构建。也唯有从"质量观"入手，培育相应的质量文化，将全面质量管理的质量意识渗透到体系运行的方方面面，高等职业教育专业认证体系才有可能真正朝着健康发展的方向稳步运行。

无数实践证明质量是十分重要的，是可以进行有效管理的，质量文化也是可以有效培育的。当前，由于高等职业教育领域质量管理意识的淡薄以及质量文化形成的滞后性，高等职业教育未能适时地发展与培育出积极的质量文化，而这也是阻碍我国高等职业教育专业认证发展导致其缺失的重要因素之一。要推进高等职业教育的高质量发展，就必然要求培育与之匹配的质量文化。

高等职业教育专业认证的"质量文化"应当是在高等职业教育专业认证体系运行过程中逐渐形成的基于专业认证的质量价值观、质量理念、质量规范、质量行为方式与意识的总和。它应当融入专业认证体系各要素、各环节之中，并通过健全的组织架构、高标准的质量管理模式、专业化的认证标准、严谨的认证程序与权威的认证结果表现出来。为此，高等职业教育专业认证体系的有效运行应当需要有相应的质量文化予以保障。

高等职业教育中质量文化的培育与建设是一个从"无"到"有"，再到不断"更新"与"发展"，从形式建设到内涵发展的过程，这也是每一种文化形成的发展规律。Silverzweig 和 Allen 提出文化的培育与建设就是在分析现存文化的基础上，构建并达成新文化的目标，将其引入相关者共同参与、共同实践的系统中，并对现有文化的不断修正与调适的过程。[1]

在高等职业教育专业认证质量文化的培育与建设之初，就应当从高等职业教育质量文化的合理性分析入手，将其具象化到高职专业教育质量提升的场域下寻求经验，建立与达成专业教育高质量发展这一目标所蕴含的新的质量观与质量文化。作为一种刚萌芽并逐步形成与发展中的文化，认证质量文化的培育与建设之初是以一种相对独立的形态出现的，在专业认证体系内各要素的共同作用与影响下，逐渐形成自己独特的发展路径而逐渐被人所接受、认可，并开始影响行为的选择。

因此，首先应建设高职专业认证体系质量内化于心的共同价值遵从，构

---

[1] SILVERZWEIG S, ALLEN R F. Changing the corporate culture[J]. Sloan Management Review(pre-1986), 1976, 17(3): 33.

建高职专业认证体系质量文化的共同愿景是极为必要的。将质量文化传导至体系内的多元利益主体，将多元利益主体的关注更多地投向质量文化的建设与培育，共同明确认证质量文化建设的目标、原则、内容，促进多元利益主体间的沟通与协同，从而形成基于质量文化的多元价值互动，将质量最优化作为多元利益主体的共同愿景。

其次，在高职专业认证质量文化培育的基础上不断凝练专业认证所特有的质量观，形成独有的质量文化价值认同，并贯穿于体系运行的过程之中。专业认证体系内多元利益主体通过达成对认证质量文化培育的价值共识，形成专业认证独有的质量文化认同，以实现高等职业教育专业认证体系内质量文化由"培育"状态走向"自省自觉"状态的转变。将共同的价值认同与共同的质量文化愿景贯穿于专业认证体系运行的方方面面，促使认证体系获得持续改进的内生动力以保障其高质量的运行。

第八章 总结与展望

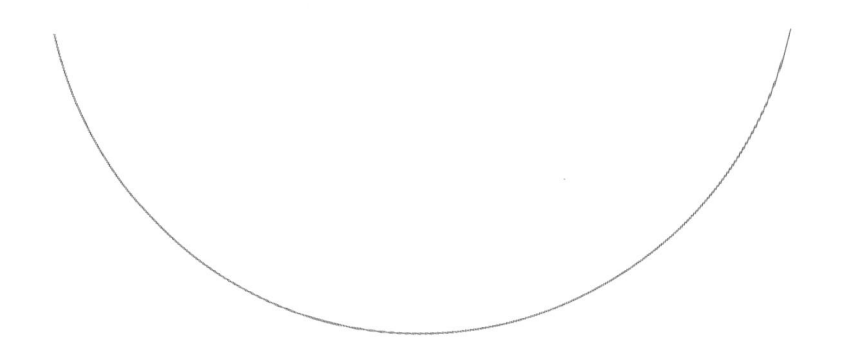

第一节　研究总结

本书对当前我国专业认证的发展背景、研究成果与发展现状进行了多视角、深层次的探析，针对高等职业教育专业认证及专业认证体系的核心概念、本质内涵、构成要素等进行了全面且较为深刻的研究。在相关理论研究成果的基础上，书中采用理论思辨与深度访谈相结合的方法对导致我国高等职业教育专业认证缺失的制约因素进行调研分析，并在借鉴国内外发展成熟的专业认证体系构建及发展经验的基础上提出了我国高等职业教育专业认证体系的构建设想，对体系构成要素进行了解读与设计，同时也对认证体系的运行机制及保障条件进行了相应分析与设计。本书得出的研究结论主要有以下几个方面：

第一，我国最早提出构建高等职业教育专业认证体系的政策支持是在2006年，但直到2020年《职业教育提质培优行动计划（2020—2023年）》再次提出，间隔了14年。14年间学术界与高职院校都开展过专业认证的研究与实践探索，但学术界对高等职业教育专业认证研究的关注度不高，现有研究不足，虽已普遍达成构建高等职业教育专业认证体系的共识，但目前仍缺乏较为宏观的理论前瞻与研究视野。整个高等职业教育领域尚未形成完整且体系化的研究，高等职业教育专业认证实际在这14年时间内长期处于一种缺失状态。

第二，在明确高等职业教育专业认证利益相关者的基础上，本书选取49名利益相关者完成了高等职业教育专业认证缺失原因的调研访谈。笔者运用Nvivo12软件对访谈数据进行了识别分析，共计形成2个一级制约因素、7个二级制约因素与17个三级制约因素。分析认为制约我国高等职业教育专业认证发展并导致其长期处于缺失状态的原因主要由外部缺失原因与内部缺失原因两方面构成。其中外部缺失原因包括来自政府、社会与市场三个方面的制约，而内部缺失原因则主要集中在认证体系的构成要素：认证目标、认证主体、认证标准与认证程序四个方面。本书在此基础上形成了我国高等职教育专业认证缺失原因分析模型。

第三，引入质量链理论，分析认为高等职业教育专业认证体系作为高职专业教育质量链上的一个关键链节点，承担着质量链上相应的质量评价与保障职能，并能够通过与质量链上其他链接点之间的质量联系以及贯穿质量链的信息流、质量流，共同促进专业教育质量的全面提升与专业教育质量最优化的实现。为进一步提高我国高等职业教育的专业教育质量，推进高等职业教育高质量发展，提升高等职业教育的国际竞争力，助推现代职业教育体系的进一步完善，我国亟须推动高等职业教育专业认证研究与实践工作，构建属于高等职业教育自己的专业认证体系。

第四，构建高等职业教育专业认证体系是一个系统化工程。本书从体系构建的政策依据与实践依据出发，剖析了认证体系的构建目标、构建原则及构建方式，并围绕体系的构成要素及要素间的互动展开深入分析。本书从认证目标出发，进一步明确了高等职业教育专业认证体系构建对于科学评价专业教育质量、改进专业教育质量建设、增强专业教育的适应性与完善专业教育质量保障体系方面的积极意义。在认证主体解析方面，本书从利益相关者的分类研究分析入手，有效甄别了高等职业教育专业认证体系的认证主体，认为高等职业教育专业认证体系应当是多元利益主体广泛参与的认证体系。在此基础上对认证主体的构成、职能定位以及认证主体间关系的建立与互动进行了深入分析。本书同时设计了"专业质量合格认证"与"专业质量卓越认证"两个层级以及"通用标准+专业补充标准"两个维度的"二维双层"的专业认证标准框架。围绕目标、过程、资源和成果要素设计出高等职业教育专业认证 TPRO 通用标准框架，并在专业补充标准的设计中创新性引入"目标关联度评价"与"职业胜任力评价"标准。在认证程序设计方面，本书将认证程序分解设计为认证计划、认证识别、认证实施、认证结论四个阶段，并细化为 12 项过程要素，各要素之间依据严密的逻辑组织关系而形成完整的质量管理闭环系统，能够相互影响共同作用于专业认证的有效实施。本书在此基础上对体系要素间的互动关系也做了较为深入的分析，并从三个方面揭示了本书所构建的认证体系的特征。

第五，本书所构建的高等职业教育专业认证体系本身是相对静止的，认证体系的动态运行必须依赖激励约束机制、质量共治机制、市场竞争机制、持续改进机制、风险防范机制与合作共赢机制的动态运转。各运行机制共同作用，相互影响，贯穿于认证体系运行之中，有助于实现高等职业教育专业认证体系内要素间耦合效应的生成，促进专业认证体系的高质量运行。此外，还应当从完善政策供给、加强对专业认证机构的规范监管、推进与职业资格证有效衔接的制度设计、激发高职院校参与的积极性与主动性、加快认证专家库建设、推动质量文化的培育与建设六个方面加强保障条件建设，以保障高职专业认证体系的良好运行。

实际上，专业认证在我国本科工程教育与师范类教育中已然实施，且有着良好实践，但高等职业教育领域的相关性实践研究才刚起步，从文献回顾与分析中不难发现，相关的文献与实践材料较为匮乏，相应的研究也相对滞后，这也给笔者撰写本书带来了一定的困难。受一些主观和客观条件的限制，基于研究，笔者在撰写本书的过程中，仍觉得现有的研究成果尚存许多不足之处，主要表现在：

首先，笔者就高等职业教育认证专业认证缺失原因进行调研访谈时，受新冠疫情影响，很多深度访谈无法面对面完成，导致部分访谈数据是通过网络视频访谈或者电话方式取得的。虽然在后续的资料整理中，笔者与访谈当事人一一校对，但是笔者个人认为还是无法达到面对面访谈的效果，对于一些关键性问题的研讨可能未能达到理想的深度。在缺失原因分析时，笔者选择采用 Nvivo12 作为数据的分析处理工具，开放式编码、主轴编码等范畴归纳上更加依赖研究者本身的素质。受限于笔者自身的研究能力与学术水平，可能在一定程度上制约了数据分析效果的生成。笔者虽然得到了来自 49 位受访者的访谈记录，但受时间和条件限制，研究访谈对象的选择、地域分布、整体样本数量仍有一定的局限性，研究成果可能无法全面而科学地解释我国高等职业教育专业认证缺失的深层原因，还需要在后续全国范围内大规模的深度访谈调研中求得更为精确的数据与分析。

其次，在高等职业教育专业认证标准的设计中，本书主要采用访谈和文献分析法对专业认证标准的质量要素进行筛选。筛选的过程存在一定的主观性与局限性，这势必会对标准框架模型的科学性带来一定影响。受研究时间与条件所限，在通用标准框架的构建过程中，笔者只细化了一级指标和二级指标，并没有对三级指标（观测点）进行更为深入的分析与研究。同时，任何一个标准的制定，从构建到实施、评价、反馈等需要一个较长的时间周期，且应当有相应充足的实证分析。本书在有效完成时间内对认证标准的有效性及科学性的实证研究有所欠缺，有待于针对该认证标准设计进行更为科学的实践论证研究。

最后，本书所构建的高等职业教育专业认证体系的运行及实施效果仍需要在后续的研究和实践中进行更为充分的科学论证。体系构建本身是一个复杂且具有挑战性的工作，从构建设想到设计、实施验证、评价、反馈、改进等需要一个较长的时间周期，且应当有相应充足的实证分析。本书在有效完成时间内对所构建的高等职业教育专业认证体系的有效性及科学性的实证研究有所欠缺，有待于针对该认证体系设计、体系应用成效分析等进行更为科学的实践论证研究。

第二节　研究展望

2021年1月，教育部职业教育与成人教育司在《关于公布〈职业教育提质培优行动计划（2020—2023年）〉任务（项目）承接情况的通知》中明确提出2021年《提质培优行动计划》的重点项目承接表。其中，在"探索高职专业认证"这一重点任务中预计投入经费16 430.00万元，这表明政府加大了对高等职业教育专业认证体系构建的重视力度，并已着手准备进行相应的实践研究。

2008年，笔者在德国学习时，首次接触到了"专业认证"这一概念。2018年赴英国学习时，笔者再次研究学习了专业认证这一领域的相关研究成果。作为一名我国高等职业教育的从业人员和继续从事高职专业认证的研究者，笔者深感对高等职业教育专业认证这一研究主题进一步深化的学术责任，希望在此基础上，从以下方面深入现有研究：

首先，本书所构建的我国高等职业教育专业认证体系的实施效果还需在后续的研究实践中加以进一步论证分析，同时后续研究也应当保持对研究动态与研究结论的不断完善与更新，使其更加全面。高等职业教育专业认证体系构建的研究与实践工作仍亟待推进，后续研究可借鉴我国本科工程教育及师范类教育专业认证体系构建的实施步骤，设置任务时间表，将高等职业教育专业认证体系构建列入议事日程，早日促成高等职业教育专业认证体系的落地实施，并在后续的实践中开展体系落地应用与成效的评价分析，通过不断总结、完善与提升，以期为我国高等职业教育专业认证体系构建及运行提供更为科学的实施方案。

其次，进一步研究细化专业认证标准的研究与设计。通过专业认证标准的研究与编制，促进专业认证与职业资格证书的互通衔接机制的形成，助推国家资历框架的建设，早日实现高职学生学习成果分级分类认定的共同参照。

最后，发展高等职业本科教育是现代职业教育高质量发展的内在诉求，也是国家产业升级和高技术人才支撑的外在要求。职业本科将成为高等职业教育高质量发展，提升高职教育适应性的重要发展引擎。2021年3月17日，在教育部公布的《职业教育专业目录（2021年）》[①]中，高职本科专业有247个，其中新增167个本科专业。下一步研究可考虑待高职专业认证体系逐步建设并发展成熟后，对职业本科专业进行针对性开发，逐步构建起我国高等职业教育完整的专业认证体系。

---

① 教育部关于印发《职业教育专业目录（2021年）》的通知[EB/OL].（2021-03-12）[2022-03-30]. http://www.gov.cn/zhengce/zhengceku/2021-03/22/content_5594778.html.

附录 我国高等职业教育专业认证缺失原因的调研分析访谈提纲

附录1 我国高等职业教育专业认证缺失原因的调研分析访谈提纲（政府工作人员）

1. 您对我国目前高等职业教育的专业教育质量满意吗？（如果不满意，您认为当下专业教育质量症结主要在哪些方面？）您认为现行的高等职业教育质量保障体系能否切实关照到高职的专业教育？

2. 您熟悉和了解专业认证吗？您具体是从哪些渠道了解专业认证的？

3. 您认为目前高等职业教育领域开展了专业认证相关的探索性研究与实践吗？

4. 教育部最早在2006年《关于全面提高高等职业教育教学质量的若干意见》（教高〔2006〕16号）中首次提出要"逐步构建专业认证体系"。2020年9月16日，教育部等九部门印发的《职业教育提质培优行动计划（2020—2023年）》（教职成〔2020〕7号）又再次明确提出要"探索高职专业认证，推进专科高职学校高质量发展"。其实，在这14年时间里，我国高等职业教育专业认证处于一个缺失的状态，您认为制约高等职业教育专业认证发展，导致其缺失的因素有哪些？

5. 我国在本科工程教育与师范类教育中已经开始实行专业认证，目前运行情况良好，您认为在高等职业教育中开始尝试探索专业认证的可行性如何？

6. 您认为如果在高等职业教育中探索专业认证是否能有效解决目前高职教育的专业教育质量问题？

7. 对于高等职业教育专业认证体系构建您有何建议与意见？

附录 2　我国高等职业教育专业认证缺失原因的调研分析访谈提纲（高职院校教职工和学生）

1. 您对目前所在专业的专业教育质量满意吗？/您对贵校目前的专业教育质量满意吗？/您认为高等职业教育中专业教育质量的问题是否突出存在，问题的症结主要体现在哪些方面？

2. 您熟悉和了解专业认证吗？您具体是从哪些渠道了解专业认证的？

3. 您所在的学校和身边的同事、老师有开展针对高等职业教育领域专业认证的相关探索性研究与实践吗？

4. 教育部早在 2006 年就提出要逐步构建高等职业教育专业认证体系，2020 年发布的《职业教育提质培优行动计划》又再次明确提出要"探索高职专业认证"，我们可以认为在这 14 年的时间内，我国高职领域专业认证实际上是处于一种缺失的状态。您认为导致目前我国高等职业教育专业认证缺失的因素有哪些？

5. 我国在本科工程教育与师范类教育中已经开始实行专业认证，目前运行情况良好，您认为在高等职业教育中开始尝试探索专业认证的可行性如何？

6. 您认为如果在高等职业教育中探索专业认证是否能有效解决目前高职教育的专业教育质量问题？

7. 对于高等职业教育专业认证体系构建您有何建议与意见？

附录 3 我国高等职业教育专业认证缺失原因的
调研分析访谈提纲（产业界人士、社会公众）

1. 您所在的企业或组织有聘用高职院校的毕业生吗？你对目前高职院校毕业生的整体质量满意吗？如存在问题，您认为问题主要集中在哪些方面？

2. 您熟悉和了解专业认证吗？您具体是从哪些渠道了解专业认证的？

3. 您身边有开展与高等职业教育专业认证相关的探索性的实践或研究吗？

4. 教育部早在 2006 年就提出要逐步构建高等职业教育专业认证体系，2020 年《职业教育提质培优行动计划》中又再次明确提出要"探索高职专业认证"，我们可以认为，在这 14 年的时间内，我国高职领域专业认证实际上是处于一种缺失的状态。您认为导致目前我国高等职业教育专业认证缺失的因素有哪些？

5. 我国在本科工程教育与师范类教育中已经开始实行专业认证，目前运行情况良好，您认为在高等职业教育中开始尝试探索专业认证的可行性如何？

6. 您认为如果在高等职业教育中探索专业认证是否能有效解决目前高职教育的专业教育质量问题？

7. 对于高等职业教育专业认证体系构建您有何建议与意见？

附录 4　我国高等职业教育专业认证缺失原因的调研分析访谈提纲（专业评价机构）

1. 您参与过针对高职院校专业教育质量的相关评估活动吗？你对目前高职院校的专业教育质量满意吗？（如果不满意，您认为当下专业教育质量症结主要在哪些方面？）

2. 您熟悉和了解专业认证吗？您具体是从哪些渠道了解专业认证的？

3. 您认为目前高等职业教育领域开展了专业认证相关的探索性研究与实践吗？

4. 教育部早在 2006 年《关于全面提高高等职业教育教学质量的若干意见》（教高〔2006〕16 号）中就提出要"逐步构建专业认证体系"。2020 年 9 月 16 日，教育部等九部门印发的《职业教育提质培优行动计划（2020—2023 年）》（教职成〔2020〕7 号）又再次明确提出要"探索高职专业认证，推进专科高职学校高质量发展"。您认为 2006—2020 年，制约我国高等职业教育专业认证发展，导致目前高等职业教育专业认证缺失的因素有哪些？

5. 我国在本科工程教育与师范类教育中已经开始实行专业认证，目前运行情况良好，您认为在高等职业教育中开始尝试探索专业认证的可行性如何？

6. 您认为如果在高等职业教育中探索专业认证是否能有效解决目前高职教育的专业教育质量问题？

7. 对于高等职业教育专业认证体系构建您有何建议与意见？

参考文献

一、中文专著类

[1] 克拉克. 高等教育新论——多学科的研究[M]. 王承绪，徐辉，郑继伟，等，译. 杭州：浙江教育出版社，2001.

[2] 陈孝彬，高洪源. 教育管理学[M]. 3版. 北京：北京师范大学出版社，2008.

[3] 陈学飞. 美国、德国、法国、日本当代高等教育思想研究[M]. 上海：上海教育出版社，1998.

[4] 陈玉琨. 中国高等教育评价论[M]. 广州：广东高等教育出版社，1993.

[5] 程斯辉. 中国教育管理模式研究[M]. 武汉：武汉工业大学出版社，1994.

[6] 诺思. 制度、制度变迁与经济绩效[M]. 上海：上海三联书店，2008.

[7] 利夫西. 后全球化时代：世界制造与全球化的未来[M]. 北京：中信出版社，2017.

[8] 弗里曼. 利益相关者理论：现状与展望[M]. 盛亚，译. 北京：知识产权出版社，2013.

[9] 贺国庆，朱文富，等. 外国职业教育通史（上卷）[M]. 北京：人民教育出版社，2014.

[10] 贺祖斌. 高等教育大众化与质量保障：高等学校教学质量保障体系的建构与实践[M]. 南宁：广西师范大学出版社，2004.

[11] 姜大源，吴全全. 当代德国职业教育主流教学思想研究——理论、实践与创新[M]. 北京：清华大学出版社，2020.

[12] 姜大源. 当代德国职业教育主流教学思想研究[M]. 北京：清华大学出版社，2007.

[13] 姜大源. 职业教育要义[M]. 北京：北京师范大学出版社，2017.

[14] 姜惠. 当代国际高等职业技术教育概论[M]. 兰州：兰州大学出版社，2002.

[15] 康宏. 高等教育评价标准的价值反思[M]. 青岛：中国海洋大学出版社，2011.

[16] 雷国鼎. 比较职业技术教育[M]. 台北：台湾中华书局，1974.

[17] 雷庆. 北美地区高等教育质量保障体系研究[M]. 北京：北京航空航天大学出版社，2008.

[18] 李娣. 职业型高等教育混合提供研究[M]. 北京：经济科学出版社，2012.

[19] 林晓. 美国中北部协会院校认证标准与程序研究[M]. 杭州：浙江大学出版社，2010.

[20] 刘立新，刘红，殷文. 工业4.0背景下德国职业教育发展战略[M]. 北京：教育科学出版社，2019.

[21] 刘笑盈. 推动历史进程的工业革命[M]. 北京：中国青年出版社，1999.

[22] 卢德生. 高职院校教育质量内部保障体系研究[M]. 北京：人民出版社，2019.

[23] 卢晶. 高等教育专业认证制度的治理模式研究[M]. 北京：经济管理出版社，2011.

[24] 卢坤建. 高等职业教育蓝皮书（2020）[M]. 北京：经济科学出版社，2020.

[25] 罗源，刘颖. 利益相关者视角下高职院校教育质量保障与评价长效机制研究[M]. 北京：九州出版社，2010.

[26] 吕鑫祥. 高等职业技术教育研究[M]. 上海：上海教育出版社，1998.

[27] 马健生. 高等教育质量保证体系的国际比较研究[M]. 北京：北京师范大学出版社，2014.

[28] 石川馨. 质量管理入门[M]. 3版. 北京：机械工业出版社，2016.

[29] 苏永建. 中国高等教育质量保障运行机制及其变革研究[M]. 北京：中国社会科学出版社，2020.

[30] 滕大春. 美国教育史[M]. 北京：北京人民教育出版社.

[31] 佟庆伟，秋实. 个体素质结构论[M]. 北京：中国科学技术出版社. 2001.

[32] 王建成. 美国高等教育认证制度研究[M]. 北京：教育科学出版社，2007.

[33] 王致和. 高等学校教育评估[M]. 北京：北京师范大学，1995.

[34] 霍伊，米斯克尔. 教育管理学——理论研究实践[M]. 7版. 北京：教育科学出版社，2018.

[35] 吴伟. 高职教育内部质量保证与评价体系研究[M]. 北京：中国纺织出版社，2019.

[36] 夏天阳. 各国高等教育评估[M]. 上海：上海科学技术文献出版社，1997.

[37] 谢丹. 相遇：专业认证与人文社科[M]. 北京：中国国际广播出版社，2018.

[38] 科恩. 美国高等教育通史[M]. 李子江，译. 北京：北京大学出版社，2010.

[39] 严玲，尹贻林. 应用型本科专业认证制度研究——基于英国及亚太地区工料测量高等教育及其专业认证的样本分析[M]. 北京：清华大学出版社，2013.

[40] 姚云，章建石. 当代世界高等教育评估历史与制度概览[M]. 北京：北京师范大学出版社，2013.

[41] 奥斯丁. 高等教育治理——全球视野、理论与实践[M]. 北京：学苑出版社，2020.

[42] 布鲁贝克. 高等教育哲学[M]. 王承绪，等，译. 杭州：浙江教育出版社，2001.

[43] 布伦南，沙赫. 高等教育质量管理一个关于高等院校评估和改革的国际性观点[M]. 陆爱华，等，译. 上海：华东师范大学出版社，2001.

[44] 朱兰，德费欧. 朱兰质量手册[M]. 6版. 北京：中国人民大学出版社，2014.

[45] 埃文斯，林赛. 质量管理与卓越绩效[M]. 9版. 北京：中国人民大学出版社，2016.

[46] 埃文斯. 质量管理[M]. 7版. 北京：机械工业出版社，2020.

[47] 张维迎. 大学的逻辑[M]. 北京：北京大学出版社，2004.

[48] 张耀嵩. 高等职业教育质量评价与保障体系研究[M]. 上海：复旦大学出版社，2014.

[49] 赵予新. 高等工程教育质量保障研究[M]. 北京：社会科学文献出版社，2014.

[50] 赵志群，等. 中国现代职业教育质量保障体系研究[M]. 北京：经济科学

出版社，2021.

[51] 周光礼. 中国高等教育质量评估体系有效性研究：基于社会问责的视角[M]. 长沙：湖南人民出版社，2011.

[52] 周建松. 高等职业教育高质量发展研究[M]. 杭州：浙江大学出版社，2021.

二、中文期刊类

[1] 安勇. 以专业认证促进本科人才高质量发展[J]. 中国高等教育，2020（Z2）：50-51.

[2] 毕家驹. 关于中国工程专业认证的所见所思[J]. 高教发展与评估，2009，25（3）：10-18，120.

[3] 蔡萌，崔淑淇. 中国特色高水平高职学校建设的关键着力点探析[J]. 中国职业技术教育，2020（28）：79-82，96.

[4] 常珊珊，曹阳. 专业认证背景下我国师范类专业发展机制研究：国际经验与本土建构[J]. 高教探索，2020（2）：41-47.

[5] 陈柏林，杨乃彤. 高职教育高质量发展的必然、准则与推进策略[J]. 职教论坛，2020，36（6）：139-144.

[6] 陈平. 专业认证理念推进工科专业建设内涵式发展[J]. 中国大学教学，2014（1）：42-47.

[7] 陈寿根. 高职院校内部专业评估研究[J]. 黑龙江高教研究，2012，30（5）：93-96.

[8] 陈小尘，胡弼成. 美国高等教育质量管理及其借鉴[J]. 高教探索，2010（1）：52-57.

[9] 陈晓萌，周志刚，闫智勇. 专业认证视角下高等职业教育专业建设的困境及策略[J]. 职教论坛，2014（33）：65-69.

[10] 陈益林，何小其，马修水. 应用型大学特色工程教育专业认证体系的探索与实践[J]. 现代教育科学，2011（3）：105-107.

[11] 陈玥，马健生. 发达国家高等教育质量保障的经验及启示[J]. 国家教育

行政学院学报,2014(1):58-63.

[12] 陈越. 高等职业教育国际影响力省际比较的政策启示——基于31个省级高等职业教育质量报告(2019)[J]. 中国职业技术教育,2020(33):67-73.

[13] 陈正江."双高计划"下高职教育高质量发展的战略导向与推进策略[J]. 职业技术教育,2020,41(16):12-17.

[14] 陈中润,冯菲. 组织文化视角下的美国高等教育质量管理研究[J]. 开放教育研究,2014,20(2):56-63.

[15] 程国君,丁国新,于秀华,等. 以工程教育认证和专业评估为契机下的专业综合创新实践探讨[J]. 高分子通报,2020(10):79-86.

[16] 程俊,李明磊. 英国高等教育质量保障体系分析[J]. 研究生教育研究,2012(3):87-90.

[17] 董秀华. 专业认证:高等教育质量保障的重要方法[J]. 复旦教育论坛,2008(6):33-38.

[18] 杜微,莫蓉,李山,等. 基于产品关键特性的质量链管理模型研究[J]. 中国机械工程,2013,24(11):1516-1520.

[19] 杜子德,陈道蓄. 充分发挥学会组织功能 履行好认证专家职责[J]. 中国高等教育,2009(2):23-24.

[20] 甘华银. 新时代高职院校高质量发展的困境与突围[J]. 教育与职业,2020(7):34-39.

[21] 高鸿. 因应新发展,承担新使命,开职业教育提质培优新局[J]. 职业技术教育,2020,41(36):1.

[22] 高职百万扩招:质量发展与区域实践[J]. 职业技术教育,2020,41(9):6-7.

[23] 顾涵,房勇. 基于工程教育专业认证标准和OBE理念对毕业设计环节的创新探索与实践[J]. 实验技术与管理,2020,37(11):209-212.

[24] 郭朝红. 英国高等教育质量保障体系发展述评[J]. 教育理论与实践,2007(4):12-14.

[25] 韩晓燕,张海英. 专业认证、注册工程师制度与工程技术人才培养[J]. 高

等工程教育研究，2007（4）：38-41.

[26] 韩晓燕，张彦通，王伟. 高等工程教育专业认证研究综述[J]. 高等工程教育研究，2006（6）：6-10.

[27] 韩晓燕，张彦通. 试论我国高等工程教育专业认证制度的构建[J]. 高等工程教育研究，2005（1）：41-43.

[28] 韩雁，冯兴杰，梁志星. 基于学生学习成果的国际工程教育专业认证[J]. 高教发展与评估，2014，30（4）：77-83，119.

[29] 韩玉，刘巍巍. 职业教育提质培优的核心要义：大质量观视野下推进职业教育全面质量管理[J]. 职业技术教育，2020，41（36）：7-11.

[30] 何世松，贾颖莲. 高等职业院校"双高计划"项目实施的顶层设计、关键路径与评价指标[J]. 职业技术教育，2020，41（14）：6-10.

[31] 何应林. 职业技能与职业精神融合培养：德国、日本、瑞士的经验与启示[J]. 黑龙江高教研究，2019，37（11）：87-91.

[32] 洪晓波. 地方工科院校工程教育专业认证的对策研究[J]. 教育评论，2014（10）：12-14.

[33] 胡德鑫. 德国专业认证制度改革的行动方略与演绎逻辑[J]. 高教探索，2020（11）：58-65.

[34] 胡德鑫. 赋能未来：工程教育专业认证制度改革的国际比较与标准重构[J]. 天津大学学报（社会科学版），2020，22（3）：223-229.

[35] 胡德鑫. 新工业革命背景下工程教育专业认证制度国际改革的比较与借鉴[J]. 高校教育管理，2019，13（5）：72-81.

[36] 胡德鑫. 新世纪以来德国职业教育质量保障的基本路径与支撑机制研究[J]. 中国职业技术教育，2020（15）：63-70.

[37] 胡茂波，游子欢. 中国特色高水平高职学校和专业建设：意蕴、困境及对策[J]. 职业技术教育，2020，41（4）：11-16.

[38] 胡生泳，朱新秤. 基于质量链管理理论下的顶岗实习质量控制模式探析[J]. 职教论坛，2014（9）：81-85.

[39] 胡烨丹，陈正江. 高等教育强省战略视阈下高水平高职院校建设探析——浙

江省的探索与实践[J]. 中国职业技术教育, 2020（1）: 79-82.

[40] 胡英芹. "双高计划"视域下高等职业教育内涵式发展的诉求、特征与路径[J]. 职业技术教育, 2020, 41（14）: 11-14.

[41] 黄爱华, 吴晓蓓. 工程教育专业认证发展策略探析[J]. 高等工程教育研究, 2010（6）: 53-55, 62.

[42] 黄明东, 陶夏. 高等教育第三方评估机构的法律身份及其适用逻辑[J]. 大学教育科学, 2018（3）: 51-56.

[43] 蒋宗礼. 工程教育认证的特征、指标体系及与评估的比较[J]. 中国大学教学, 2009（1）: 36-38.

[44] 匡瑛. 高等职业教育的"高等性"之惑及其当代破解[J]. 华东师范大学学报（教育科学版）, 2020, 38（1）: 12-22.

[45] 雷丽丽. 政府在高等教育质量管理中的介入程度[J]. 现代教育管理, 2010（5）: 47-50.

[46] 李海宗, 冯旭芳. 高职院校实践教学质量保障的作用与实现[J]. 中国高教研究, 2010（3）: 92-93.

[47] 李奇. 学习结果评估: 本科教学质量保障的底层设计[J]. 复旦教育论坛, 2012, 10（4）: 56-60.

[48] 李湘萍, 周作宇, 梁显平. 增值评价与高等教育质量保障研究: 理论与方法述评[J]. 清华大学教育研究, 2013, 34（4）: 40-45.

[49] 李亚东. 战略谋划　携手共建: 开创中国高等教育质量保障新局面——全国高校质量保障机构联盟成立大会学术报告综述[J]. 高教发展与评估, 2020, 36（1）: 36-46.

[50] 李永红. 美国体育管理专业认证准则分析[J]. 北京体育大学学报, 2014, 37（4）: 106-112.

[51] 李玉静. 新发展格局下职业教育高质量发展: 逻辑与内涵[J]. 职业技术教育, 2021, 42（1）: 1.

[52] 李志义, 朱泓, 刘志军. 我国本科教学评估该向何处去？[J]. 高教发展与评估, 2011, 27（6）: 1-9, 133.

[53] 李志义. 适应认证要求 推进工程教育教学改革[J]. 中国大学教学, 2014（6）: 9-16.

[54] 李志义. 中国工程教育专业认证的"最后一公里"[J]. 高教发展与评估, 2020, 36（3）: 1-13, 109.

[55] 李杼机, 沙淑清, 李娟华. 关于构建我国高等教育专业认证体系的几点思考[J]. 中国高教研究, 2007（9）: 38-40.

[56] 廖龙, 王贝. 如何做好开篇布局:"十四五"时期职业教育发展路径探析[J]. 职业技术教育, 2021, 42（6）: 8-12.

[57] 刘广, 徐福荫. 美国专业认证体制与教育技术学专业认证[J]. 电化教育研究, 2007（7）: 86-90.

[58] 刘国艳. 大学内部教育质量保障制度的缺陷及其调整[J]. 教育发展研究, 2008（21）: 16-20.

[59] 刘晖, 李嘉慧. 中国高等教育质量保障体系的完型[J]. 教育研究, 2019, 40（11）: 100-110.

[60] 刘萍. 全面质量管理理论在高等教育质量管理中的应用[J]. 科技与管理, 2009, 11（4）: 143-145, 148.

[61] 刘任熊, 尚维来, 李忠华, 等. 论高等职业教育质量保障体系建设之成效[J]. 中国职业技术教育, 2020（7）: 71-78.

[62] 刘瑞儒. 教育技术学专业认证指标体系的建立[J]. 现代教育技术, 2008（2）: 54-60.

[63] 楼建明, 鲍淑娣, 傅越千. 面向工程教育专业认证，加强工程训练中心建设[J]. 实验室研究与探索, 2013, 32（11）: 340-343, 421.

[64] 卢洁莹. 以构建专业认证体系为目标 完善高职院校专业评估制度[J]. 职教论坛, 2010（7）: 47-50.

[65] 卢晶, 尹贻林. 专业认证制度的治理模式研究[J]. 高教探索, 2009（2）: 54-58.

[66] 卢盈. 教育身份与制度公正[J]. 当代教育科学, 2020（10）: 11-16.

[67] 鲁嘉华, 成琼, 何法江. 体验美国高等工程教育[J]. 中国大学教学, 2012

（3）：91-92.

[68] 马成荣. 高职院校高质量发展之"五型"设计[J]. 中国职业技术教育，2020（15）：16-22.

[69] 马佳宏，李雪. 高等职业教育人才培养：机遇、挑战与应对[J]. 成人教育，2020，40（8）：67-71.

[70] 马陆亭. 职业教育高质量发展必须抓牢类型特征[J]. 中国职业技术教育，2021（3）：5-11，18.

[71] 倪勤丰. 基于供给侧改革的高职教育效能提升研究[J]. 职教论坛，2020（3）：160-164.

[72] 潘海生，孙一睿. 澳大利亚高等职业教育国际化的策略分析与启示[J]. 教育与职业，2020（7）：85-92.

[73] 蒲国利，苏秦，刘强. 一个新的学科方向——供应链质量管理研究综述[J]. 科学与科学技术管理，2011，32（10）：70-79.

[74] 饶燕婷. 欧洲国家高等教育质量保障中的学生参与政策[J]. 教育发展研究，2012，32（11）：65-70.

[75] 任雪园. 普及化阶段高职教育高质量发展：时代内涵、行动逻辑与实践路径[J]. 职业技术教育，2020，41（34）：41-46.

[76] 宋立丹. 高职教育发展契合"中国制造2025"路径探索[J]. 中国高校科技，2020（3）：81-84.

[77] 宋乃庆，郑智勇. 新中国成立70年来我国高等职业教育发展探析[J]. 职业技术教育，2019，40（36）：7-12.

[78] 宋守信，杨书宏，傅贵，等，高等工程教育专业认证委员会安全工程专业试点工作组. 中美安全工程专业教育及认证标准对比研究[J]. 中国安全科学学报，2012，22（12）：23-28.

[79] 苏敏. 党的十八大以来我国职业教育政策分析[J]. 职教论坛，2020，36（8）：70-76.

[80] 孙诚. 新时代高等职业教育之"新"[J]. 职业技术教育，2020，41（22）：1.

[81] 孙春玲，尹贻林. 人力资本价值：高教专业认证体系的试金石[J]. 中国

人才，2009（5）：24-25.

[82] 孙辉，唐振华，朱正茹."双高计划"：高职院校高质量发展的战略举措[J]. 中国职业技术教育，2020（33）：16-23.

[83] 孙进. 德国高等教育认证——机构、程序与标准[J]. 高等教育研究，2013，34（12）：88-95.

[84] 汤杰，石伟平. 高等职业教育内涵建设的政策工具：回顾与展望——基于1995—2019年高职政策文本的分析[J]. 教育学术月刊，2020（1）：45-52.

[85] 汪雅霜，杨晓江. 英国高等教育质量管理的构成要素——同行评议·学生参与·文化培育[J]. 黑龙江高教研究，2012，30（5）：41-43.

[86] 王海. 新时代高等职业教育质量管理创新与实践[J]. 食品研究与开发，2020，41（21）：245.

[87] 王海艳，骆健. 关于高校实施工程教育专业认证的探讨[J]. 江苏高教，2014（4）：103-104.

[88] 王家爱，葛树强，李瑞昌. 高职院校实施ISO9000质量认证的路径研究[J]. 国家教育行政学院学报，2009（9）：12-15.

[89] 王建华. 从复制到分享：高等教育质量管理的方向[J]. 复旦教育论坛，2010，8（2）：67-72.

[90] 王建华. 高等教育质量管理：文化的视角[J]. 教育研究，2010，31（2）：57-62.

[91] 王建华. 高等教育质量管理的道德危机与道德保证[J]. 中国高教研究，2009（6）：15-19.

[92] 王建华. 高等教育质量管理——组织的视角[J]. 高教探索，2009（5）：13-19.

[93] 王玲，盛敏. 深化认证标准理解，提升自评工作质量[J]. 高等工程教育研究，2014（5）：113-118.

[94] 王梅，马晓晴，袁婷. 多源流理论视角下日本专门职业大学制度的分析及启示[J]. 中国职业技术教育，2020（21）：39-45.

[95] 王孙禺，孔钢城，雷环.《华盛顿协议》及其对我国工程教育的借鉴意义[J]. 高等工程教育研究，2007（1）：10-15.

[96] 王彤，唐卫民. 美国高等教育专业评估体系及其启示[J]. 现代教育管理，2010（10）：112-114.

[97] 王新凤. 欧洲高等教育质量保障区域整合的进展及启示[J]. 比较教育研究，2009，31（10）：16-20.

[98] 王永坤，杨义，王丹，等. 国内外专业认证领域对比研究[J]. 中国高校科技，2020（3）：54-56.

[99] 王勇，李剑峰，赵军，等. 以开展专业认证为契机 大力提升工程教育质量[J]. 中国高等教育，2009（2）：27-28.

[100] 王玉龙，郑亚莉. 职业教育高质量发展的问题诊断与路径选择[J]. 中国职业技术教育，2020（13）：58-63.

[101] 王战军，乔伟峰. 中国高等教育质量保障的新理念和新制度[J]. 清华大学教育研究，2014，35（3）：29-34，72.

[102] 王兆义. 市场化导向下的德国工程教育专业认证制度——以 ACQUIN 专业认证为例[J]. 教育学术月刊，2020（4）：105-111.

[103] 王志凤. 高职教育实现高质量发展的理念与对策[J]. 中国高等教育，2019（22）：60-61.

[104] 吴雪. 大学教师社会角色选择：高等教育质量管理制度的深层影响[J]. 福州大学学报（哲学社会科学版），2013，27（2）：99-103.

[105] 吴中江，黄成亮. 提升教学质量：从依赖制度管理到注重教学文化[J]. 黑龙江高教研究，2014（2）：59-62.

[106] 肖凤翔. 新时代高等职业教育之"高"[J]. 职业技术教育，2019，40（31）：1.

[107] 肖婕. 高等教育质量管理中社会中介组织模式的比较[J]. 现代教育管理，2010（8）：55-57.

[108] 谢俐. 补短板 激活力 强内涵 增效益 努力办好公平有质量的职业教育[J]. 中国职业技术教育，2020（27）：5-11.

[109] 谢宗熹,刘占文,王淑娟. 地方新建本科院校人才培养的战略定位及质量保障体系构建[J]. 现代教育管理,2014(11):67-70.

[110] 熊志翔. 高等教育质量保障的制度性变革[J]. 高教探索,2008(2):54-58.

[111] 宿莉,吕红. 高职院校国际影响力:特征与对策——基于近三年"国际影响力50强"高职院校的质量年报数据可视化分析[J]. 中国职业技术教育,2020(30):48-54.

[112] 闫朝晖. 系统科学视野下提升成人高等教育质量管理的思考[J]. 高教探索,2012(4):114-117.

[113] 严玲,闫金芹. 应用型本科专业认证制度及其作用机理研究——以工程管理类专业为例[J]. 清华大学教育研究,2012,33(4):80-88.

[114] 杨卫军,任江维. 归核化:双高背景下高职院校专业发展的战略选择[J]. 中国职业技术教育,2020(9):32-36.

[115] 杨晓波,费爱心. 美国高等教育质量保障机制探析[J]. 黑龙江高教研究,2008(5):68-71.

[116] 杨雄,杨晓萍. 转向与变革:专业认证视域下学前教育专业质量建设路径探析[J]. 河北师范大学学报(教育科学版),2020,22(2):64-72.

[117] 杨应崧,苏志刚,齐小萍,等."高职院校人才培养工作质量年度报告制度"的实践探索[J]. 中国高教研究,2012(3):94-96.

[118] 杨勇,商译彤. "双高计划"下高职教育高质量发展的逻辑、向度与路径[J]. 职业技术教育,2020,41(16):6-11.

[119] 杨振宏,杨书宏,宋守信,等. 国外工程教育(本科)专业认证分析与借鉴[J]. 中国安全科学学报,2009,19(2):61-66.

[120] 姚建初,考夫曼,霍华德,等. 一个工程系的创办和ABET评估认证:东卡罗来纳大学案例分享[J]. 清华大学教育研究,2012,33(4):65-72.

[121] 于舒. 高质量发展背景下高职院校专业建设内涵的再审视[J]. 职业技术教育,2019,40(35):16-20.

[122] 袁东敏. 我国高等教育专业认证发展之路径选择——基于高等教育质

量保障的视角[J]. 湖南师范大学教育科学学报, 2013, 12（4）: 86-89.

[123] 詹向阳. 高等教育质量管理: 问题与审思[J]. 华南师范大学学报（社会科学版）, 2011（3）: 61-64.

[124] 张凤宝, 王静康. 参与化工类专业认证的思考和体会[J]. 中国高等教育, 2009（2）: 25-26.

[125] 张婧, 郭俊朝, 史枫. 中国高等职业教育 40 年: 思想历程、演进逻辑及未来之路[J]. 中国职业技术教育, 2020（31）: 47-54.

[126] 张祺午. "十四五"新发展格局中的职业教育使命[J]. 职业技术教育, 2021, 42（6）: 1.

[127] 张爽, 曾又其, 李辉. 欧盟国家高等教育质量保障探析[J]. 中国大学教学, 2008（3）: 92-95.

[128] 张挺, 阙明坤. 高职院校高质量发展的逻辑起点和诊改路径[J]. 职业技术教育, 2019, 40（35）: 57-61.

[129] 张文雪, 刘俊霞, 彭晶. 工程教育专业认证制度的构建及其对高等工程教育的潜在影响[J]. 清华大学教育研究, 2007（6）: 60-64, 79.

[130] 张新民. 中国现代高等职业教育的发展分期和问题反思[J]. 高教发展与评估, 2020, 36（1）: 28-35.

[131] 张应强, 刘在洲. 高等教育大众化背景下的教学质量保障问题[J]. 高等教育研究, 2003（6）: 64-68.

[132] 张云辉, 沈滢. 日本高等工程教育认证对我国专业认证的启示[J]. 高教发展与评估, 2008（2）: 93-97, 124.

[133] 张照旭, 蔡三发, 李玲玲. 减负·提质·增效: 日本工程教育专业认证的改革路向[J]. 高等工程教育研究, 2020（6）: 162-167.

[134] 张志英, 王启明. 专业认证与工程教育体制改革[J]. 高等工程教育研究, 2006（2）: 46-48.

[135] 赵惠莉, 薛茂云. 新中国成立 70 年高等职业教育的崛起、创新与变革[J]. 中国职业技术教育, 2020（9）: 24-31.

[136] 赵惠莉. 基于供给侧改革的高职教育高质量发展研究[J]. 教育与职业, 2021（7）: 34-37.

[137] 赵晶晶，张智，盛玉雪. 我国高等职业教育区域布局动力因素与适应性特征研究[J]. 国家教育行政学院学报，2020（10）：78-85.

[138] 赵炬明. 超越评估（上）——中国高等教育质量保障体系建设之设想[J]. 高等工程教育研究，2008（6）：39-49.

[139] 赵炬明. 超越评估（下）——中国高等教育质量保障体系建设之设想[J]. 高等工程教育研究，2009（1）：50-58.

[140] 赵修渝，封丽娟. 美国高等教育专业认证制对我国专业评估的启示[J]. 科技管理研究，2007（8）：158-159，119.

[141] 郑洁红. 新时代高等工程教育改革探究[J]. 中国高校科技，2020（4）：67-70.

[142] 郑秀英，姜广峰，付志峰. 开展专业认证 提升工程教育质量[J]. 中国大学教学，2008（12）：29-31.

[143] 郑亚莉，米高磊. 百万扩招背景下高等职业教育质量发展研究——兼论高等职业教育质量风险[J]. 职业技术教育，2020，41（9）：8-14.

[144] 职业教育70年：多视角的学术回眸[J]. 职业技术教育，2019，40（36）：6.

[145] 周建松，陈正江. 中国特色高等职业教育发展道路：演进、内涵与经验[J]. 中国职业技术教育，2020（30）：73-77.

[146] 周建松. 基于双高视阈的高素质技术技能人才培养思路研究[J]. 职教论坛，2020（3）：62-68.

[147] 周建松. 双高建设中的文化存在及其路径研究[J]. 中国职业技术教育，2020（15）：10-15.

[148] 朱泓，孟凡芹. 美国高等教育质量管理模式探析[J]. 中国大学教学，2014（7）：88-92.

[149] 朱伟文，李亚东. 试论专业认证推进大学质量文化建设的价值、局限和着力点[J]. 教育发展研究，2020，40（7）：43-47.

三、外文文献类

[1] PATIL A, CODNER G. Accreditation of engineering education: review, observations and proposal for global accreditation[J]. European Journal of Engineering Education, 2007, 32: 639-651.

[2] RAEISI A, ASEFZADEH S, YARMOHAMMADIAN M. A comparative study on accreditation models in Europe and the USA[J]. Health Information Management, 2008, 3: 15-17.

[3] ALBERTO M S C, AMARAL. The US accreditation system and the CRE's quality audits-a comparative study[J]. Quality Assurance in Education, 1998, 6: 184-189.

[4] ALSTETE, JEFFREY W. Accreditation matters: achieving academic recognition and renewal[J]. Higher Education Report, 2006, 30: 67-78.

[5] ALTBACH P G. Globalization and the university: myths and realities in an unequal world[J]. Journal of Educational Planning and Administration, 2003, 17(2): 227-247.

[6] ALTBACH P. Knowledge and education as international commodities: the collapse of the common good[J]. International Higher Education, 2002(28).

[7] ANDERSON J C, RUNGTUSANATHAM M, SCHROEDER R G. A theory of quality management underlying the deming management method[J]. Academy of management Review, 1994, 19(3): 472-509.

[8] ANDREANI M, RUSSO D, SALINI S, et al. Shadows over accreditation in higher education: some quantitative evidence[J]. Higher Education, 2020, 79(4): 691-709.

[9] AUGUSTI G. Accreditation of engineering programmes: European perspectives and challenges in a global context[J]. European Journal of Engineering Education, 2007, 32(3): 273-283.

[10] BARNETT R. Improving Higher Education: Total Quality Care[M]. Open University Press, 1992.

[11] BECHER T, HENKEL M, KOGAN M. Graduate Education In Britain[M]. Jessica Kingsley Publishers, 1994.

[12] BLANCO RAMÍREZ G. Translating quality in higher education: US approaches to accreditation of institutions from around the world[J]. Assessment & Evaluation in Higher Education, 2015, 40(7): 943-957.

[13] MAXIM B R. Closing the loop: assessment and accreditation[M]. Consortium for Computing Sciences in Colleges, 2004.

[14] BRUENING K S, MITCHELL B E. 2002 accreditation standards for dietetics education[J]. Journal of the American Dietetic Association, 2002, 7: 16-19.

[15] DAMME D V. Higher education in the age of globalization, in UNESCO, globalization and the market in higher education: quality, accreditation and qualification[M]. UNESCO Publishing, 2002.

[16] BRADLEY D B, FITZGERALD K. What should gerontology learn from health education accreditation?[J]. Journal Gerontology & Geriatrics Education, 2012, 33: 101-113.

[17] BURNETT D, BLAIR C, HAENEY M R, et al. Clinical pathology accreditation: standards for the medical laboratory[J]. Journal of Clinical Pathology, 2016, 55: 58-79.

[18] PRATHER D C. The council on aviation accreditation: part one-historical foundation[J]. Journal of air transportation. 2006, 11: 17-34.

[19] KLASIK D, HUTT E L. Bobbing for bad apples: accreditation, quantitative performance measures, and the identification of low-performing colleges[J]. The Journal of Higher Education, 2019, 90(3): 427-461.

[20] DILL D D, MASSY F W, PETER R. Accreditation & academic quality assurance: can we get there from here? [J]. Change, 1996, 28: 16-25.

[21] DIXIT R K, PATHAK M. An overview of International Engineering Accords

with special reference to Washington Accord[J]. Journal of Engineering Science and Management Education, 2012, 5(II): 467-471.

[22] KHAWAS EL, ELAINE. Accreditation's role in quality assurance in the United States[J]. Higher Education Management, 1998, 10: 43-56.

[23] EVANS J R. Total quality management[J]. Infor, 2002, 40(4): 364.

[24] FOSTER S T, Jr. Towards an understanding of supply chain quality management [J]. Journal of operations management, 2008, 26(4): 461-467.

[25] FREEMAN R E, MCVEA J. A stakeholder approach to strategic management [J]. The Blackwell handbook of strategic management, 2005: 183-201.

[26] FREEMAN R E. Strategic management: a stakeholder approach[M]. Cambridge university press, 2010.

[27] ALDERMAN G. Compliance or quality? American and British approaches to the accreditation of higher education institutions[J]. College and University. 2005, 81: 17-23.

[28] BLANCO RAMÍREZ G, LUU D H. A qualitative exploration of motivations and challenges for implementing US accreditation in three Canadian universities[J]. Studies in Higher Education, 2018, 43(6): 989-1001.

[29] AUGUSTI G. Transnational recognition and accreditation of engineering educational programmes in Europe: perspectives in a global framework[J]. Journal of Engineering Education. Abingdon, 2006, 31: 249-263.

[30] DE VITA G, CASE P. Rethinking the internationalisation agenda in UK higher education[J]. Further and Higher Education Journal, 2003, 27: 45-48.

[31] HACKMAN J R, WAGEMAN R. Total quality management: Empirical, conceptual, and practical issues[J]. Administrative science quarterly, 1995: 309-342.

[32] HAHN K, LANZENDORF U. Wegweiser globalisierung-hochschulsektoren in bewegung[M]. Wissenschaftliches Zentrum für Berufs-und Hochschulforschung, Universität Kassel, 2005.

[33] HANRAHAN H. The Washington accord: history, development, status and trajectory[C]//7th ASEE global colloquium on engineering education. 2008: 19-23.

[34] HARRISON J S, FREEMAN R E. Stakeholders, social responsibility, and performance: empirical evidence and theoretical perspectives[J]. Academy of management Journal, 1999, 42(5): 479-485.

[35] Higher Education in a Globalising World: International Trends and Mutual Observation A Festschrift in Honour of Ulrich Teichler[M]. Springer Science & Business Media, 2012.

[36] HOYLE D. Quality management essentials[M]. Routledge, 2007.

[37] THI PHAM H. Impacts of higher education quality accreditation: a case study in Vietnam[J]. Quality in Higher Education, 2018, 24: 198-205.

[38] RATCLIFF J L. Assessment, accreditation, and evaluation of higher education in the US[J]. Quality in Higher Education, 1996, 2: 69-76.

[39] ALSTETE J W. College Accreditation: Managing internal revitalization and public respect[M]. Palgrave Macmillan publishers. 2007.

[40] GORGONE J T. Computing sciences accreditation: a cooperative effort in CIS[J]. Computer Science Education, 1998, 1: 27-34.

[41] WERGIN J F. Higher Education: waking up to the importance of accreditation change[J]. Academic Research Library, 2005, 37: 37-39.

[42] EATON J S, Accreditation and Recognition in the United States at the Wayback Machine[M]. R. CHEA, 2003.

[43] ABEL K D, FERNANDEZ A A. ABET accreditation of undergraduate engineering management programs: established versus new programs—the similarities and differences[J]. Engineering Management Journal, 2005, 17(1): 3-8.

[44] KEHM B M. The German system of accreditation[M]//Public policy for academic quality. Springer, Dordrecht, 2010: 227-248.

[45] Centre for Educational Research and Innovation. Internationalisation andtrade in higher education: opportunities and challenges[M]. OECD, Paris, France, 2004.

[46] LENN M P. The US accreditation system[M]. Bristol: The Falmer Press, 1991.

[47] LIUS W, MOODIE G. Rethinking skills in vocational education and training: from competencies to capabilities[J]. NSW Department of Education and Communities, 2011, 13.

[48] LENN M P. Accreditation, certification, and licensure[J]. new directions for higher education, 1987, 19: 49-63.

[49] VAN ZANTEN M, BOULET J R, SIMON F A. Flexner's global influence: medical education accreditation in countries that train physicians who pursue residency in the united states[J]. Academic Medicine, 2010, 85: 324-332.

[50] DESAI M, REDFERN P. Global governance: ethics and economics of the world order[M]. London and New York, 1995.

[51] MIDDLETON J. Skills for productivity: vocational education and training in developing countries[M]. New York: Oxford University Press, 1993.

[52] JERRY W M. Organizational Structure of Accreditation: Relationship to Uses of Accreditation[J]. New direction for higher education. 2001 (2001): 5-21.

[53] MUKHOPADHYAY M. Total quality management in education[M]. SAGE Publications Pvt. Limited, 2020.

[54] MULDER M, WEIGEL T, COLLINS K. The concept of competence in the development of vocational education and training in selected EU member states: a critical analysis[J]. Journal of Vocational Education & Training, 2007, 59(1): 67-88.

[55] PATIL A, CODNER G. Accreditation of engineering education: review, observations and proposal for global accreditation[J]. European journal of

engineering education, 2007, 32(6): 639-651.

[56] PSACHAROPOULOS G. Vocational education and training today: challenges and responses1[J]. Journal of vocational education and training, 1997, 49(3): 385-393.

[57] RATCLIFF J L. Assessment, accreditation, and evaluation of higher education in the US[J]. Quality in higher education, 1996, 2(1): 5-19.

[58] ARCHAN S, HENKEL S M. Training VET teachers and trainers[M]. Institute for Research on Qualifi cation and Training of the Austrian Economy, 2004.

[59] SCHACHTERLE L. Outcomes assessment and accreditation in US engineering formation[J]. European journal of engineering education, 1999, 24(2): 121-131.

[60] SCHWARZ S, WESTERHEIJDEN D F. Accreditation in the framework of evaluation activities: a comparative study in the European higher education Area[M]. Springer Dordrecht Press, 2004.

[61] STENSAKER B. Accreditation of higher education in Europe–moving towards the US model?[J]. Journal of Education Policy, 2011, 26(6): 757-769.

[62] WEISS T G. Governance, good governance and global governance: conceptual and actual challenges[J]. Third World Quarterly, 2000, 21(5): 795-81.

[63] TILAK J B G. Vocational education and training in Asia[M]//International handbook of educational research in the Asia-Pacific Region. Springer, Dordrecht, 2003: 673-686.

[64] WESTERHEIJDEN D F. Ex oriente lux: national and multiple accreditation in Europe after the fall of the Wall and after Bologna[J]. Quality in Higher Education, 2001, 7(1): 65-75.

[65] YONNG K E, CHAMBERS C M. Understanding accreditation: contemporary perspectives on issues and practices in evaluating educational quality[m]. Jossy-Bass Publishers. 1983.

四、政策法规类

[1] 教育部. 关于印发《教育部关于加强高职高专教育人才培养工作的意见》的通知[EB/OL]. （2000-01-17）[2022-03-16]. http://www.moe.gov.cn/s78/A08/tongzhi/201007/t20100729_124842.html.

[2] 国家中长期教育改革和发展规划纲要（2010—2020年）[EB/OL]. （2010-07-29）[2022-03-16]. http://www.moe.gov.cn/srcsite/A01/s7048/201007/t20100729_171904.html.

[3] 国务院. 国务院办公厅关于深化产教融合的若干意见[EB/OL]. （2017-12-19）[2022-04-17]. https://www.gov.cn/zhengce/content/2017-12/19/content_5248564.htm.

[4] 国务院. 国务院关于大力发展职业教育的决定[EB/OL]. （2005-10-28）[2022-04-16]. http://www.gov.cn/gongbao/content/2005/content_129495.htm.

[5] 国务院. 关于大力推进职业教育改革与发展的决定[EB/OL]. （2002-08-24）[2022-04-16]. http://www.gov.cn/gongbao/content/2002/content_61755.htm.

[6] 国务院. 关于加快发展现代职业教育的决定[EB/OL]. （2014-06-22）[2022-04-16]. http://www.gov.cn/zhengce/content/2014-06/22/content_8901.htm.

[7] 国务院. 关于印发国家教育事业发展"十三五"规划的通知[EB/OL]. （2017-01-10）[2022-05-26]. http://www.gov.cn/zhengce/content/2017-01/19/content_5161341.htm.

[8] 国务院. 关于印发国家职业教育改革实施方案的通知[EB/OL]. （2019-02-13）[2022-03-12]. http://www.gov.cn/zhengce/content/2019-02/13/content_5365341.htm.

[9] 教育部, 财政部. 关于实施中国特色高水平高职学校和专业建设计划的意见[EB/OL]. （2019-04-01）[2022-04-01]. http://www.moe.gov.cn/srcsite/A07/moe_737/s3876_qt/201904/t20190402_376471.html.

[10] 教育部, 财政部. 教育部 财政部关于印发《中国特色高水平高职学校和专业建设计划项目遴选管理办法（试行）》的通知[EB/OL]. （2019-04-17）[2022-01-19]. http://www.moe.gov.cn/srcsite/A07/moe_737/s3876_qt/201904/

t20190417_37 8489.html.

[11] 教育部, 发展改革委, 财政部, 等. 关于印发《现代职业教育体系建设规划（2014—2020年）》的通知[EB/OL]. （2014-06-16）[2022-08-16]. http://www.gov.cn/gongbao/content/2014/content_2765487.htm

[12] 教育部, 国家发展改革委, 财政部. 关于印发《中西部高等教育振兴计划（2012—2020年）》的通知[EB/OL]. （2013-02-20）[2022-03-13]. http://old.moe.gov.cn/publicfiles/business/htmlfiles/moe/s7056/201303/148468.html.

[13] 教育部办公厅. 关于建立职业院校教学工作诊断与改进制度的通知[EB/OL]. （2015-06-24）[2022-03-15]. http://www.moe.gov.cn/srcsite/A07/moe_737/s3 876_zdgj/201507/t20150707_192813.html.

[14] 教育部办公厅. 关于全面开展高职高专院校人才培养工作水平评估的通知[EB/OL]. （2004-04-19）[2022-03-16]. http://www.moe.gov.cn/srcsite/A07/moe_737/ s3876_qt/200404/ t20040427 _110099.html.

[15] 教育部, 国家发展改革委, 工业和信息化部, 等. 职业教育提质培优行动计划（2020—2023年, [EB/OL]. （2020-09-23）[2022-03-16]. http://www.moe.gov.cn/srcsite/A07/zcs_zhgg/202009/t20200929_492299.html.

[16] 教育部, 国家发展改革委, 财政部, 等. 关于在院校实施"学历证书+若干职业技能等级证书"制度试点方案 [EB/OL]. （2019-04-01）[2022-08-11].http://www.moe.gov.cn/srcsite/A07/moe_953/201904/t20190415_378129.html.

[17] 国务院. 深化新时代教育评价改革总体方案 [EB/OL]. （2020-10-13）[2023-09-23].http://www.gov.cn/zhengce/2020-10/13/content_5551032.htm.

[18] 教育部. 关于《中华人民共和国职业教育法修订草案（征求意见稿）》公开征求意见的公告[EB/OL]. （2019-12-08）[2022-04-10]. http://www.gov.cn/xinwen/ 2019-12/08/content_5459462.htm.

[19] 教育部. 关于充分发挥行业指导作用推进职业教育改革发展的意见[EB/OL]. （2011-06-23）[2022-03-16]. http://www.gov.cn/gongbao/content/2012/content_2041868.htm.

[20] 教育部. 关于进一步推进高职高专院校人才培养工作水平评估的若干意

见[EB/OL].（2005-02-24）[2023-07-11]. http://old.moe.gov.cn//publicfiles/business/html files/moe/moe_991/201010/xxgk_110100. html.

[21] 教育部. 关于全面提高高等教育质量的若干意见[EB/OL].（2012-03-16）[2022-03-16]. http://www.moe.gov.cn/srcsite/A08/s7056/201203/t20120316_146673.html.

[22] 教育部. 关于全面提高高等职业教育教学质量的若干意见[EB/OL].（2006-11-16）[2022-05-16]. http://old.moe.gov.cn/publicfiles/business/htmlfiles/moe/moe_1464/200704/21822. html.

[23] 教育部. 关于深化职业教育教学改革全面提高人才培养质量的若干意见[EB/OL].（2015-07-29）[2022-05-14]. http://www.moe.gov.cn/srcsite/A07/moe_953/201 508/t20150817_200583.html.

[24] 教育部. 关于深入推进教育管办评分离 促进政府职能转变的若干意见[EB/OL].（2015-05-06）[2023-01-16]. http://www.moe.gov.cn/srcsite/A02/s7049/201505/t20150506_189460. html.

[25] 教育部. 关于推进高等职业教育改革创新引领职业教育科学发展的若干意见[EB/OL].（2011-09-29）[2022-10-19]. http://www.moe.gov.cn/srcsite/A07/s7055/201109/t20110929/171561. html.

[26] 教育部. 关于印发《高等职业教育创新发展行动计划（2015—2018年）》的通知[EB/OL].（2015-10-21）[2023-03-03]. http://www.moe.gov.cn/srcsite/A07/moe_737/s3876_cxfz/201511/t20151102_216985. html.

[27] 教育部. 关于印发《普通高等学校高等职业教育（专科）专业设置管理办法》和《普通高等学校高等职业教育（专科）专业目录（2015年）》的通知[EB/OL].（2015-10-28）[2023-06-13]. http://www.moe.gov.cn/srcsite/A07/moe_953/201511/t20151105_217877. html.

[28] 教育部. 关于印发《普通高等学校师范类专业认证实施办法（暂行）》的通知[EB/OL].（2017-10-26）[2022-04-16]. https://www.gov.cn/xinwen/2017-11/08/content_5238018.htm.

[29] 教育部. 关于印发《职业教育专业目录（2021 年）》的通知[EB/OL].

（2021-03-17）[2022-07-11]. http://www.moe.gov.cn/srcsite/A07/moe_953/202103/t20210 319_521135.html.

[30] 教育部. 关于印发〈国家教育事业发展第十二个五年规划〉的通知[EB/OL].（2012-06-14）[2022-02-17]. https://www.gov.cn/gongbao/content/2012/content_22 38967.htm.

[31] 中华人民共和国高等教育法[EB/OL].（2018-12-29）[2022-04-16]. http://www.npc.gov. cn/zgrdw/npc/xinwen/2019-01/07/content_2070258.htm.